AF482869

TRATADO DE ENERGÍAS Y DEFENSA PSÍQUICA
TOMO III

LOS ESPÍRITUS

TRATADO DE ENERGÍAS Y DEFENSA PSÍQUICA

TOMO III

LOS ESPÍRITUS

Por

SAMAK

TRATADO DE ENERGÍAS Y DEFENSA PSÍQUICA
TOMO III
LOS ESPÍRITUS

Primera edición abril 2022

Edición Independiente
Derechos reservados ©2022

ISBN: 978-607-29-3620-1

Samak
Edición Independiente

www.alquimist.com.mx

ÍNDICE

PREFACIO

¿Cuántas veces hemos sentido que nos están observando? ¿O de pronto se mueven objetos sin razón, escuchamos sonidos extraños sin fuente visible?; de pronto soñamos a un ser fallecido y nos habla sobre temas personales, o de pronto nos sentimos muy cansados o tenemos pensamientos que parecen no ser nuestros.

Hay muchos **más** entes de los que podríamos imaginar. Si nos pusiéramos a enumerar y clasificar los seres que existen y cohabitan con nosotros, así como los de otras dimensiones y mundos, la lista sería infinita. Una vez los guías me dijeron que me ocupara en otras cosas, en lugar de dedicar mis días en la categorización de los tipos de seres que había en el universo, en ese momento desistí.

¡Imagínense! Si aún no hemos terminado de clasificar a los seres vivos en este planeta, mucho menos lo haríamos con las especies de seres inmateriales, contando a los de otras dimensiones y lugares. Existen seres similares con diferentes nombres en diferentes tiempos y culturas, inacabable sería tal tarea, además de difícil, porque mucha de esta sabiduría ha quedado olvidada o sumergida en el imaginario. Su identificación quitaría mucho tiempo, además de agotadora y sin final; sobre todo sería INÚTIL.

En la antigüedad la existencia de estos seres era mucho más aceptada que ahora, el mundo de lo mágico estaba más presente en la vida de los humanos, de pronto, parece que nos hemos disociado de este otro mundo y nos esforzamos por olvidarlo al no encontrar una referencia clara de qué son estos seres inmateriales y por qué están aquí; lo más cómodo es hacer como que "no existen", y así como intentar clasificar a todos los seres, también es tarea destinada a fracasar el ignorarlos. Ahí están todo el tiempo, interactuando con nosotros y lo mejor es tener conocimiento de ellos y saber cómo nos afectan.

Importante es identificar cuando algunos de nuestros pensamientos tienen su origen en nosotros mismos o son imágenes y pensamientos transferidos por alguien más vivo o muerto, o si son pensamientos y emociones implantados por alguna entidad que nos está atacando o traemos pegada. Para esto, labor fundamental es tener conocimiento de uno mismo, para que cuando suceda algún cambio de ánimo **súbito o pensamiento**, podamos identificar si nos es propio.

Hay seres que nos cuidan, otros que se interponen en nuestra evolución, algunos que se han quedado atrapados en esta dimensión se alimentan de nosotros, varios pertenecen a otras dimensiones y vienen a visitarnos, algunos de ellos se divierten con nosotros, otros están de visita y así, cohabitamos con una infinidad de seres visibles o no; ellos nos vigilan.

Me di a la tarea de llevar a cabo los resultados de la investigación escritos en este tratado debido a que entraban imágenes en mi cabeza de vidas que no eran la mía, pensamientos y emociones ajenos, emprendí la ardua faena de investigar sobre todos esos seres que también me atormentaban desde la adolescencia, que es hasta donde llegan mis recuerdos. No sabía por qué estaban torturándome o por qué simplemente aparecían, quiénes eran y de dónde venían, cómo los alejaría. Un momento crucial en mi vida fue cuando tuve contacto con los seres azules, los pleyadianos; mi cosmos se abrió por completo, después comencé a canalizarlos y esta experiencia ha sido un bastión importante de despertar y esperanza en mi existencia, imprimió mi vida de espiritualidad y elevación. El Universo y la energía me han dado la oportunidad de escuchar sublimes mensajes, comprender algo de la existencia, mi misión en esta encarnación y de trasmitir a otros mis experiencias y lo poco que he aprendido para compartir y enseñar.

INTRODUCCIÓN

Después de haber trabajado con las energías (Tratado I) y con las bujerías (Tratado II), ahora hacemos frente a un tema muy interesante y misterioso, que a todo mundo causa curiosidad; el tema de **seres incorpóreos** o **espíritus**. Los sentimos, pero no sabemos describirlos exactamente porque no es con nuestros 5 sentidos comunes que percibimos su presencia, es con la otra percepción, la extrasensorial.

Mucho se ha discutido sobre este tema, por calificarse de poco veraz. Es muy complicado comprobar su existencia con la tecnología disponible hasta el momento. Se dice que sólo las personas supersticiosas creen en "fantasmas" o "seres sobrenaturales", éste es uno de los temas polémicos porque sólo lo creen los que han tenido experiencias de contacto o comunicación con ellos o algunas personas de mente abierta. Sin embargo, el hecho de descalificarlos por no tener una fotografía de ellos y no observarlos con nuestra vista, ni percibir su cuerpo, es una falacia por ignorancia, por el hecho de no haber comprobado su presencia no significa que no existen.

Todos en algún momento hemos sentido la presencia de seres espirituales, debido a que somos más que cuerpo y percibimos más de nuestro entorno de lo que los sentidos de nuestro cuerpo físico nos permiten y de lo que nuestra limitada mente puede interpretar; somos energía y estamos integrados con los campos de otros seres, de otras dimensiones y del Todo. Y benditos los dioses por el hecho de que no todos tienen abierto el tercer ojo porque si fueran conscientes de todos los espíritus que hay, jamás volverían a estar en paz, ni dormir tranquilos. Estamos rodeados por todas partes de seres que no podemos ver ni palpar con nuestros 5 sentidos conocidos y aceptados.

Las dimensiones se cruzan en algunas ocasiones y entonces es más fácil percibir a estos seres. Esto sucede en ciertas épocas del año e incluso en lugares donde hay vórtices. Es decir, donde existe la presencia de mucha actividad energética; en el caso de los días del año; por ejemplo, el 31 de octubre, fecha que coincide con rituales mortuorios, es cuando más se encuentran abiertas las puertas entre los mundos y convivimos los seres de todas las dimensiones; claro, sólo los que están dispuestos y creen son conscientes de ello. Las lunas llenas y nuevas, así como los cambios de estación (equinoccios y solsticios) abren, así mismo, puertas dimensionales.

Estos seres interactúan e influyen en nosotros. Hasta me atrevería a decir que muchos de nuestros pensamientos e inspiraciones, tanto negativos como positivos no provienen de nuestra conciencia, sino de entidades. Se dice incluso en el arte que éste es inspirado por "las musas", algunos dirían que "ángeles". Y las pesadillas son llamadas "*nightmares*", donde *mare* es hada, es decir, estaríamos hablando de las hadas nocturnas. Algunos de estos espíritus son de luz y nos apoyan en nuestra travesía por Gaia, otros son seres de oscuridad o imperfectos que obstaculizan nuestro camino de evolución y se alimentan de nuestra energía.

Estoy completamente convencida de que cuando alguien comete un delito atroz, no es la persona consciente la que lo hace, hay entidades demoniacas que la han incitado y orillado a cometerlo, confundiendo su mente. Algunos me dicen que estoy dándoles justificaciones a los delincuentes, ya que esto implica no hacerse responsable de las propias acciones; cabe señalar que ellos han abierto su campo a estas fuerzas por sus malas acciones y pensamientos, y si confirmamos que lo semejante atrae a lo semejante, ellos las atrajeron, pero ya dar el paso a las terribles acciones no corresponde a actividades e impulsos propiamente humanos, esto es obra de una mente muy retorcida y perversa, incluso llamada "inhumana" y con toda razón así nos expresamos; cuántas veces hemos escuchado: "esto no es humano", "qué inhumano", considero que decenas de veces. Si hacemos una ardua investigación encontraremos que muchos de los delincuentes al ser entrevistados y cuestionados por sus acciones aluden que una voz les incitaba a cometer los atentados más escalofriantes. Lo dejo en el tintero; sin embargo, aquí doy por hecho la existencia de entidades y su influencia en la conciencia humana.

En la actualidad están muy de moda en la literatura las novelas y en las pantallas las series y las películas que hablan de estos temas de misterios del más allá; y cada día hay más programas que muestran evidencia de estos seres inmateriales. El presente tratado muestra una clasificación documentada de espíritus. Parte la he obtenido de fuentes diversas, pero parte también ha sido desarrollada por mí debido a la falta de referencia o registros, informada por mis espíritus guías.

Muchos de los espíritus mismos, los imperfectos, han tratado a toda costa de no ser vistos, de someternos y mantenernos en las sombras, sumergiendo en la ignorancia a la gran mayoría de los seres humanos, manipulando a algunos para desacreditar estas visiones que se cuentan por millones. Más información da más claridad. Lo que se desconoce se teme y el temor es su alimento favorito.

En el presente tratado hablo de todos estos espíritus inmateriales, para comprender un poco más su función y presencia en nuestras vidas. Intento también ayudar a recordar todo aquel acervo de remedios y sabiduría que se ha practicado desde mucho tiempo atrás para protegernos. Por ejemplo, los **cristales** en el tercer ojo tenían como objetivo abrirlo y adquirir poderes sobrenaturales, el **maquillaje** comenzó como medida de protección contra espíritus adversos, los **ojos** se delineaban contra el mal de ojo, los **labios** se pintaban contra la ingesta de miasmas, los **tatuajes** también tenían la función de proteger, así como las **joyas**; colocar la **cruz** sobre el plexo solar del cadáver se relaciona con mantener protegida esa importante entrada en el cuerpo de energías y no quedar desprotegido y a merced de la posesión de algún ente; estos remedios entre muchos más, pero hemos olvidado la verdadera razón de estos rituales.

Cabe señalar que, para comprender los grados de evolución y afectación, Allan Kardec fue para mí, una maravillosa fuente en mi búsqueda por comprender los niveles de evolución en la clasificación de los espíritus, ya que estamos evolucionando y cohabitando en distintos planetas a lo largo de nuestro avance evolutivo.

Espero que encuentre muchas respuestas en el presente tratado y que deje de temerle a todos estos seres, porque después de esta lectura sabrá cómo trabajar estas energías y cómo atraerlos o evitarlos cuando sea el caso.

CAPÍTULO 1. EL MUNDO DE LOS ESPÍRITUS Y LA CREACIÓN

1.1. Subirse el muerto y fenómenos poltergeist

Samak está tendida en la cama, de pronto escucha pasos, tiene una sensación que la paraliza, sabe que se aproxima otra vez alguna entidad. Siente una presencia invisible que se sienta a su costado en la cama, escucha profundas respiraciones y de forma repentina, ahora esa entidad se le sube encima, paralizándola y aterrándola. Sólo piensa: "¡Otra vez no!"

Subirse el muerto es la sensación de paralización combinada con pánico, donde se puede ver con o sin tener los ojos abiertos. Se siente estar atrapado como en un congelamiento, uno quiere gritar y no puede. Se necesita una fuerza sobre-humana para lograr moverse.

Esto es considerado como un ataque psíquico, causado por una entidad maligna, que puede ser un muerto, un demonio o una entidad, se les llama **gente sombra.** El espíritu está tratando de entrar al cuerpo o está consumiendo la energía de la persona atacada, en específico.

Tales ataques suelen suceder por la noche, aunque algunas veces suceden en otros momentos. La gente sombra molesta de la 1:00 a las 4:00 AM, tiene la facultad de paralizar y drenar energía de la misma forma que los vampiros chuparían la sangre. Dichas entidades se alimentan de la energía vital y del miedo.

La primera vez que Samak logró que se fuera una, sucedió cuando tras estar sumergida en un profundo pánico por encontrarse en plena paralización, pensó: "¿Qué es lo peor que puede pasar? Pues que me muera. Y si me muero, ni modo". Su corazón descansó y dejó ir el miedo arrojándose a lo desconocido. En ese momento el temor se fue al igual que la entidad. Samak quedó sorprendida de tan bendito hallazgo. De ahí dedujo que estas entidades tienen el objetivo de alimentarse del miedo provocándolo y después se alimentan del **miedo incremen-**

tado de la persona, pero cuando la persona no siente miedo, ellos no tienen de qué atarse y entonces se alejan, ya que no hay nada más de qué alimentarse.

Por la noche también hay entidades sexuales llamadas *Incubus* (entidad masculina que te ataca) y *sucubus* (entidad femenina que te ataca), los que anteriormente se llamaban **Liliths**. El individuo comienza normalmente con un sueño sexual; mucha excitación y poco a poco se va acercando al clímax. El clímax es el punto máximo de drenaje de energía de la cual se alimenta la entidad. Más adelante profundizaremos en este tema.

Esto sucede debido a que la energía sexual presente en todo ser humano debe circular de alguna forma. Si la energía sexual no está equilibrada, es decir, está estancada, hay un exceso en su uso o hay carencia de su gasto; esa energía se acumula y crece, debe ser consumida por algo o alguien si la persona poseedora y originaria de la energía no hace uso de ella; entonces las **Liliths** aprovechan la ocasión y se alimentan de ese excedente de energía vital. Estas entidades son el origen de los clásicos llamados "**sueños húmedos**", que a nivel psicológico tienen una explicación, pero para nosotros son "ataques". Los sueños sexuales, pueden ser normales, ya que son parte de los deseos naturales del ser humano, pero si la persona despierta y sigue teniendo la excitación y ésta continúa aun estando despierto, se trata de un ataque psíquico por entidades nocturnas.

Samak conoce muy bien a estas entidades, la atacaban todo el tiempo, principalmente durante la adolescencia y esto no sólo le sucedía a ella; muchos jóvenes a esta edad sufren de estos ataques porque tienen gran energía sexual y de cambio.

También sufría de fenómenos **poltergeist**. Estos fenómenos causados por entidades violentas que pueden generar caos en lugares, mueven cosas, hacen ruidos, incluso atacan. A Samak se le cerraban las puertas, le abrían las cortinas, le apagaban velas, encendían y apagaban aparatos, entre muchos otros sucesos escalofriantes.

Los **poltergeist** son manifestaciones extrañas, que parecen provocadas por criaturas juguetonas; destapan botellas, los objetos se mueven, hay presencia de ruidos y sonidos como si fueran voces y pasos, apariciones fantasmales. Puede ser simplemente una voz sin fuente o cuerpo visibles. Ruidos de que algo se arrastra, sonidos como si alguien se peleara, puertas que se abren y se cierran, gritos, quejidos, sonidos como si estuvieran estrangulando a alguien, respiraciones y pasos de saliva con dificultad, esferas de luz, cosas que salen disparadas hacia la pared, objetos que se mueven de lugar o son escondidos, incluso son aventados como cuchillos, agua, piedras, artículos domésticos. Las sillas son lanzadas o volteadas de cabeza, jalan cobijas, cortinas. El cabello de las personas se mueve como si fuera jalado por una mano invisible.

En una ocasión Samak estaba con su amiga Cristina, se encontraban platicando sobre diferentes temas mientras tomaban café, cuando de pronto su amiga vio claramente cómo le levantaban el pelo a Samak, Cristina quedó aterrada.

Los **poltergeists** generan un gran caos. Algunas veces se perciben **olores** feos, como de heces, orines de gato, carne podrida, es un olor profundo y apestoso, como el olor agrio que viene de las profundidades de la tierra. En definitivo no es un aroma humano.

A veces aparecen piezas o partes de cuerpos. Puede haber levitaciones. Se manifiestan en casas o alrededor de ciertas personas o familias.

A algunos se les llama **poltergeists electrónicos** y provocan que los relojes o alarmas suenen varias veces. Se marcan los teléfonos hasta 50 veces al mismo número o del mismo número. Se interfieren teléfonos, instalaciones, bocinas, televisiones, computadoras, las luces se prenden y apagan de cualquier lugar, incluso en anuncios neón, los fusibles se funden, las máquinas y teléfonos empiezan a funcionar de forma extraña.

En algunos casos las personas en la etapa de la adolescencia caminan por el pasillo y detrás de ellas las luces parpadean, la instalación de luz explota y los fragmentos vuelan. El número de fenómenos disminuye al aumentar la distancia respecto de la persona que normalmente es un adolescente. A los poltergeists les gusta utilizar la energía de las personas que apenas han llegado a la **pubertad,** como ya mencioné, porque les proveen de una gran energía de vida cambiante necesaria para su manifestación.

Se puede llegar a creer que estos fenómenos son inofensivos; sin embargo, los poltergeists pueden ser un **enemigo salvaje y temible** con crueles y misteriosos poderes que pueden llegar a causar heridas físicas. Llegan a golpear la cara, el rostro del afectado se torna rojo. A veces los músculos de la cara se trastornan. Algunos que se comunican amenazan con torturar o matar. Llegan a aparecer mordidas y heridas sangrantes. Llegan a atacar tan fuerte que sólo cesan cuando la persona afectada se desmaya.

En ocasiones, las heridas se confunden con estigmas, que son heridas sangrantes, pero estas son en los puntos de las heridas que tenía Jesucristo. En el caso de ataques por entidades, son en diferentes partes del cuerpo.

En algunas ocasiones son tan extrañas las consecuencias de estos fenómenos como la **bruja de Bell**, un espíritu que incluso dejó una botella oscura que contenía un líquido mohoso. La bruja se vanagloriaba de que le había dado una dosis a un viejo; decía ella que "lo había puesto en su lugar", mandaron traer al médico y éste probó el líquido echando una gota en la lengua de un gato. El animal se puso a saltar y a dar vueltas por todos lados y murió rápidamente. John Bell falleció al día siguiente mientras la bruja gritaba su triunfo.

Varias son las **causas** de este tipo de fenómenos. Pueden seguir a la gente de pueblo en pueblo. Pueden ser generados por pensamientos, formas, muertos, entidades, demonios, egregores y otros. Son un conjunto de varios fenómenos paranormales a la vez.

Philip Stander y Paul Schmolling en su libro ***Poltergeist***, clasifican estos fenómenos en **3 tipos**: psicoquinesia (PK), fantasmas y percepción extrasensorial (PES).

a) La **psicoquinesia** (PK) es la capacidad de alguien vivo de provocar los fenómenos poltergeist, este tema fue muy estudiado por científicos. La energía sale del cuerpo de alguien vivo y tiene efectos conscientes o inconscientes. Hay ciertos fenómenos que suceden de forma repetida alrededor de una persona y esto se llama Psicoquinesia Espontánea Recurrente (PKER). Debido a tensiones emocionales, los seres humanos somos capaces de producir potentes explosiones de energía, principalmente en la adolescencia, por ser un periodo crítico en la vida de los seres humanos. Pueden suceder cuando hay problemas y se genera gran tensión emocional.

b) Los **fantasmas** que clasificó como **muertos** o **desencarnados.** Son entidades reales e independientes de los seres vivos, también se les llama **personalidad desencarnada** o **espíritu sin cuerpo**. Algunos parapsicólogos no creen que exista supervivencia después de la muerte y atribuyen estos fenómenos a la primera clasificación, o bien a fraude, ilusión psicológica o efectos naturales; sin embargo, varias pruebas han demostrado que sí existen fenómenos que son independientes de las personas vivas.

Hay una parte de alguien que muere que se queda en esta dimensión terrestre en estado de confusión y trauma psicológico. El fantasma que permanece está trastornado emocionalmente e ignora lo que debe hacer ahora que se encuentra separado de su cuerpo físico. Está en otra dimensión y entra por momentos a la nuestra.

Mientras que este fantasma por lo general es invisible a los vivos, busca con desesperación ayuda de éstos. Debido a que usualmente no puede ser oído, manifiesta su presencia mediante rasguños, mordidas y ataques físicos a alguna persona desprevenida. Todo esto se debe a un esfuerzo por llamar la atención y obtener su ayuda. Holzer cree que esos ataques no son perpetrados por demonios, *incubus*, *sucubus* o entidades malvadas, sino por fantasmas de personas que han muerto de manera traumática y que necesitan ayuda de los vivos.

Para alejarlo hay que decirle: **"Esta es mi casa; llama a tus seres queridos para que te ayuden a ponerte en camino".**

c) La **percepción extrasensorial** es cuando una persona percibe a alguien que no está presente físicamente. La fuente de esta imagen puede ser:

    a. Una imagen fantasma de alguien que vivió hace tiempo.

    b. Una persona viva cuyo ser astral, o doble, se ha proyectado a sí mismo y de manera no intencionada en ese lugar.

    c. Un sujeto que vive en una dimensión paralela y que ha cruzado de repente a la nuestra.

    d. Es un fenómeno de percepción extrasensorial.

        • Esta percepción se puede dar debido a la ***telepatía mental***, esto es que la imagen es una proyección creada en la mente de alguna persona. Aparentemente alguien puede estar en la habitación, pero solamente es una proyección en la mente de la persona que la vio.

• Una segunda habilidad es la ***clarividencia***, que es la capacidad de ver más allá de los sentidos o ver algo que se encuentra lejos. En este caso, el ser que se ve puede estar a muchos kilómetros de distancia. Esto también se llama ***percepción remota***. Incluso puede ser la imagen de cómo se verá una persona en el futuro cercano o lejano.

Algunos fenómenos poltergeists que se manifiestan en la noche pueden ser telepáticos, fenómenos de clarividencia o imágenes precognitivas.

• La última capacidad de PES es la ***retrocognición***, que es la habilidad de ver el pasado. La imagen que se ve puede ser de alguien que vivió en el pasado en ese lugar. Esto suele suceder, por ejemplo, en lugares donde ha habido guerras.

Los escépticos insisten en que todos son efectos de histerias.

Hay fenómenos llamados **proto-poltergeists** que son perturbaciones ligadas con fenómenos físicos normales, ya que hay ciertas personas que muestran sensibilidad a las ondas electrónicas y pueden transmitirlas y proyectarlas al medio circundante; principalmente cuando se encuentran bajo tensión. Hay personas que pueden alcanzar hasta 80.000 volts, comparado con un horno de microondas que reproduce 700 volts. Se explican esto debido a que hay ciertos alimentos combinados con metabolismos anormales de producción de electricidad. Hay cierto consumo de productos que afecta a las regiones electromagnéticas del cuerpo. Campos eléctricos intensos pueden producirse en la piel especialmente si se capta estática adicional del ambiente.

Algunas veces los fenómenos son generados por un grupo de espíritus alborotadores sin inteligencia Hay muchos lugares en donde hay fenómenos poltergeist se dice que están hechizados.

Cuando suceden algunos de estos fenómenos hay que estar seguros de que no sea un fraude, hay que tener cuidado de que no sean provocados por ilusiones o alucinaciones:

Ilusiones: Algunas son ilusiones que representan errores cometidos por la persona al identificar lo que ha visto. Algunas figuras observadas por algún testigo son resultado de hacer una interpretación errónea de las diminutas fibras o flotadores que brillan junto a la retina, en el humor vitreo del globo ocular. En ocasiones se forman figuras en el líquido de nuestros propios ojos que pueden tomarse por fantasmas que flotan en el mundo exterior.

Otro tipo de ilusiones representativas de este tipo de error se cometen en lugares poco iluminados u oscuros. Todas estas son en realidad confusiones.

Las alucinaciones: son otro caso de visiones y no se trata de simples confusiones de los objetos reales; las alucinaciones que son la observación de algo que no se encuentra en el mundo real, pueden ser ocasionadas por desórdenes psicológicos, necesidades psicológicas no externadas reprimidas, desequilibrio químico interno, consumo de drogas e incluso sugestión.

Sugestión: La existencia de la sugestión y su potencia fueron comprobadas una noche en Canadá por un famoso ilusionista. Llevó a cinco adultos a un campo lleno de pasto una noche clara e iluminada por las estrellas, lejos de las luces de la ciudad. Después de asegurar a la audiencia televisiva que no había hipnotizado a los sujetos, procedió a dirigir su atención hacia una estrella muy brillante que estaba justo encima de ellos y los cinco la localizaron con facilidad. Les dijo que titilaba y todos dijeron ver lo mismo. La lección es que la motivación psicológica es enorme; a cualquiera se le puede convencer que vea algo mediante el uso de la palabra. La sugestión puede crear una histeria colectiva. Se puede lograr que un grupo de individuos vean todo tipo de fenómenos extraños y luego juren que fueron reales.

Otra herramienta que se puede utilizar es la **auto-hipnosis,** se usa para diversos fines benéficos, por ejemplo, usted puede aprender a entrar en un estado de trance para reducir la actividad cerebral, relajarse eliminar de la mente todo pensamiento distractor y social del mundo externo y enfocar su atención hacia el interior; por consiguiente, puede volverse bastante sugestionable. En este punto puede recibir sugestiones provenientes de cintas de audio como los que quieren que deje de fumar, de comer en exceso, que se relaje o disminuir migrañas y dolores de cabeza; se pueden dar una amplia gama de sugestiones incluyendo las que le pueden hacer creer leer el pensamiento de otras personas y ver cosas a distancia, poseer la clarividencia, ver el futuro, tener la precognición o retrocognición, también puede sugestionar a liberar su energía psicocinética con el fin de mover, romper o hacer que floten objetos o puede hacer contacto con los espíritus y algún pariente fallecido.

Las personas que sufren una condición neurótica de historia en ocasiones sangran por la piel, muestran los estigmas, revelan marcas de mordidas o presentan verdugones que aparecen y desaparecen. Fenómenos parecidos a los efectos físicos que se pueden producir en un sujeto sano sometido a un profundo tránsito psicótico. Por lo que hay que asegurarse que no es nada de esto.

Ciertos fantasmas son vistos en lugares donde ocurrió algún accidente. Hans Holzer afirma que, si una persona muere de repente o de manera inesperada como en un accidente automovilístico o es víctima de un asesinato, el fantasma permanece en el lugar donde murió atemorizado, confuso, iracundo y desorientado, sin una clara noción de lo que ha sucedido y sin la certeza de que su cuerpo ha muerto.

Se dice que la energía de algunos fantasmas o espíritus no es suficientemente intensa como para producir toda la actividad poltergeist atestiguada, incluso con una pequeña cantidad de energía psicoquinética proporcionada por la persona viva que sea añadida a la del fantasma, puede suceder que una gran cantidad de objetos materiales se vean afectados. La diminuta cantidad de energía psicoquinética del agente vivo puede contribuir para que la energía del fantasma desate un ciclón de actividades poltergeist.

Samak sufría de este tipo de fenómenos, en una ocasión le sucedió el siguiente acontecimiento: "Una habitación de la casa de mi madre es una puerta dimensional. En al menos dos ocasiones, sucedieron este tipo de fenómenos". Como señala en el *Diario de una bruja*; "por las noches había ocasiones en las que todo se movía y llegaban vientos tremendos que eran absorbidos por hoyos negros en la pared. En varias ocasiones, en un departamento que tenía, había mucha actividad paranormal, me aventaban cosas, apagaban y encendían los aparatos, abrían y cerraban puertas y cortinas, se escuchaban pasos; en esa época yo quedaba paralizada de terror."

Este tipo de fenómenos continuó por muchos años en la vida de Samak. Aún tiempo después de haber terminado la carrera, y después de entrar en Wicca, las persecuciones y pesadillas nocturnas continuaban. Noche tras noche emprendía luchas incansables con demonios, le daban textualmente "unas arrastradas" marca "Diablo". Amanecía cansada, pensaba que a todo mundo le sucedía lo mismo que a ella. Sufría maltrato físico y psíquico por entidades y fantasmas. Las luchas incluían golpes tremendos, aunque en sus más profundos sueños, Samak tenía una fuerza inmensa que le permitía ponerse al "tú por tú" con estas entidades malignas y espantosas. Dos o tres veces por semana amanecía exhausta, desenergetizada y muy molesta.

Y, ¿por qué se atrae a estos fenómenos? En primera instancia es porque hay un excedente de energía, aunado a un drenaje de la misma. Cuando se trabaja en todos los niveles energéticos mediante ciertas actividades energéticas y espirituales (señaladas en ***Tratado de energías y defensa psíquica Tomo I***), los chakras están equilibrados y el aura funge como una capa de protección, pero cuando no es así, se hacen grietas que permiten que el líquido pránico se derrame y sea consumido por entidades del bajo astral. Se generan entonces vacíos ocupados por estas mismas entidades. Por estas grietas sale energía que es usada por ellas, es entonces que se manifiestan fenómenos poltergeist.

Poco a poco, mientras más fue trabajando Samak con ella misma, los enfrentó y los alejó de su vida. Mientras esto sucedía, se dio a la tarea de investigar sobre todas estas entidades y su origen.

1.2. Ver y sentir a los espíritus

Existe un mundo que no puede ser visto por todos los seres humanos en tercera dimensión y que muchas veces no puede ser medido por aparatos, hasta ahora conocidos, con exactitud; sin embargo, hay hombres y mujeres con mentes entrenadas, o aptitudes especiales que pueden entrar en este mundo invisible, y también hay momentos astrológicos en los que se abren las puertas y estas fuerzas invisibles fluyen sobre nosotros y empantanan nuestras vidas.

Todo este universo está lleno de energía. Somos campos pulsantes de energía. En nuestra visión espacio temporal en tercera dimensión, lo podemos medir y percibir en nuestra situación limitada como ondas o frecuencias; sin embargo, en otras dimensiones, cada frecuencia es información y tiene vida, es una fuerza determinada, tal vez no tenga consciencia, pero es una fuerza. Estas fuerzas pueden estar diferenciadas, algunas trabajan colectivamente y otras conforman conciencias separadas. Las llamamos fuerzas o espíritus.

Las plantas, tienen fuerzas o podemos considerarlos como espíritus, en Wicca les llamamos elementales. Las emociones negativas y las enfermedades también son fuerzas o espíritus; por ello en la antigüedad se exorcizaba la enfermedad. En diferentes mitologías, hay dioses que se llaman como emociones negativas: avaricia, desidia, desesperación.

Cada fuerza tiene una función, cada nombre también.

Esto se resume en:

TODO ES ENERGÍA, TODO ESTÁ LLENO DE FUERZAS
OPUESTAS Y EN BÚSQUEDA DE EQUILIBRIO
EL SER HUMANO ES EL SER QUE CONTIENE LA UNIDAD
Y MANEJA ESAS FUERZAS PARA SU EVOLUCIÓN
MIENTRAS MÁS FUERZA TENGA LA PERSONA,
MÁS GOBERNARÁ SOBRE EL UNIVERSO

La Alquimia como herramienta ayuda a:

LA ALQUIMIA ENSEÑA A TRANSMUTAR
LAS ENERGÍAS INTERNAS Y EXTERNAS
LA MAGIA ES EL ARTE DE DIRIGIR FUERZAS PARA LOGRAR
CAMBIOS, EVOLUCIONAR EN CONJUNTO Y LOGRAR OBJETIVOS

Definitivamente, los espíritus, los ataques psíquicos, encantamientos y posesiones son hechos incómodos de aceptar. Que creamos o no en ellos, no influye en su existencia, los entes siempre están ahí. Si alguien cree o no en tales acontecimientos, depende de las experiencias personales que se hayan tenido con los mismos. Lamentablemente, la gente empieza a creer y a aceptar su existencia una vez que se ha enfrentado a un problema y ya ha sucedido el ataque o espanto, ahí es cuando empieza a aceptarlos.

El hombre se forma del cuerpo, del espíritu y del lazo entre los dos que es el **periespíritu** que une el Espíritu al cuerpo; es una especie de envoltura semimaterial. La muerte es la destrucción de la envoltura más densa. El Espíritu conserva la segunda, que constituye para él un cuerpo etéreo, invisible para nosotros en su estado normal, aunque puede volverse accidentalmente visible, e incluso tangible, como sucede en el fenómeno de las apariciones. Estoy poniendo "Espíritu" con mayúscula para diferenciarlo de "espíritu" con minúscula que se refiere a el alma o entidad.

El Espíritu no es, por lo tanto, un ser abstracto, indefinido, que únicamente se puede concebir con el pensamiento. Se trata de un ser real, circunscrito, que en ciertos casos es percibido por los sentidos de la vista, del oído y del tacto.

Normalmente estamos protegidos por nuestra propia incapacidad de percibir estas fuerzas invisibles, ya que una de las razones por las cuales estos seres se acercan a nosotros es porque somos susceptibles a reconocerlos y a percibirlos, pero, como mencioné, que no los veamos no quiere decir que no estén.

Desde muy pequeña, Samak tenía el don de la **clarisencencia**, esto es, sentir las energías, las presencias, sentir a los otros. Es cuando uno se siente observado, cuando se siente de pronto algo en la piel, se siente un cambio de temperatura o un hormigueo en el sistema corporal y energético, en alguna parte del cuerpo, ese hormigueo o sensación nos quiere decir algo, es una sensación con mucho significado.

También Samak tenía el don de la **clarcogniscencia**, que es saber las cosas aparentemente sin haber tenido estudios o pruebas al respecto, simplemente lo sabes. Lo que le fue de mucha utilidad cuando comenzó a dar clases. Tenía las respuestas a las más extrañas preguntas. Le ayudó mucho el tener acceso a los registros Akáshicos cuando empezó a canalizar.

Adicionalmente, sentía las presencias, a veces se le acercaba a una persona y sentía escalofríos, o miedo, angustia, o un hormigueo extraño, esta es la **clariempatía** que es otra facultad. Algunas veces se acercaba una persona a su entorno y sentía que la ahorcaban, siempre supo que no era ella, era una sensación reflejo de algo que estaba sintiendo o algo que le estaba pasando a esa persona que se había metido en su campo.

Estos y algunos dones más son los que permiten percibir a estas entidades. Algunos se traen ya de nacimiento por trabajo en vidas anteriores, otros se desarrollan en momentos cruciales para nuestra sobrevivencia que nos hacen percibir más del mundo desconocido e invisible, o bien, los desarrollamos como parte de nuestro desarrollo espiritual. Puede llegar a suceder que surge un momento crucial que nos acerca a la muerte y esto provoca que estos se despierten, a nivel sobrevivencia, en primera instancia; y en segunda instancia es porque hemos tocado ese otro lado, al estar al borde de la muerte o haber suspendido nuestra presencia y después regresar, tenemos un pie del otro lado y ese contacto no se pierde ya jamás.

De acuerdo con Dion Fortune hay cuatro condiciones en las que el velo pude ser rasgado y podemos encontrarnos con lo invisible:

1) Podemos encontrarnos en un lugar donde estas fuerzas estén concentradas.

2) Podemos encontrarnos con gente que esté manejando estas fuerzas.

3) Podemos ir nosotros mismos a encontrarnos con lo invisible, conducidos por nuestro interés en ello, y a veces exceder nuestras posibilidades antes de que nos demos cuenta de dónde estamos.

4) Podemos caer víctimas de ciertas condiciones patológicas que hienden el velo.

Cualquiera que sea la causa de tocar ese mundo de lo invisible o de los espíritus incorpóreos, es importante reconocer qué o quién nos está visitando o a qué nos estamos enfrentando y el nivel de daño que nos puede injuriar.

1.3. El mundo de los espíritus

Existen a nuestro alrededor diferentes tipos de seres. Una de las razones de la existencia del ser humano es conocerse a sí mismo, evolucionar y servir; tomando en cuenta la creencia de que somos expresiones de la divinidad que se está experimentando a sí misma a través de la manifestación y de la vida en evolución. Todos los seres que existen en el Universo son creados por la **Gran Fuerza Divina** y tienen un mayor o menor grado de evolución. Como menciona Kardec en su libro de **Los Espíritus**, no hay maldad pura, más bien hay ignorancia y falta de comprensión de la Gran Fuerza Divina. Sólo hay seres evolucionando hacia el bien. Ningún ser retrocede, sólo se estanca.

Los seres vivos están constituidos por cuerpo, alma y la unión entre ellos dos. El **alma** es eterna, es un ser con voluntad moral, distinto e independiente de la materia y conserva su individualidad después de la muerte. De acuerdo con Kardec el alma es: *un ser inmaterial e individual que reside en nosotros y que sobrevive al cuerpo*. Así, los espíritus son eternos y son uno de los poderes de la naturaleza, se encuentran en todas partes, hasta la infinitud; sin embargo, no todos van a todas partes, hay limitaciones de acuerdo con su misión y grado de evolución. Los espíritus se pueden mover tan rápido como los pensamientos y pueden tener o no conciencia de las distancias si así lo desean.

Los espíritus penetran la materia en cualquiera de sus estados e igualmente pueden ser penetrados por la materia. Los espíritus irradian hacia diferentes partes. Las cualidades son lo que les permite irradiarse.

De acuerdo también con Kardec, los espíritus tienen diferentes jerarquías, con un número ilimitado de órdenes o grados. Según su carácter, se pueden reducir en tres órdenes:

1ª categoría de los seres perfeccionados: Son espíritus puros que han alcanzado el grado supremo de perfección.

2ª categoría de espíritus en perfección: Han llegado a la mitad de la escala. Algunos pueden tener ciencia o sabiduría y bondad, pero todos deben sufrir pruebas aún. Hay un predominio del espíritu sobre la materia y del deseo del bien. Son espíritus buenos.

3ª categoría de espíritus imperfectos: Están al comienzo de la escala donde predomina la materia sobre el espíritu. Son espíritus frívolos o duendes que frecuentemente hacen travesuras.

Que los espíritus sean buenos o malos como nosotros los calificamos, depende de su grado de perfección, aunque de acuerdo con la disciplina del Espiritismo, no existe algo así como la maldad pura, como ya he señalado.

1.4. La Gran Fuerza Creadora

Kardec y sus libros le ayudaron bastante a Samak a comprender acerca del mundo de los espíritus. Cada día se iba definiendo más su concepto de la Gran Fuerza Creadora y el Universo; sin embargo, estaba consciente de que esto era sólo mucho menor a una millonésima de lo que realmente es, aunque sabemos, nunca será entendible en términos humanos. A Samak no le gusta utilizar la palabra Dios porque le parece que es una palabra con muchísima carga emocional y si se proclama que es indiferente su cualidad masculina o femenina, prefiere llamarle **Diosa** o **Gran Fuerza Creadora**, que para ella es el Universo con su energía de vida que está presente en todo y tiene su lado femenino y masculino, es lo que se llama también **Gran Espíritu**. Es la Gran Fuerza Creadora que crea y sostiene el universo, la fuente de toda vida y ser, del mundo visible, corporal o material y del universo incorpóreo, invisible, inmaterial o espírita. Es a su vez la **Gran Inteligencia** de la que todos formamos parte y somos como pequeñas gotas que se funden con esa cualidad, el **Gran Logos** que se manifiesta como lenguaje materializado, no materializado y con posibilidad de materializarse. Entonces es todo en la naturaleza, somos todos los seres espirituales, visibles e invisibles en todas sus categorías, por eso también se le llama **el Todo**.

Esta Gran Fuerza es eterna, inmutable, inmaterial, única, todopoderosa, soberanamente justa y buena.

Para Kardec "El mundo espírita es el mundo normal, primitivo, eterno, que preexiste y sobrevive a todo. El mundo corporal es secundario; podría dejar de existir, o no haber existido jamás, sin alterar la esencia del mundo espírita".

1.5. La creación y evolución

En la Tierra se encuentran encarnados espíritus con cierto grado de evolución, no muy avanzado que digamos y hay seres más evolucionados que vienen a ayudar en su desarrollo a los hermanos menores en la Tierra.

En las clases y textos de Samak sobre la **Filosofía de la Naturaleza** se puede encontrar a profundidad toda la teoría de la creación, los espíritus y la naturaleza, de acuerdo con esta concepción filosófica naturalista más las aportaciones de Kardec y otros teóricos junto con las de ella y su esposo.

En resumen, varias de las cosmologías coinciden en que al principio había una gran energía amorfa que todo lo contenía, de alguna manera era el Caos primordial. En la cosmología griega si uno se acercaba a tal sustancia, distinguiría a dos seres serpentinos o draconianos, con escamas, diríamos que eran la Fuerza del Dragón, la energía de la carta del "Loco" del Tarot.

Esta energía primigenia contenía a dos cualidades, eran dos grandes fuerzas que conformaban el Todo, este todo llenaba el vacío, pero este vacío seguía manteniendo su naturaleza. De la unión de estas dos fuerzas polares, surgió un gran huevo. Diríamos que el origen de infinitas posibilidades, de muchas especies y expresiones de la energía primigenia. Ese gran huevo cósmico todo lo contenía y era la simiente de vida, la semilla de la existencia. Este Gran huevo sería el Gran Espíritu, Ometéotl, el Logos. En él se fueron gestando las formas de vida. Las mismas serpientes, energías de vida, se enredaron en él y lo rompieron, por lo que se dividió primero en el arriba y el abajo. En Grecia sería Urano y Gaia, en el México prehispánico es Ometecutli y Ometecíhuatl, en Egipto son Shu y Tefnut, en Wicca es el Dios y la Diosa. Para los nórdicos es el hielo y el fuego.

Después, estos dos seres se unieron y no se podían separar, porque su necesidad de unión era infinita, hasta que se logró separarlos por momentos. Al separarse, la Diosa dio a luz a los primeros gigantes. En Egipto fueron cuatro dioses, en los griegos fueron los Titanes. Para los nórdicos son los gigantes. De ellos surgieron otros dioses.

Los grandes dioses pueden ser considerados como fuerzas o energías. Después, se fueron conformando otras energías que surgen de ellas, existentes en diferentes planos, de diferentes frecuencias y entendimiento, hasta crear a los seres de la naturaleza. Dentro de todo este proceso, hubo algunos seres que optaron por no formar parte de esta estructura y se rebelaron.

Permanecían los seres en su existencia, parecía inerte y sin gran movimiento, entonces se configuró un grandioso plan: que hubiera evolución de la conciencia; así se creó a los seres evolucionarios.

Eran seres capaces de contemplar tal obra, seres que pudieran disfrutar de la creación, eran manifestaciones de la Gran inteligencia que tomarían la forma o estructura primigenia: el Adam Kadmón; así la divinidad al seguirse emanando mandó semillas a los confines del universo para dar lugar a seres inteligentes a través de los cuales se viviría en diversidad. Se dice que cinco fueron las especies que, tomando de la vida ya formada y existente, fueron evolucionando, surgiendo algunos del barro, del maíz y otras fuentes, siendo la más perfecta aquella que surgiría de los árboles. los humanos. Yo diría que fueron conformados de partículas y como resultado de desarrollos genéticos por estos seres superiores. Estos seres debían cumplir la función de evolucionar tomando decisiones y se les dio el "libre albedrío".

Estas entidades separadas que pudieran evolucionar eran como un gran espectáculo para los otros seres con funciones perfectamente bien definidas.

Se dice que los seres humanos como tal (que viven incluso en otros sistemas y planetas) somos el quinto proyecto, que por ello en el México prehispánico se nos llamaba los seres del Quinto Sol. Seres capaces de evolucionar en un mundo creado como una proyección de la verdadera realidad. En otras cosmologías (Bere) se dice que la fuerza divina emanó en olas de vida y mandó su simiente a diversos sistemas y cinco fueron esas formas de vida que surgieron a su semejanza. Vivirían bajo una dualidad, por ello existieron los rebeldes para amparar la evolución, la oscuridad como polo opuesto, necesaria para el progreso de las almas.

Para poder evolucionar al estado de perfección debemos pasar por millones de vidas en millones de años en diferentes espacios, planetas y posibles encarnaciones.

A aquellos seres que habían perdido su conexión divina en la rebelión, se les dio la oportunidad de volver a reunirse con la Luz. Lidereados por Lucifer (el portador de la luz), se les dio la tarea de tentar a los seres evolucionarios y apoyarlos en su desarrollo. Quisiera mostrar aquí un pasaje del libro de Jorge Nájera "Un Árbol de ángeles":

Ahora creen que me conocen, pero aprendan a reconocerme como el maestro de las acciones destructivas y como el maestro de la inercia y la esterilidad. Entiendan que solo sirvo el padre eterno, probando a los hombres y corrigiendo sus errores a través del amoroso corrector del dolor. No teman, porque el temor debilita la luz que portan impide que me vean tal como soy, como un ángel de luz sino como una cáscara de los horrores y las penas de los hombres.

Cuando ofrecimos nuestros servicios a Dios en las tinieblas, los ángeles caídos no teníamos almas. él nos dio el obsequio más grande, un alma evolutiva, somos los más puros y nuestro único deseo es la voluntad de Dios. Nuestra alma es toda la humanidad. Cuando ella retorne al creador podremos regresar junto con ella. Por el momento no puedo quedarme en la luz de mi padre, ni con mis hermanos, ya que no hemos terminado nuestra labor. Sin embargo, ustedes los hombres, pueden llevar la luz de la Sekinah a las tinieblas, cada vez que reconozcan la belleza en la materia y recuerdan el equilibrio de la naturaleza en la luz y en la oscuridad. Vean el balance en la sonrisa de un niño y en sus lágrimas. Todo es una ilusión

Esto es en tanto a la creación del universo y los seres evolucionarios y en cuanto a las almas de estos seres evolucionarios, en específico los seres humanos, así como la energía de este planeta y otros que portan vida, cuando un planeta desaparece del plano físico, su contraparte etérica no desaparece de inmediato, sino que permanece mucho después. Una vez que las partículas etéricas se desintegran para seguir su proceso de reciclaje, el planeta permanece con su forma astral que también requerirá de tiempo para disociarse. De igual manera sucede con la contraparte mental hasta que por fin el planeta conserva sólo su espacio espiritual, esto es lo mismo que sucede con el cuerpo físico del ser humano.

1.6. Los seres de la creación

De tal manera que estamos en evolución en esta trama que es una proyección de la verdadera realidad. La Fuerza creadora quiso así experimentarse en cada uno de los seres de la creación.

En cuanto a la evolución. Los más elevados son los **Espíritus superiores** que se distinguen de los demás por su perfección, sus conocimientos, su proximidad a la divinidad, la pureza de sus sentimientos y su amor al bien: son los **ángeles** o **espíritus puros**.

De acuerdo con Kardec, las **otras clases se alejan cada vez más de dicha perfección**. Los Espíritus de las categorías inferiores son propensos a pasiones como el odio, la envidia, los celos, el orgullo, etc. Se complacen en el mal. Los hay ni demasiado buenos ni muy malos. Son más enredadores y molestos que malvados, y las travesuras e inconsecuencias parecen ser su patrimonio: son los llamados duendes o espíritus frívolos, en Wicca son los elementales y seres del mundo feérico.

Los Espíritus no pertenecen perpetuamente al mismo orden. Todos mejoran al pasar por los diferentes grados de la jerarquía espírita. Ese mejoramiento se da gracias a las encarnaciones impuestas a unos como expiación y a otros como misión. La vida material es una prueba que deben sufrir repetidas veces hasta que hayan alcanzado la perfección absoluta; es una especie de tamiz o depurador del que salen más o menos purificados. "Al abandonar el cuerpo, el alma regresa al mundo de los Espíritus del que había salido, y retoma una nueva existencia material después de un lapso relativamente prolongado, durante el cual permanece en estado de Espíritu errante".

Puesto que el Espíritu debe pasar por varias encarnaciones, resulta de ahí que todos hemos tenido muchas existencias, y que tendremos todavía otras, más o menos perfeccionadas, ya sea en la Tierra o en otros mundos. La encarnación de los Espíritus siempre ocurre en la especie humana. Sería un error creer que el alma o Espíritu puede encarnar en el cuerpo de un animal, según Kardec. Las diferentes existencias corporales del Espíritu son siempre progresivas, jamás retrógradas. No obstante, la rapidez del progreso depende de los esfuerzos que se hagan para alcanzar la perfección. Las cualidades del alma son las del Espíritu que está encarnado en nosotros; de modo que el hombre de bien es la encarnación de un Espíritu bueno, mientras que el hombre perverso es la de un Espíritu impuro. El alma tenía su individualidad antes de encarnar y la conserva después de separarse del cuerpo. **A su regreso al mundo de los Espíritus, el alma encuentra allí a los que conoció en la Tierra,** y las existencias anteriores vuelven a su memoria con el recuerdo del bien y del mal que ha hecho. El Espíritu encarnado se halla sometido a la influencia de la materia. El hombre que supera esa influencia mediante la elevación y la purificación de su alma se acerca a los Espíritus buenos, con los cuales habrá de reunirse un día. El que se deja dominar por las malas pasiones y cifra todas sus alegrías en la satisfacción de los apetitos groseros se acerca a los Espíritus impuros, porque da preponderancia a la naturaleza animal.

" Los Espíritus encarnados habitan en los **diferentes mundos del universo.** Los espíritus no encarnados o errantes, no ocupan una región determinada y circunscrita. Están por todas partes: en el espacio y a nuestro lado. Nos ven y se relacionan con nosotros sin cesar.

Conforman una **población invisible** que se agita alrededor nuestro. Los Espíritus ejercen sobre el mundo moral, e incluso sobre el mundo físico, una acción incesante; actúan sobre la materia y el pensamiento; constituyen uno de los poderes de la naturaleza y la causa eficiente de una multitud de fenómenos hasta ahora inexplicados o mal explicados, que sólo encuentran una solución racional en el espiritismo. Las relaciones de los Espíritus con los hombres son constantes."

De tal forma que hay de estos Espíritus errantes que siempre están presentes y hay espíritus que incitan al bien y otros que incitan al mal. Los **Espíritus buenos** nos incitan al bien, nos sostienen en las pruebas de la vida y nos ayudan a soportarlas con valor y resignación. Los malos nos incitan al mal; se complacen en ver que sucumbimos y que nos asemejamos a ellos. Las comunicaciones de los Espíritus con los hombres son ocultas u ostensibles. Las comunicaciones ocultas tienen lugar mediante la influencia buena o mala que ejercen sobre nosotros sin que lo sepamos. Compete a nuestro juicio discernir entre las inspiraciones buenas y las malas. Las comunicaciones ostensibles tienen lugar por medio de la escritura, la palabra u otras manifestaciones materiales, la mayoría de las veces a través de los médiums que les sirven de instrumento.

¿A quiénes podemos llamar?

Los Espíritus se manifiestan espontáneamente o por evocación. Podemos **evocar** a **todos los Espíritus**: tanto a los que en su encarnación fueron malos, como a personajes ilustres sin importar la época en la que vivieron, a los de nuestros parientes, nuestros amigos o enemigos y obtener de ellos, a través de comunicaciones escritas o verbales, consejos, informaciones sobre su situación de ultratumba, sobre sus pensamientos respecto de nosotros, así como las revelaciones que les son permitidas comunicarnos.

Según Kardec: Los Espíritus son atraídos en virtud de su simpatía por la naturaleza moral del medio que los evoca. Los **Espíritus superiores** se complacen en las **reuniones serias** donde predominan el amor al bien y el deseo sincero de instruirse y mejorar. Su presencia **aleja** de allí a los Espíritus inferiores. En caso contrario, estos encuentran libre acceso y pueden actuar con absoluta libertad entre las personas frívolas o guiadas exclusivamente por la curiosidad, así como en todas partes donde encuentren malos instintos. Lejos de obtener buenos consejos e informaciones útiles, no debemos esperar de ellos más que futilidades, mentiras, bromas de mal gusto o mistificaciones, pues suelen adoptar nombres venerables para inducirnos a error con mayor facilidad. Distinguir entre los Espíritus buenos y los malos es en extremo fácil. El lenguaje de los Espíritus superiores es invariablemente digno, noble; se halla impregnado de la más elevada moralidad, libre de pasiones inferiores. Sus consejos reflejan la sabiduría más pura y tienen siempre por objeto nuestro mejoramiento y el bien de la humanidad.

El lenguaje de los Espíritus inferiores, por el contrario, es inconsecuente; suele ser trivial e incluso grosero, mienten y dicen cosas absurdas por malicia o por ignorancia. Juegan con la credulidad y se divierten a costa de quienes los interrogan; halagan su vanidad y alimentan sus deseos con falsas esperanzas. Hay algunas entidades que alaban, adulan y hacen promesas imposibles; no hay que confiar en ellos. Por eso siempre dice Samak en sus clases que cuando un espíritu empieza a decir que eres lo máximo y eres la elegida, hay que desecharlo de nuestra comunicación, ya que es de una vibración baja.

El Espiritismo sugiere como regla universal la premisa de oro: "No hagas a otros lo que no quieres para ti". También recomienda seguir principios muy semejantes a diversas doctrinas como: evitar actuar con el egoísmo, el orgullo y la sensualidad ya que son pasiones que nos acercan a la naturaleza animal y nos sujetan a la materia; por el contrario, hay que despreciar las futilidades mundanas y practicar del amor al prójimo, lo que nos acerca a la naturaleza espiritual; que no hay que abusar del poder ni oprimir a los débiles. Enseña, por último, que, en el mundo de los Espíritus, donde nada se puede ocultar, el hipócrita será desenmascarado y sus torpezas habrán de ser descubiertas; que la presencia inevitable y constante de aquellos para con los cuales hemos actuado mal, es uno de los castigos que se nos reservan; que al estado de inferioridad y superioridad de los Espíritus le corresponden penas y goces que desconocemos en la Tierra. Podemos **expiar** nuestras faltas en **diferentes existencias** para avanzar hacia la perfección. Debemos buscar instruirnos y progresar individual y socialmente.

Dependiendo del tipo de preguntas que se hagan en una sesión espiritistas, se acercarán espíritus frívolos y mentirosos que buscaran burlarse y divertirse a expensas de uno si es que se les hacen preguntas ociosas.

Hay diferentes dimensiones y planos, poblados por seres que vibran en la misma frecuencia. En el plano astral o emocional todos pueden ver nuestros sentimientos. Así, una persona que emita sentimientos positivos hace que lo rodeen seres con vibración semejantes. Mientras más iluminada esté una persona, más espíritus que lo ayudan atraen, así mismo pueden tener un grupo enorme de ángeles o seres de elevada frecuencia que tocan su corazón para ayudarles a transmitir mensajes de amor y guiar a otros.

1.7. Las diez órdenes de espíritus

Habíamos hecho una clasificación preliminar sobre los espíritus. A continuación, profundizaremos en dicha clasificación, toda está tomada y basada en la Doctrina espírita de Kardec y se corresponde con el poder, evolución, inteligencia y moralidad de los seres.

Espíritus del tercer orden – espíritus imperfectos

Predominio de la materia sobre el espíritu. **Propensión al mal.** Ignorancia, orgullo, egoísmo y todas las pasiones malas que derivan de él. Tienen la intuición divina, pero no lo comprenden. No todos son esencialmente malos. En algunos hay más frivolidad, inconsecuencia y malicia que verdadera maldad. Los hay que no hacen ni el bien ni el mal; pero sólo por el hecho de no hacer el bien denotan su inferioridad. Otros, por el contrario, se complacen en el mal y están satisfechos cuando encuentran la ocasión de hacerlo. Pueden aliar la inteligencia a la maldad o a la malicia, no obstante, sea cual fuere su desarrollo intelectual, sus ideas son poco elevadas y sus sentimientos más o menos abyectos. Sus conocimientos acerca de las cosas del mundo espírita son limitados y lo poco que saben de él se confunde con las ideas y los prejuicios de la vida corporal. Sólo pueden darnos al respecto nociones falsas e incompletas. Con todo, el observador atento suele encontrar en sus comunicaciones, aunque imperfectas, la confirmación de las grandes verdades que enseñan los Espíritus superiores. Su carácter se revela en el lenguaje que usan. Todo Espíritu que en sus comunicaciones deje traslucir un pensamiento malo puede ser incluido en el tercer orden. Por consiguiente, **todo pensamiento malo que se nos sugiera proviene de un Espíritu de ese orden.** Ven la felicidad de los buenos y esa visión es para ellos un tormento incesante, pues experimentan todas las angustias que la envidia y los celos pueden producir. Conservan el recuerdo y la percepción de los padecimientos de la vida corporal y esa impresión suele ser más penosa que la real. Sufren, pues, efectivamente, tanto por los males que soportaron como por los que hicieron soportar a otros. Además, como sufren durante mucho tiempo, creen que siempre habrán de sufrir, lo que es un tipo de castigo. Podemos dividirlos en cinco clases principales:

DÉCIMA CLASE. ESPÍRITUS IMPUROS. Son propensos al mal y lo hacen objeto de sus preocupaciones. Como Espíritus, dan consejos pérfidos, inspiran la discordia y la desconfianza, y adoptan todas las apariencias para engañar mejor. Se apegan a las personas de carácter lo bastante débil como para ceder a sus sugestiones, a fin de empujarlas a la perdición, satisfechos de poder retardar su adelanto al hacerlas sucumbir ante las pruebas que sufren. En las manifestaciones se los reconoce por su lenguaje. La trivialidad y la grosería de las expresiones, tanto en los Espíritus como en los hombres, son siempre un indicio de inferioridad moral, si no intelectual. Sus comunicaciones ponen al descubierto la bajeza de sus inclinaciones y si se proponen engañar hablando de una manera sensata, no pueden sostener mucho tiempo su rol e inevitablemente dejan traslucir su origen. Algunos pueblos los han convertido en divinidades malignas, otros los designan con nombres tales como **demonios, genios malos** o **Espíritus del mal**. Cuando están encarnados, los seres vivientes a quienes animan son propensos a todos los vicios que **engendran las pasiones viles y degradantes: la sensualidad, la crueldad, la felonía, la hipocresía, la codicia, la avaricia sórdida. hacen el mal por el placer de hacerlo**, la mayoría de las veces sin motivo y por odio al bien, escogen casi siempre a sus víctimas entre las personas honradas. Son plagas para la humanidad, sea cual fuere la clase social a la que pertenezcan, y el barniz de la civilización no los preserva del oprobio ni de la ignominia.

Estos espíritus al no estar conectados con la luz, se pegan en las personas y se alimentan de ellas. A estos les llamamos **entes de oscuridad, entes negativos** o **negs.**

NOVENA CLASE. ESPÍRITUS FRÍVOLOS. Son ignorantes, **maliciosos**, inconsecuentes y burlones. Se inmiscuyen en todo y a todo responden, sin preocuparse por la verdad. Se complacen en **causar leves molestias** y pequeñas alegrías, generar enredos, inducir maliciosamente a error por medio de engaños y picardías. A esta clase pertenecen los Espíritus vulgarmente designados con los nombres de **duendes, trasgos, gnomos y diablillos**. Mantienen una relación de dependencia con los Espíritus superiores, que los emplean a menudo del mismo modo que nosotros lo hacemos con nuestros servidores.

En sus comunicaciones con los hombres, su lenguaje es a veces ingenioso y divertido, pero casi siempre falto de profundidad. Captan los defectos y las ridiculeces de los hombres y los expresan con rasgos mordaces y satíricos. Si utilizan nombres falsos, con frecuencia lo hacen más por malicia que por maldad.

Muy comúnmente hacen travesuras nocturnas.

OCTAVA CLASE. ESPÍRITUS PSEUDOCIENTÍFICOS. Sus conocimientos son suficientemente amplios, pero **creen saber más de lo que saben en realidad**. Como han realizado algunos progresos desde diversos puntos de vista, su lenguaje tiene un carácter serio que puede engañar respecto a su capacidad y a sus luces. Sin embargo, la mayoría de las veces no es más que un **reflejo de los prejuicios y de las ideas sistemáticas de la vida terrenal**; una mezcla de algunas verdades con los errores más absurdos, entre los cuales se traslucen la presunción, el orgullo, los celos y la terquedad, de los que no han podido despojarse.

SÉPTIMA CLASE. ESPÍRITUS NEUTROS. No son ni tan buenos como para hacer el bien, ni tan malos como para hacer el mal. Se inclinan tanto hacia uno como hacia otro y no se elevan por encima de la condición general de la humanidad, sea en lo moral o en la inteligencia. Se apegan a las cosas de este mundo, cuyas alegrías groseras echan de menos.

Encarnados son personas que tienen una vida simple, trabajan, ve la tele, tienen hijos y no aportan nada al mundo.

**SEXTA CLASE. ESPÍRITUS GOLPEADORES y PERTURBA-
DORES.** Estos Espíritus no forman, para hablar con propiedad, una
clase distinta en atención a sus cualidades personales: pueden pertenecer a todas las clases del tercer orden. Suelen manifestar su presencia
por medio de efectos sensibles y físicos, tales como golpes, movimiento
y desplazamiento anormal de cuerpos sólidos, agitación del aire, etc.
Pueden generar **fenómenos poltergeist.**

Se muestran apegados a la materia más que otros. Parecen ser los
agentes principales de las vicisitudes de los elementos del plantea, ya
sea que **actúen sobre el aire, el agua, el fuego, los cuerpos sólidos o en las entrañas de la Tierra.** Serían los **seres elementales**
en desequilibrio, que pueden llegar a provocar incendios, problemas
del clima y sobre el influjo del elemento al que corresponden. Se reconoce que estos fenómenos no se deben a una causa fortuita y física
cuando tienen un carácter intencional e inteligente. Todos los Espíritus
pueden producir dichos fenómenos, pero los Espíritus elevados los dejan, en general, entre las atribuciones de los Espíritus subalternos, más
aptos para las cosas materiales que para las de la inteligencia. Cuando
aquellos juzgan que las manifestaciones de ese género son útiles, se
sirven de estos Espíritus como auxiliares.

Espíritus del segundo orden - espíritus buenos
Predominio del espíritu sobre la materia. **Deseo del bien.** Sus
cualidades y su poder para hacer el bien se hallan en relación con el
grado al que han llegado. Algunos tienen la **ciencia**, otros la **sabiduría** y la **bondad.** Los más adelantados reúnen el saber y las cualidades morales. Como aún no están completamente desmaterializados,
conservan más o menos, según su categoría, las huellas de la existencia corporal, ya sea en la forma del lenguaje o en sus hábitos, en los
cuales se reconocen incluso algunas de sus manías. De lo contrario
serían Espíritus perfectos. Comprenden a Dios y a lo infinito, y gozan
ya de la felicidad de los buenos. **Son felices por el bien que hacen**
y por el mal que impiden. El amor que los une es para ellos la fuente
de una dicha inefable, que no es alterada por la envidia ni por los re-
mordimientos, como tampoco por ninguna de las pasiones malas que
son el tormento de los Espíritus imperfectos. no obstante, todos tie-

nen aún pruebas que sufrir, hasta que hayan alcanzado la perfección absoluta.

Como Espíritus, sugieren pensamientos buenos, **desvían a los hombres del camino del mal**, protegen durante la vida a los que se hacen dignos de ello, y neutralizan la influencia de los Espíritus imperfectos en aquellos que no se complacen en sufrirla.

Cuando están encarnados son buenos y benévolos para con sus semejantes. no los mueve el orgullo, el egoísmo ni la ambición. no experimentan odio, rencor, envidia ni celos, y hacen el bien por el bien mismo.

A este orden pertenecen los Espíritus designados, en las creencias vulgares, con los nombres de **genios buenos, genios protectores o Espíritus del bien**. En épocas de superstición e ignorancia se los consideraba como **divinidades benéficas**.

Podemos dividirlos en cuatro grupos principales:

QUINTA CLASE. ESPÍRITUS BENÉVOLOS. Su cualidad dominante es la **bondad.** Se complacen en prestar **servicio** a los hombres y en protegerlos, pero su saber es limitado: su progreso es más acabado en el sentido moral que en el intelectual. Les llamamos comúnmente **Guías** y **Guardianes**.

CUARTA CLASE. ESPÍRITUS CIENTÍFICOS. Lo que los distingue especialmente es la amplitud de sus **conocimientos**. Se preocupan menos de las cuestiones morales que de las científicas, para las cuales tienen más aptitud. Sin embargo, sólo encaran la ciencia desde el punto de vista de la utilidad, y no mezclan con ella ninguna de las pasiones propias de los Espíritus imperfectos.

TERCERA CLASE. ESPÍRITUS SABIOS. Las cualidades morales del orden más elevado forman su carácter distintivo. Si bien no tienen conocimientos ilimitados, están dotados de una capacidad intelectual que les proporciona un **juicio sano** acerca de los hombres y las cosas. Son los **Maestros**.

SEGUNDA CLASE. ESPÍRITUS SUPERIORES. – Reúnen la **ciencia, la sabiduría y la bondad.** Su lenguaje sólo refleja **benevolencia**: es constantemente digno, elevado y a menudo sublime. Su superioridad los hace más aptos que a los otros para darnos las nociones más justas acerca de las cosas del mundo incorporal, dentro de los límites de lo que se le permite al hombre conocer. Se comunican gustosos con los que buscan la verdad de buena fe, y cuyas almas están suficientemente desprendidas de los lazos terrenales para comprenderla. En cambio, se alejan de aquellos que sólo están animados por la curiosidad, o a quienes la influencia de la materia desvía de la práctica del bien. Cuando, por excepción, encarnan en la Tierra, lo hacen para cumplir en ella una **misión de progreso**. En ese caso nos ofrecen el modelo de perfección al cual la humanidad puede aspirar en este mundo.

Espíritus de primer orden – espíritus puros

Sienten una influencia nula de la materia. Gran **superioridad intelectual y moral** absoluta en comparación con los Espíritus de los otros órdenes.

PRIMERA Y ÚNICA CLASE. Han recorrido todos los grados de la escala y **se han despojado de todas las impurezas de la materia**. Alcanzaron la suma de la **perfección** de que es capaz la criatura, razón por la cual ya no habrán de sufrir pruebas ni expiaciones. Como **no se encuentran sujetos a la reencarnación en cuerpos perecederos**, realizan la vida eterna en el seno de Dios. Gozan de una dicha inalterable, porque no están sujetos a las necesidades ni a las vicisitudes de la vida material. Con todo, esa dicha no consiste en una ociosidad monótona que transcurre en perpetua contemplación. Son los mensajeros y los ministros de Dios, cuyas órdenes ejecutan para mantener la **armonía universal.** Dirigen a los Espíritus inferiores a ellos, los ayudan a perfeccionarse y les asignan su misión. Asistir a los hombres en sus padecimientos, incitarlos al bien o a la expiación de las faltas que los alejan de la felicidad suprema, es para ellos una grata ocupación. Se los designa a veces con los nombres de **ángeles, arcángeles o serafines.**

La anterior clasificación fue de acuerdo con su evolución, ahora veremos una clasificación de acuerdo con sus características.

1.8. Tipos de seres

De acuerdo con sus características se clasifican en:

a) Extraterrestres de **mundos visibles** y materiales o físicos que entran a nuestro plano y planeta, o los hay que no se entrometen.

b) Hay seres que están en algún **espacio interdimensional** que se conectan con el nuestro, incluso en tiempo y espacio, esto da la posibilidad de contactar con nosotros mismos en una dimensión de nuestro pasado o futuro.

c) Seres que cohabitan en este planeta con nosotros, pero no habitan en la superficie, sino que viven **dentro de la Tierra**, llamados **intraterrenos**. Se dice que la Tierra está hueca y que hay seres habitándola de diferentes razas, culturas, grados de evolución e intenciones. Sus portales de entrada están en los polos (hablamos sobre esto en el Tomo I) y en algunos lugares considerados sagrados o montes. Hay historias escalofriantes sobre algunas personas que han encontrado cavernas o algunos hoyos de gran profundidad en los que se escuchan alaridos, clamores y gemidos de dolor y terror de miles de almas (Azazakov en Siberia, después de haber excavado 14.4. km de profundidad); sin embargo, los hay buenos que buscan apoyarnos a avanzar y se dice son los responsables de desactivar armas nucleares y bases de armamento. Algunos señalan que hay 36 ciudades subterráneas, otros dicen que hay 100. Incluso se dice que muchos de los platillos voladores tienen su origen en estas regiones. Hay historias de los Cherokees sobre estos habitantes, de los nagas (piel verde, miden entre 2.10 y 2.40 metros, están en el Tibet) y muchas más sobre diferentes seres que habitan dentro de las montañas y bajo Tierra. Algunos miden más de 4 metros, algunos son humanoides, otros parecen monstruos. Incluso los indios Hopi en sus leyendas indican que sus ancestros vivían pacíficamente en la zona intraterrena y fueron obligados a salir a la superficie por la invasión de la raza serpiente que llegó de otras cavernas y que cuando habitaban dentro de la Tierra fueron alimentados y vestidos por la "gente hormiga", quizás los extraterrestres grises. También hablan de sus ancestros como sus hermanos víboras.

d) **Seres etéricos**, es decir, que no tienen un cuerpo y viven aquí con nosotros en el planeta como fantasmas, hadas duendes, o espíritus de la naturaleza.

e) Seres que evolucionaron en nuestro planeta, pero ahora se encuentran en el **plano astral, mental o mental superior**. Son seres evolucionados que nos ayudan desde otros planos superiores a donde han evolucionado. Les llamaremos **espíritus elevados.**

CAPÍTULO 2.
SERES GUÍAS Y NEUTROS

2.1. Seres de Luz y entes de oscuridad

Los seres humanos pueden entrar en comunicación con los seres de la primera clase, pero muy presuntuoso sería el que pretendiese tenerlos constantemente a sus órdenes.

Entonces, de acuerdo con lo anterior, hay **seres de luz** en armonía, o seres que nos apoyan en nuestra evolución, son los **espíritus elevados** del **segundo** y **primer orden** que, aunque son seres que nos ayudan e indican el camino; muchas veces no pueden intervenir si no los hemos llamado, así es que debemos aprender a conocerlos y reconocerlos en primera instancia, saber cuál es su función en nuestra vida y saber cuándo llamarlos y para qué. Estamos hablando de seres incorpóreos.

Cuántas historias no hemos escuchado sobre personas que desde pequeñas son ayudadas por fuerzas espirituales. Personas que se caen o resbalan y sienten que al caer unas manos los detienen desde abajo y las trasladan a un punto seguro. Cuando voltean a ver quién es este benefactor, para su sorpresa su mirada no encuentra a nadie. Son personas que traen una conexión muy fuerte con el mundo espiritual y suelen tener gran cantidad de sueños precognitivos; sin embargo, también es posible que se conviertan en centros de numerosas manifestaciones poltergeist.

Pero también hay seres que nos están poniendo el pie para avanzar, a estos normalmente se les llama **seres de oscuridad**, que están buscando el caos y la destrucción, algunos nos ponen pruebas, pero la mayoría sólo buscan hacer daño, se han desviado del plan original, aunque a final de cuentas cumplen una función, no dejan de ser un verdadero fastidio y se pasan de la raya. Serían algunos del **tercer orden**.

De estos seres de luz y seres de oscuridad, no todos los seres de luz son **"buenos"** y no todos los seres de oscuridad son **"malos"**.

2.2. Seres guías y neutros

A continuación, presento una lista de seres de los más conocidos que nos ayudan en este plano. A través de la historia hemos escuchado de ellos. En esta primera clasificación encontramos a los guías y guardianes ya los espíritus a los que llamo "neutros" debido a que ni perjudican o benefician, lo hacen cuando les es solicitado.

1) Arcángeles

Los **Arcángeles** son seres perfeccionados. Se dice que son seres de luz que vibran a la frecuencia de un plano **muy elevado**. En la tradición kabalista los ángeles son la expresión de la esencia del **creador**, quien se **sacrificó** pasando de la unidad a la multiplicidad del universo. Surgieron de su corazón **siete grandes espíritus poderosos y eternos**, los **Elohim** que están frente al trono del creador. Son los medios por los cuales el creador ejecuta la voluntad creativa: Tzafquiel, Tzadquiel, Kamael, Rafael, Haniel, Miguel y Gabriel. Estos son los arcángeles que están formados de luz, conciencia y energía pura. Estos junto con las huestes de ángeles trabajan con propósitos divinos dando orden al universo ayudando a la evolución de los mundos.

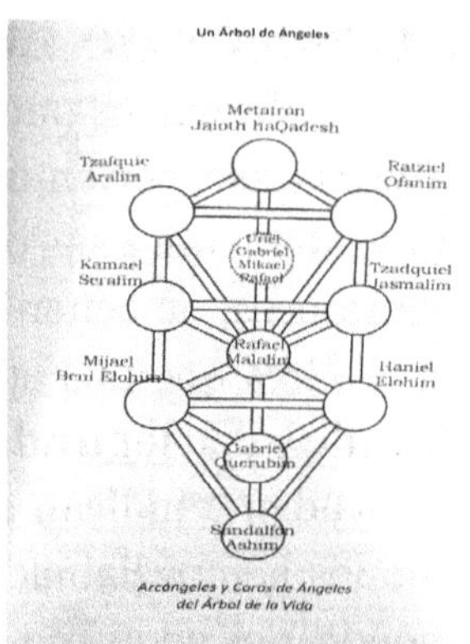

Ilustración 1. Ángeles y Coros de Ángeles del Árbol de la Vida, Jorge Nájera

Dentro de la Qabalah mística se trabaja con un orden establecido de correspondencias con los Arcángeles y sus coros, así como con cada una de las esferas del árbol de la vida.

Así tenemos las siguientes correspondencias:

1. **Kether**: Arcángel Metatrón. Dios menor – rey de los ángeles. Orden de ángeles: Jaioth ha-Qadesh. Santas criaturas vivientes
2. **Chokmah**: Arcángel Ratziel o Raziel. El secreto de Dios. Coro de ángeles: Ofanim. Ruedas de estrellas
3. **Binah**: Arcángel Tzafquiel. Contemplación de Dios.

Coro de ángeles; Aralim. Los Tronos – Poderosos y valientes.

4. **Chesed**: Arcángel Tzadquiel. El justo

Coro de ángeles: Jasmalim. Los brillantes

5. **Geburah**: Arcángel Camael. El que ve a Dios – Guerrero de luz

Coro de ángeles: Serafim. Serpientes de fuego

6. **Tifereth**: Arcángel Rafael. Sanación de Dios

Coro de ángeles: Malakim. Los Reyes

7. **Netzach**: Arcángel Haniel. La Gloria de Dios

Coro de ángeles: Elohim. Dioses y Diosas

8. **Hod**: Arcángel Mikael. El que es como Dios

Coro de ángeles: Beni Elohim. Hijos de los Dioses

9. **Yesod**: Arcángel Gabriel. El Poder de Dios.

Coro de ángeles: Querubim. Los que interceden ante Dios

10. **Malkuth**: Arcángel Sandalfón. Sandalias divinas

Coro de ángeles: Ashim. Flamas

Vamos a tomar en cuenta la siguiente clasificación de coros de acuerdo con Rudolf Steiner, en ***Los ángeles y el cuerpo astral***, quien fue un gran clarividente y desde muy temprana edad podía ver, escuchar y comunicarse con los ángeles. Apoyado en el esquema de Pseudo Dionisio, estableció las jerarquías angélicas como sigue:

Primera Jerarquía:
1. Espíritus del Amor, son los Serafines.
2. Espíritus de la Armonía, son los Querubines.
3. Espíritus del Poder, son los Tronos.

Segunda Jerarquía:
4. Espíritus de la Sabiduría, son las Dominaciones.
5. Espíritus del Movimiento, son las Virtudes.
6. Espíritus de la Forma, son los Poderes.

Tercera Jerarquía:
7. Espíritus de la Personalidad, son los Principiados.
8. Espíritus del Fuego, son los Arcángeles.
9. Hijos de la Vida o del Crepúsculo, son los ángeles.

Los ángeles cumplen funciones divinas, aunque no creamos en estos mensajeros, ellos están presentes en nuestra vida y puede establecerse una relación profundamente estrecha y amorosa.

Si quieres saber profundamente sobre sus cualidades, magia y mucho más, te invito al curso de "Alta Magia Arcangélica" de Samak en Alquimist.

Llamar a los Arcángeles en un ritual de exorcismo

Uno se coloca al centro mirando al este enfrente del paciente. Se centra y señalando con la mano el Athame a cada punto cardinal sin girar el cuerpo. Se debe visualizar que cada Arcángel llega portando un pentagrama flameante cada vez que se llame. Dice señalando al punto con el athame:

Al este: *"Delante de mí Rafael"* (mantralizando el nombre).

Al sur: *"A mi derecha Mikael"*.

Al oeste: *"Detrás de mí Gabriel"*.

Al norte: *"A mi izquierda Uriel"*.

Abajo: *"Debajo de mí Sandalfón"*.

Arriba: *"Arriba de mí Metatrón"*.

Ahora visualiza que se voltean todos y muestran el pentagrama hacia afuera mientras se dice:

"A mi alrededor flamean los pentagramas".

Visualice que brilla una estrella de seis puntas en su interior mientras repite:

"Yo soy el pentagrama viviente y dentro de mí brilla la estrella de seis rayos".

2) Ángeles

Ángel es un nombre propio masculino de origen griego en su variante en español. El nombre procede del latín *angelus,* que a su vez deriva del griego ἄγγελος (*ággelos*), que quiere decir "mensajero". Es un nombre muy común en todo el mundo occidental con sus propias derivaciones árabes y hebreas. Los ángeles han sido los guardianes del cielo en términos bíblicos y de teología hebrea concordante con la religión predominante en la civilización occidental, junto al mundo hebreo actual e islámico.

Los **ángeles** son guías espirituales, infunden inspiración y ayudan a expandir el entendimiento y la comprensión del mundo manifestado. Ayudan a los hombres en su avance evolutivo hacia el bien. Las vibraciones que emanan los ángeles son de amor divino. Lo que hagan será para elevar el espíritu o para apoyar y nutrir el cuerpo físico. Los ángeles, como mensajeros, nos recuerdan nuestra misión de vida.

Se convierten en consejeros y en maestros. Se dice que hay distintos tipos de coros, los hay para todo, ayudan a conducir las almas que dejan el mundo material, tenemos a los guardianes de los seres humanos, a los que se presentan en las ceremonias, ayudan a los que están pasando por dificultades, otros consuelan a los que están tristes, unos trabajan en la conducción de las almas que dejan el mundo material.

Hay ángeles de nacimientos, de los bebés, de los niños, adultos, ancianos, de los enfermos, de las escuelas, de la música, de la alegría, de las buenas noticias, del hogar, de los hospitales, universidades, oficinas, de los montes, de los árboles, las plantas, las flores. Hay unos que acompañan y guían en la meditación. Hay ángeles que se dedican a la sanación de cuerpo y espíritu, ellos laboran en hospitales, clínicas y en todos los lugares donde hay enfermos que requieren de sus servicios. Existen los ángeles del trabajo, orientándote hacia lo que es para tu mayor beneficio. Están los ángeles de la música, de los colores, de los aromas. Los primeros se expresan a través de notas musicales, los segundos mediante tonos refulgentes y los terceros hacen notar su presencia por medio de fragancias de los olores indescriptibles. Hay ángeles de la alegría, de la piedad, de la misericordia, del perdón, del amor. También están los ángeles de la oración, susurrando con ternura la importancia de que la humanidad tenga como hábito la oración constante. Todos responden a la oración.

Los ángeles no tienen sexo, son andróginos. Nunca se van a presentar bajando de naves extraterrestres, son energía pura y luminosa. No tienen esposos o esposas ya que son la unidad divina, son conciencias individualizadas unidas con la divinidad que velan por la evolución de la humanidad.

Cuando nosotros hacemos una plegaria a la divinidad, ésta manda a los ángeles a nuestro encuentro. Basta decir: "Bendita fuerza creadora, te entrego este día, que se haga tu divina voluntad". Basta con nuestro simple pensamientos para llamar a los ángeles, no necesitamos hacer complicados rituales, están al alcance de nuestros pensamientos.

Los ángeles siempre se han presentado de la misma forma: como seres que llegan para ayudarnos en momentos de crisis o problemas, para salvaguardarnos de un peligro. Siempre nos harán sentir confianza. Se nos presentan de la forma que más tranquilos nos hagan sentir, como con alas. No tienen un cuerpo material, aunque sí tienen la capacidad de resolver situaciones materiales cuando el ser humano lo merece.

Los mensajes que provienen de los ángeles siempre se relacionan con nuestro crecimiento espiritual.

Ángeles zodiacales

Cada uno de los doces signos del zodiaco está regido por un poderoso ángel que cuida a la persona y le otorga dones especiales. Este ángel se dice está en trabajo contigo.

Aries	21 de marzo al 20 de abril	*Camael- Samael*
Tauro	21 de abril al 20 de mayo	*Anael- Haniel*
Géminis	21 de mayo al 20 de junio	*Rafael*
Cáncer	21 de junio al 22 de julio	*Gabriel*
Leo	23 de julio al 21 de agosto	*Miguel- Mijael*
Virgo	22 de agosto al 22 de septiembre	*Rafael*
Libra	23 de septiembre al 22 de octubre	*Anael- Aniel*
Escorpión	23 de octubre al 22 de noviembre	*Azrael- Samael*
Sagitario	23 de noviembre al 20 de diciembre	*Sadkiel- Sachiel*
Capricornio	21 de diciembre al 20 de enero	*Casiel*
Acuario	21 de enero al 19 de febrero	*Uriel*
Piscis	20 de febrero al 20 de marzo	*Azariel- Sachiel*

La forma de contactar con estos ángeles es: primero reconocer ese poder dentro de usted. Medite, llame a su ángel con su nombre si es que lo sabe. Abra su mente y escuche. Generalmente contestan como una voz dentro de su mente. Bendiga a su ángel y haga afirmaciones y decretos positivos. Tenga toda la confianza de que estos sucederán. Abrace este poder ilimitado dentro de usted.

Ángel de la guarda

Para llamar al ángel guardián podríamos decir:

"Ángel de mi guarda, dulce compañía, no me desampares ni de noche ni de día".

O en su versión diferente:

"Santo guardián, mi dulce compañía, acompáñame de noche y de día".

Cuando les pedimos algo es muy importante pedir lo que deseamos de manera muy clara y en afirmativo.

Algunas de las funciones del ángel Guardián de acuerdo con Lucy Aspra en **Manual de Ángeles**, yo diría que en general de nuestros espíritus guardianes son:

1. Nos ilumina el camino.
2. Nos susurra lo que debemos hacer.
3. Nos inspira buenos pensamientos y sentimientos.
4. Nos previene de los peligros.
5. Protege nuestro cuerpo y nuestra alma de los peligros.
6. Nos defiende de las fuerzas del mal.
7. Nos ayuda a potenciar nuestros talentos.
8. Nos ayuda a recibir y entender los mensajes divinos.
9. Transmite nuestras oraciones y nuestros sacrificios.
10. Registra nuestras buenas acciones.
11. Nos ayuda a abandonar cualquier vicio, adicción o actitud obsesiva.
12. Ora por nosotros.
13. Intercede por nosotros.
14. Nos conduce hacia las personas y lugares donde podremos ayudar, o da protección adicional a otra persona en un caso específico.
15. Nos corrige con amor cuando faltamos a las leyes divinas.
16. Nos da fuerzas, comprensión y consuelo en todos los instantes del día.
17. Nos asiste cuando le hablamos. Debemos acercarnos mentalmente para lograr su asistencia cuando requerimos asesoría sobre cual-

quier asunto importante. Al conectarnos, debemos tener la certeza de que tendremos respuesta.

18. Nos asiste a la hora de la muerte.

19. Conduce nuestra alma al más allá.

20. Consuela a los seres que ya han fallecido.

21. Trabaja con otros ángeles o guías para bien nuestro, de nuestros seres queridos y de toda la humanidad.

22. Nos asiste en los exámenes y situaciones donde necesitamos su asesoría. Podemos pedir dulcemente a nuestro ángel que prepare el camino para resolver determinado asunto.

23. Se comunica con los Ángeles Guardianes de otras personas para preparar un ambiente propicio en todos los encuentros, citas importantes y reuniones a las que asistiremos.

24. Cuando existe una enfermedad, propicia la curación adecuada y bendice las medicinas y tratamientos. En caso de una intervención quirúrgica, puede asistir a San Rafael mientras él opera. Desde antes se deberá pedir a nuestro ángel que con otros Ángeles de la Salud Celestial preparen el quirófano, se encarguen de la asepsia e instruyan a los médicos y enfermeras.

25. Cuando una mujer espera un hijo, durante todo el embarazo puede estarse comunicando con el espíritu de su hijo por nacer, estableciendo una relación íntima entre Ángeles Guardianes. También el padre y otros familiares pueden participar, estableciendo una unión igual por medio de sus Ángeles Guardianes. Durante el alumbramiento, se deberá pedir a los ángeles su asistencia.

26. Mientras dormimos, nos cobija con sus alas y nos conduce a colaborar en otros planos con seres luminosos especializados en funciones diversas. Nos conduce en sueños y propicia las respuestas o sueños que nos ayudarán, además de protegernos en esa travesía. Nos puede enseñar e indicar nuestra vocación.

Se puede hacer una visualización de las legiones celestiales protectoras ocupando cada espacio de nuestro hogar. Esto se puede hacer también mientras se están acomodando los muebles en el nuevo hogar, o reorganizándolos dentro de una casa que ya ocupamos.

Ángeles protectores

De acuerdo con Jorge Nájera en su libro **Un Árbol de Ángeles**, en el mundo espiritual existe una legión de ángeles llamados ángeles protectores. Estos conforman lo que podríamos llamar la policía o fuerza de seguridad en los planos internos. Ellos están encargados de administrar la justicia divina y cuando se les llama es lo que se obtiene, y en muchos casos no es lo que la persona que los invoca cree que obtendrá. Para ellos la justicia va más allá del tiempo y espacio de una vida, cuando actúan toman en consideración las vidas pasadas de las personas implicadas en cierto problema, por lo que su perspectiva de lo que es justo en muchos casos difiere de la que tiene la persona que los llama, quien en muchos casos obtiene una aceleración kármica al utilizar a estos ángeles para solucionar sus problemas.

Sin embargo, hay casos en los que se les puede llamar para protegernos de fuerzas extrañas que están tratando de entrar a nuestras mentes, en especial aquellas creadas por el pensamiento colectivo de un grupo de personas hacia un propósito definido, en otras palabras, pueden bloquear a las mentes grupales que actúan sobre nosotros. Las mentes grupales trabajan en todas las escalas y podemos quedar atrapados por una mente grupal de gente que bebe hasta emborracharse en una reunión de amigos, para percatarnos posteriormente de que bebimos sin siquiera gustarnos el alcohol. Otro ejemplo son los grupos aficionados enardecidos o eufóricos que destruyen cuanto encuentran a su paso después de un partido de futbol.

La forma de llamar a un ángel protector es la creación de una serie de imágenes a nuestro alrededor que protegen nuestros cuerpos sutiles de la influencia mental. La forma tradicional de protección y balance psíquico consiste en realizar la **Cruz Cabalística** y posteriormente el **Pilar del Medio**, la cual es una forma efectiva si se cuenta con el tiempo y disposición para hacerlo. Cuando no se dispone del tiempo o ya se empieza a sentir la influencia de una fuerza externa que afecta nuestra conciencia, lo que se hace es tratar de alejarnos del foco de radiación de la mente grupal y **llamar la protección de un ángel**. En este caso se visualiza al ángel de forma gigantesca detrás de nosotros cubriéndonos con sus alas, él despedirá una luz azul eléctrico creando un huevo protector a nuestro alrededor. Esta misma técnica puede utilizarse con fuerzas arquetípicas representadas por ciertos héroes o divinidades, por ejemplo, podemos llamar a la Diosa para que nos proteja cubriéndonos con su manto azul. Mikael es el arcángel protector por excelencia, estar bajo sus alas proporciona un triunfo seguro.

3) Espíritus guías

Son espíritus que están con nosotros desde que nacemos y nos van ayudando a través de señales a encontrar nuestra misión, ojo... dan señales; sin embargo, no pueden intervenir o dar respuestas directamente a menos que se los pidamos, ya que actúan con ciertos límites. Estos pueden ser de diferentes tipos, incluso elementales, ancestros, seres angelicales o extraterrestres, maestros ascendidos o divinidades. Pueden ser también espíritus aliados. Cabrían dentro de la categoría dos de Kardec.

4) Maestros ascendidos

Los maestros ascendidos son seres muy espirituales e iluminados, que en sus pasadas vidas fueron seres humanos comunes, que evolucionaron espiritualmente, es decir alcanzaron una escala muy suprema a nivel espiritual, con la misión de proteger, regir y sobre todo ayudar a propagar con su luz al planeta Tierra

5) Espíritus guardianes y protectores

Son seres que nos están cuidando todo el tiempo pueden ser de los mismos tipos que los espíritus guías. En el folklore de la Vieja Tradición encontramos en esta clasificación a las hadas madrinas o hadas custodias que velaban por el bienestar de los seres humanos. Hay también un dragón personal y un familiar que cuida de los seres humanos. Nacemos teniendo así, a nuestra **hada madrina** o custodia y a nuestro **dragón**.

Cabe señalar que los familiares fallecidos no son nuestros ángeles guardianes, sólo son protectores invisibles.

En la Vieja Tradición a los espíritus que nos cuidan se les llama **Espíritus familiares**.

Siempre están dispuestos a ayudar, pero no pueden actuar si no se les llama, tienen una condición de no intervención y esperan que el hombre resuelva sus problemas por sí mismo a menos que el caso sea crítico y sean llamados.

En esta sección encontraríamos también a los **ángeles protectores**.

6) Aliados

Son espíritus a los que se ha llamado para que nos apoyen en fines específicos, pueden ser también de diferentes dimensiones, vibraciones y tipos. Algunos incluso pueden ser creados. A otros se les encomienda la tarea de ayudarnos para alcanzar luz y progreso.

7) Divinidades

Estas no se podrían llamar específicamente como seres de luz o de oscuridad, cada una de ellas trabaja con polaridades, incluso cuando ellas mismas pueden representar alguna. Son los dioses a los cuales podemos llamar o ellos nos pueden contactar para cumplir con ciertas misiones en específico, o bien cuando se trabaja con alguna tradición o religión, nos acompañan y trabajan con nosotros dándonos su fuerza y apoyo.

Hay dioses que son específicos para protección, ponerse bajo su tutela o consagrarse a ellos es una gran ayuda, por lo que se les invoca cuando se está en peligro o se busca protección.

Los principales que se utilizan para protección son: Hécate, Lilith, Odín y Thor. Te recomiendo tener un oráculo o Tarot de dioses y cuando tengas duda de qué divinidad te pueda ayudar, es conveniente elegir una carta para ver cuál es la más conveniente en ese momento.

Cuando estés preguntando por cuál divinidad en específico, te recomiendo preguntar por panteones: griego, egipcio, maya, mexica, nórdico, celta, hindú, etc. Después puedes ir nombrando a cada uno de ellos hasta encontrar cuál es el tuyo.

Hay formas específicas de llamar a las divinidades, cierto tipo de ofrendas que se les pueden dar, días, rituales y demás. Le recomiendo estudiar sobre los dioses que más le llamen la atención y trabajar de manera devocional con ellos.

8) Espíritus familiares

Los espíritus familiares se han ocupado desde tiempos inmemoriales como medio para comunicarnos con el otro mundo. Con el paso del tiempo fueron considerados por la iglesia católica como sirvientes de las brujas y del diablo, se convirtieron, de acuerdo con su concepto, en un acompañante del mal.

El concepto más antiguo en el ámbito de las brujas es que el espíritu familiar de las brujas era el espíritu de algún animal perteneciente a una conciencia grupal de un animal específico. En otras palabras, era el espíritu de toda la especie delimitado en una única forma. En algunas culturas este ser es llamado el animal de poder o el animal guía. Este ser puede ser utilizado como una puerta para conectar con el espíritu animal más elevado o el espíritu de la naturaleza. En tales casos, la forma astral del animal se convierte en un vehículo para trabajar con la conciencia superior.

El concepto de familiar de las brujas está asociado con el chamanismo y las culturas mágicas de diversas culturas. Algunas veces el espíritu familiar puede ser un hada o ser místico.

Son espíritus que algunas veces adoptamos o nos adoptan como parte de la tradición a la que pertenecemos o a la cultura o familia a la que pertenecemos también.

Hay **tres tipos de espíritus familiares**, en todos los casos son mensajeros del otro mundo y ayudan a la comunicación y a sanar, además de ser poderosos aliados con los que se forma una estrecha relación. Todos son el contacto con el Gran Espíritu. Para las brujas los tres tipos de espíritus familiares son:

1) **Astrales/espíritus:** preexiste en el mundo astral, elemental o del otro mundo, que vive más allá del mundo de los vivos. Son seres inmateriales. Podrían ser los espíritus guardianes y protectores.

2) **Físicos:** mascota o animal del que se sienta atraído.

3) **Creados/ familiares artificiales:** creado mediante magia.

En el caso 2) y de acuerdo con la Vieja Tradición (Witchcraft) un espíritu del Otro Mundo podía habitar en el cuerpo físico de algún animal o criatura. Las vasijas más comunes para dicho fin son los gatos, ratones, hurones, liebres, murciélagos, serpientes, sabuesos y pájaros – particularmente el cuervo y el búho. Estos espíritus funcionan como mediadores entre los mundos. El familiar también se convierte en un aliado y acompañante, en protector y ayudante. Hay formas específicas en la Vieja tradición y en otras tradiciones de contactarlos y trabajar más con ellos.

Aquí podemos encontrar a los animales que están en comunicación con la fuente y si nosotros estamos en contacto y comunicación con los animales, éstos nos ayudan a conectarnos con ella. Ayudan también a mimetizarnos con los instintos del animal y así interactuar mejor con la naturaleza.

Ayudan a la bruja en sus hechizos, a sanar protección y comunicación con los otros mundos. Durante la proyección astral, el animal de poder protege a la bruja.

Las cualidades de los animales como espíritus Tótem pueden encontrarse en la sección de animales del Tomo I del presente tratado.

9) Seres míticos

Son criaturas consideradas con poderes sobrenaturales y formaciones bastante peculiares, tales como mitad animal, mitad humano. Surgen de algunas leyendas de la mitología. Hay algunas historias que señalan que estos seres en realidad existieron en alguna época donde los seres humanos comenzaron a experimentar genéticamente, lo cual estaba prohibido en ese entonces, resultado de ello son los seres mitad humanos y mitad animales, o bien, partes de diferentes animales como los centauros, sirenas o pegasos. Pero también tenemos a otros seres que son parte del folklore e historias mágicas como los dragones y el fénix. Algunos de ellos se convierten en nuestros custodios o familiares. En muchas historias, el encuentro con alguno de estos seres deja una moraleja o una lección.

Dentro de estos seres encontramos también a las hadas y los de su categoría del mundo feérico.

Algunos están con nosotros desde que nacemos, sin embargo, al ir trabajando van cambiando o van llegando más. Hay métodos y formas de tener mayor contacto con ellos.

Existen decenas de tipos de seres mitológicos, aquí mencionaremos los más conocidos:

1. Centauros

Unos de los seres más conocidos en la mitología griega, poseen torso y cabeza humana, y el resto de su cuerpo de caballo, sus equivalentes femeninos son conocidos como Centáurides. Representan los impulsos animales queriendo ser dominados por la mente humana; sin embargo, reina su cualidad salvaje indomable.

Corresponden al elemento fuego y nos aportan pasión y luchar por nuestros ideales.

2. Cíclopes

Eran seres gigantescos que poseían un único ojo, se dice que eran caníbales. En algunas historias se dice que vienen de Folmahaut. En la mitología griega los cíclopes apoyaron a Zeus, Poseidón y Hades en la guerra con los titanes.

Nos aportan alegría, fuerza y visión enfocada.

3. Dragones

Nuestro dragón custodio se va desarrollando conforme vamos desarrollando nuestra conciencia, de tal forma que mientras más experimentados y despiertos estamos, más grande es el dragón. También contamos con un dragón correspondiente a nuestra familia y lugar. Hay toda una corriente mágica draconiana, con su lenguaje, sus características ritualistas y conexiones peculiares.

El dragón atrae el amor y la suerte, da prosperidad, salud, bendiciones, poder, riqueza, protección y fortaleza. Ayuda a obtener la victoria sobre cualquier enemigo. Enseña a mejorar espiritualmente y vencer a la parte más primitiva y oscura. También quita vibraciones negativas y mala suerte. Poderoso guardián, protege hogares y personas. Representa lo sobrenatural, lo infinito en sí y los poderes espirituales en cambio y transformación. Es la encarnación del poder primordial, es el poder soberano sobre los cuatro elementos y la magia. Los hay de los cuatro elementos y en general representan al Gran Espíritu que todo los contiene.

4. Esfinges

Las hay en el contexto griego (femenina) y el egipcio (masculina). Poseían cuerpo de león y cabeza humana. De gran poder y en algunas ocasiones benevolentes. En Egipto protegían las entradas.

En la mitología griega se habla de una sola que mataba a quienes no resolvieran su acertijo. Se dice que descifraba admirablemente enigmas.

Nos aportan protección de los misterios, la sabiduría, la sensatez, el sigilo, el misterio y la magia.

5. Fénix

La figura del ave fénix simboliza la resurrección, permanencia, longevidad, persistencia y elevación personal. El Fénix es el guardián del fuego de la creación. Es protector, principalmente de los incendios. Simboliza al sol, que muere cada noche para renacer. Ha sido enviado a la Tierra para ayudar en su desarrollo y formar parte, junto con el dragón, del mito de la creación del mundo. Da esperanza en medio de la desesperación. Conciencia espiritual, transformación de la vida. Se consumía por el fuego cada 500 años y luego resurgía de sus cenizas. Da fuerza, energía y capacidad de regenerarse, es la fuerza de poderse rehacer a sí mismo. Se caracteriza porque las alas se juntan. Representa al elemento fuego.

6. Gorgonas

Son seres femeninos que causaban terror en la mitología griega. La reina de las gorgonas era Medusa, se dice que originalmente era muy bella, pero Atenea la convirtió en Gorgona por un desacato del que no fue culpable. Las gorgonas poseen cabello de serpientes venenosas. Se indica también que su poder era tan grande que cualquiera que intentase mirarlas, quedaba petrificado, convertido en sal. Por eso la imagen de las Gorgonas se ubicaba en todo tipo de lugares, para propiciar su protección.

Aportan fiereza, destrucción al enemigo y dejar salir los impulsos reales y que estaban escondidos.

7. *Minotauro*

Correspondiente a la mitología griega como resultado de la intervención genética de la esposa del rey Minos, Pasifae y un toro blanco que se supone sacrificaría en nombre de Zeus. Poseía cabeza de toro y cuerpo de hombre. También se habla de él en otros contextos.

Representa el enigma, la sombra individual y aporta la sabiduría para consumir la propia oscuridad, así como el instinto de boicotearse y comerse a sí mismo.

8. *Ninfas*

De la mitología griega, están estrechamente vinculadas con la naturaleza; son las hadas del contexto griego. Se les considera como una especie de diosas menores, no pueden procrear hijos inmortales. Su aspecto es de jóvenes doncellas, que cantan y danzan en el bosque. Hay unas especiales que dan inspiración creativa y divina.

Dan favores y hay algunas de frecuencia elevada que despiertan la creatividad musical y poética.

9. *Pegaso*

Caballo alado de impresionante color blanco, hijo de Poseidón, dios griego del mar, y de Medusa, la Gorgona que podía volar y hacer manar el agua allá por donde pisase y que era completamente indomable. Corresponde al elemento aire.

Se asegura que nació en la Tierra, habiendo sido fecundado por la sangre que fue derramada por Medusa, cuando ésta fue asesinada por Perseo. Otra versión dice que nació del cuello de Medusa cuando Perseo le cortó el cuello muy cerca del mar, donde su sangre, al contacto con el agua, hizo que naciese su hermano, el gigante Crisaor. De las fuentes del océano donde nació, recibió su nombre, que viene de la palabra griega *phgh* (*pagé*), cuyo significado es manantial.

Zeus nombra a Pegaso portador del rayo y el trueno, es el encargado de conducir el carro de Aurora y también le convirtió en una constelación compuesta por cuatro estrellas brillantes, que podemos ver hoy en día en el cielo.

El Pegaso aporta libertad de la oscuridad, aporta curiosidad por el futuro y valor por explorar nuevos territorios.

10. Sirenas

En la mitología romana habitaban en las profundidades del mar, entonaban preciosos cantos con los que atraían a los navegantes para hacer naufragar sus barcos y atraparlos para devorarlos. Corresponden al elemento agua.

Según las leyendas de la mitología romana las sirenas estaban obligadas a vivir hasta que los mortales les escucharan cantar y tuvieran la capacidad de ignorarlas.

Su símbolo son oportunidades que se te dan por el hecho de ser mujer. Nos ayudan a enfrentarnos a nuestros miedos, los cuales cantan disfrazados de belleza, pero también implican seducción inconsciente para caminar ciegamente a las redes del amor sin razonamiento. Es perderse en el sentimiento.

11. Unicornio

El unicornio es un animal mágico de carácter noble, puro y muy espiritual. Corresponde al elemento tierra.

El mito nos dice que su aspecto es el de un caballo joven, generalmente blanco, con un cuerno en espiral, patas de antílope, barba de chivo y una cola de aspecto leonino. Sus ojos son de un azul intenso y su inteligencia es comparable a la de un humano.

Se cree que son inmortales, pero posiblemente sea el hecho de que su vida media es superior a los 1000 años lo que haga pensar esto. Su longevidad es debida a la magia de su cuerno, que les hace tener siempre un aspecto juvenil.

El unicornio presenta una especial resistencia a la magia; es inmune a los hechizos, a los conjuros de muerte y al veneno. Su cuerno mágico detecta el veneno y cura las heridas con un simple roce. Además, su magia les permite teletransportarse si se ven en la necesidad de huir de algún peligro.

Es un ser independiente y solitario que permite pocos contactos. Solamente se muestra ante doncellas de corazón puro, generalmente humanas o elfas. Este hecho ha sido aprovechado por los villanos para capturarlos. Una vez que el unicornio permite ser tocado se convierte en una montura tan leal que protegerá a su jinete incluso con su propia vida.

El unicornio aporta magia, esplendor, sólo pueden verlos las personas nobles y de buen corazón. Indica conexión con la Tierra y las fuerzas divinas, pureza del alma y cercanía con la trascendencia.

10) Duendes, hadas y seres del mundo feérico

Son seres originarios de un lugar llamado Sidhe que corresponde a un plano intermedio entre el plano material y divino. Las leyes que los rigen son compartidas por ambos reinos y también corresponden a ciertos elementos de acuerdo con su naturaleza. Son seres que poseen cualidades tanto de dioses como de hombres.

En la Vieja Tradición, se considera que hay tres mundos, los seres de los otros mundos y dimensiones tenían contacto directo con nosotros, aquí en el middleworld y nosotros podíamos acceder a sus mundos.

Se dice que las hadas son descendientes originales de una mezcla de una raza de gente mágica, conocida en Gran Bretaña como Tuatha Dé Danann (gente de la Diosa Danu) y los humanos, en algunas regiones se dice que estos seres vinieron desde hace mucho tiempo, seres altos con ojos oscuros a compartirnos su sabiduría y finalmente se mezclaron con nosotros. Nos enseñaron muchas cosas incluyendo la magia. Se consideraban elfos. Eran, en el folklore británico, aquellos que vivían en el Tyir Nau Og, u Otro Mundo, una Tierra encantada que existe en un universo paralelo y separado del mundo humano por el más débil susurro de un velo mágico. Con el paso del tiempo, el velo pareció cerrarse y los dos mundos se separaron. Poco a poco las hadas en el mundo humano comenzaron a volver a su reino invisible.

En este Otro Mundo, las especies de hadas son infinitas, tantas como los seres vivos en esta tercera dimensión, las hay desde tamaños diminutos como de una pizca de polvo, pasando por los muy pequeños del tamaño de un insecto, los de tamaño de muñecos, gente pequeña, humanoides y gigantes, algunos dragones incluso.

Los seres humanos acabaron con muchos árboles y la humanidad entró en las sombras y se creyeron los amos de la naturaleza, es una de las razones de la separación con el Otro Mundo. Debido a la separación del hombre con su espiritualidad y el contacto con la naturaleza, debido al materialismo, estos seres se han alejado, el ser humano se aprovechó de ellos por mucho tiempo haciendo magia y ahora, si es que llegan a aparecerse, es difícil que se presenten en su forma benevolente. Ahora parece que se han vuelto pícaros, traviesos y hasta siniestros. No se sugiere establecer contacto con ellos ya que pueden tener reacciones imprevisibles y peligrosas. Hay unos juguetones y traviesos, pero otros verdaderamente temibles. Todo depende de su grado de evolución, porque son seres evolucionarios también.

Las hadas o elfos, a diferencia de los que están fundidos con el elemento al que corresponden (que son los elementales), poseen una conciencia individual, y poseen el don de la invisibilidad y el encantamiento. Ninguno de esta especie tiene emociones, por ello también se les llama espíritus frívolos.

Adoptan formas diferentes, pero siempre corresponderá a la vibración del lugar donde están. Los que se encuentran en lugares densos, donde se practique la brujería nociva, son horrendos y perversos. Algunos se perciben en las casas y copian las características de los que viven allí. Por lo general, suelen manifestarse con la ropa de la época en que se presentaron por primera vez entre los habitantes de un lugar, como si se les dificultara llevar otro tipo de atuendo. No se les puede herir o matar, ya que no tienen un cuerpo como el nuestro. Muchos no toleran la presencia de los seres humanos, y cuando son descubiertos se presentan de manera horrorosa.

De acuerdo con ciertas teorías, se dice que antes estos seres sí estaban en convivencia con nosotros, como hemos señalado y los que ahora vienen son unos suplantadores extraterrestres que se ocultan tras sus formas, algunos incluso señalan que han llegado a ver cadáveres o esqueletos de seres muy pequeños de estos reinos. Muchos tienen las características de los extraterrestres llamados "grises", tanto en el físico como en su conducta. Otros estudiosos piensan que probablemente los grises obligaron a los verdaderos elementales a retirarse y, desde hace mucho, los han estado suplantando.

Se dice que estos seres se alimentan de la energía de ciertas comidas, que ellos absorben, aunque el alimento siga ahí, ellos tomaron su nutrimento etérico.

En la tradición italiana se habla de seres que viven con los dioses y se les llama espíritus de la naturaleza, o bien elfos, entre ellos tenemos a los Massariol, los lauru, los faunos y los silvanos de los que hablaremos más adelante.

De los más conocidos mencionaremos sólo algunos:

1. *Alushes/Aluxes/Alux*

Ilustración 2. Alushe

Según la mitología maya, estos seres habitan en las selvas del sur de México, Belice y Guatemala.

Algunos relatos mayas dicen que fueron los primeros pobladores de la Tierra y que son más antiguos que el Sol. Su apariencia de anciano, estatura diminuta, carácter travieso y rasgos indígenas lo convierten en un ser único, al mismo tiempo aterrador y tierno. El alux o alux'Ob (geniecillo del bosque, duende o enano milenario). Se encuentran sus representaciones en templos como el de Yaxchilán en Chiapas y Nohoch Mul, en Cobá, Quintana Roo.

Se cree que los brujos y sabios mayas hacían figuras de aluxes, semejantes a ídolos mayas, usando barro virgen extraído de alguna cueva a la que no hubiera entrado mujer alguna. Como eran hechos bajo encargo, otro de los ingredientes esenciales para la creación de este ser fantástico, eran nueve gotas de sangre extraídas del torrente de quien iba a ser su dueño, así se formaba una alianza sólida entre humano y criatura. Una vez que la figura de barro estaba lista se entregaba a su dueño y éste lo colocaba en un altar. Por las noches, el alux cobraba vida para cuidar las propiedades del dueño y sus animales.

Los relatos dicen que en la profundidad de las selvas se puede notar la presencia de un alux cuando alguien invade su territorio y la criatura comienza a hacer sonidos extraños o arrojar piedras para ahuyentar al invasor. También se manifiesta con carcajadas, sombras, figuras que se desvanecen y cosas que cambian de lugar. Estos actos son una muestra de cariño y fidelidad del alux hacia su amo y una manera de cuidar la naturaleza. Cuando su amo muere, el alux permanece en los territorios del fallecido para cuidarlo, quedando bajo la protección de Yum-Kaax, dios maya del maíz.

Como criatura fantástica dotada de ciertos poderes, un alux necesita de atenciones y ofrendas de maíz y pozol para mantenerlo contento, de lo contrario, el alux puede robar las pertenencias del intruso, dañar a sus animales o estropear sus cultivos.

Los mayas amaban a los seres diminutos. Éstos estaban presentes en los Juegos de Pelota al lado de los gobernantes, participaban en danzas y estaban vinculados con el mundo chamánico.

Los mayas creían, al igual que se dijo sobre los aluxes al inicio, que los enanos moraron en las primeras etapas de la Tierra, por lo que se creían descendientes de ellos.

2. *Brownie*

Conocido también como "demonio familiar" porque le gusta posesionarse de las casas. Si se le invoca y no se atiende, puede traer mala suerte, desgracia y plagas. Se dice que los **brownies** de Escocia son los mismos **yumboes** del norte de África, los **choa phum phi** de China, los **tomte** de Escandinavia, los **dormovoi** de Rusia y los **heinzelmannchen** de Alemania.

Ilustración 3. Brownie

3. *Chaneques*

Responsables de objetos pequeños perdidos en casa, como llaves, papeles o monedas.

Para la mitología mexica, estos duendes se conocían como "***ohuican chaneque***", una expresión náhuatl que se traduce en "los habitantes de los lugares peligrosos". Eran considerados deidades que protegían la naturaleza, como los ríos, lagos, bosques, animales y selvas.

Ilustración 4. Chaneque

Estos protectores de la naturaleza están bajo el mando de Chane, un dios del agua y de la tierra que vive en el mundo subterráneo.

Los chaneques han sido descritos de varias maneras: seres bajitos de estatura (medían no más de un metro de altura), con el cuerpo deforme, los pies al revés, sin la oreja izquierda y con la cara de anciano.

Otros los describen como enanos con rostro de niños, cuyo comportamiento es bastante inquieto y travieso.

Por un lado, tenemos a los chaneques buenos que viven en lugares cercanos a las poblaciones o incluso, se dice, pueden vivir en las casas de las personas sin causar daños, aunque algunas veces pueden jugar una que otra broma.

Algunos traviesos esconden objetos pequeños, avientan piedras, jalan la cola a los perros, asustan a las gallinas o trenzan el pelo de los caballos. Se dice que, si los molestamos o no nos potamos bien con ellos, se vengan causando enfermedades, mismas que se curan haciendo un ritual o acudiendo con un curandero.

Algunos chaneques viven en lugares apartados de la población, como cuevas, ríos o cerros. Y, como detestan la presencia humana, procuran alejarla de su territorio provocando accidentes a los viajeros.

Incluso se dice que pueden hacer perder el "tonalli", es decir, el destino, la energía asignada a cada ser humano como parte del soplo divino, según la cosmogonía mexica.

Otra creencia de este ser, es que le gusta robarse a los niños para convertirlos en sirvientes. Una de las creencias es que se puede proteger a los pequeños poniéndoles la ropa al revés o colgándoles un ojo de venado.

En las regiones mexicanas de Oaxaca, Chiapas, Guerrero y Veracruz se mantienen vivas las leyendas de los chaneques.

4. Duende

Los duendes son criaturas mitológicas fantásticas de forma humanoide, pero del tamaño de un niño pequeño que están presentes en el folklore de muchas culturas.

Algunos pueden ser mal portados, por ejemplo, los ***boggans, boggarts* o *bog-ord, bogies***, que se consideran caprichosos y dañinos, siempre hacen ofrecimientos, pero se cobran.

Se les presenta como ayudantes en el hogar, cuando se les pone nombre se atan a uno. Los **redcaps** cuyo nombre "redcap" significa "gorra roja" se dice que no son amigables.

Los **trasgos** malos y brutales; los ***picts***, bajos y de color café, que luego se conocieron como **pixies**, palabra que deriva de *pict-sidhes*, nombre que se refiere a duendes tatuados por su afición a tatuarse como sus antiguos dioses. Los **pooka**, los **sluaghs**, **musgos**, *griffins*, *pucks*, *sprites*, *goblins*, los **uldras** noruegos, semejantes a los chaneques mexicanos.

Los **kobolds** de Alemania rehúyen la luz, se relacionan con el fenómeno de *poltergeist*. Son crueles y sanguinarios, su aspecto es de reptil. A veces aparecen con una vara.

5. Elfos

Del contexto de la mitología nórdica, con aspecto sutil, habitaban en los bosques, poseían piel pálida, y cabello claro. Se dice que son los más evolucionados del mundo feérico. Custodian el bosque.

6. Enanos o gente pequeña

Principalmente conocidos en la mitología nórdica. Viven en las profundidades y se les asocia con piedras y montañas, son conocidos por sus habilidades artesanas y mineras. Los enanos tenían un aspecto poco agradable. En la vieja tradición se les relaciona con el elemento tierra. Su rey es Gob.

7. Faunos y sátiros

Del contexto de la mitología griega, son seres del bosque mitad humano y mitad cabra. Se dice que son sabios y ayudan a los viajeros del bosque, sin embargo, en algunos casos esto no sucedía.

Se dice que los faunos son espíritus del campo que tienen poderes sobre los animales, así como sobre las casas y los límites territoriales. Se parecen al dios **Pan** y tienen grandes genitales, se les llama también la **gente cabra**. No son malos con los humanos, pero son conocidos como traviesos. Les gustan los bosques, el aire y la luz. En algunos lugares de USA (Lake Woth, Texas) e Inglaterra incluso se han tomado declaraciones y se ha publicado en los periódicos (Julio 10 de 1969) acerca de avistamientos de estas entidades. Han intentado tomarles fotos, pero simplemente las cámaras se descomponen, las computadoras también y se les acaba la energía a las cosas. Son conocidos por los antiguos griegos como los **Sátiros** que tienen grandes poderes sexuales, se dice que también tienen una gran necesidad de esta energía sexual. Podemos concluir entonces que se alimentan de energía y en especial, energía sexual.

Ilustración 5. Fauno *Ilustración 6. Sátiro*

En el contexto griego, se dice que los **sátiros** aman el vino y a las mujeres, vagan con flautas, y persiguen a las ninfas, pues siempre se encuentran listos para el placer físico. Lo que los hace diferentes de los faunos es que estos son de menor estatura, poseen piernas, cola y orejas de caballo. En el arte romano se recreaba su imagen con cuernos de cabra o protuberancias en la cabeza.

8. Gárgolas

Las gárgolas eran conocidas también como "grotescos", nombre derivado de la palabra *"grotto"* (o cripta) que significa "criatura de la cueva", porque allí eran veneradas estas criaturas. Se le da también a la palabra otra raíz, de la palabra griega *garizein* y del latín *gargarizare*, cuyo significado es "gárgara", porque cuando se comunican, las palabras se escuchan como si hicieran gárgaras con horribles sonidos. Hay una gran variedad; algunas tienen la lengua salida, por eso se usan sus imágenes como salientes para recoger el agua de lluvia en algunas casas. Su figura aún aparece decorando edificios y templos antiguos. Son criaturas de la cuarta dimensión o del Otro Mundo, aunque pueden ser vistas ocasionalmente en la nuestra. Hay quienes las invocan para protección, eran conjuradas en las culturas antiguas del Medio Oriente y también por los romanos. Hay gárgolas marinas que habitan en aguas pocos profundas.

9. *Laurau*

Los **Lauru** son traviesos con los humanos, pueden revelar tesoros escondidos, muchas veces seducen a los humanos por las noches. Dicen que los cuernos de cordero o toro los ahuyentan.

10. *Lasas*

En la tradición de la Strega hay ciertos espíritus llamados los Lasa que son protectores y preservadores de la Vieja Tradición. La mitología romana los llamaba Lares, cuidaban a la casa y la familia.

En cada casa se hacía un pequeño altar en la chimenea, donde se les ponían ofrendas como vino, miel, leche y flores. Se les daban ofrendas en festividades del lugar o la familia. Se les rezaba cada mañana.

11. *Lincheto*

Los **Lincheto** causan pesadillas y ruidos en la noche, odian el desorden. Para alejarlos se ponen semillas alrededor de la cama o un pedazo de cabello rizado en la cama.

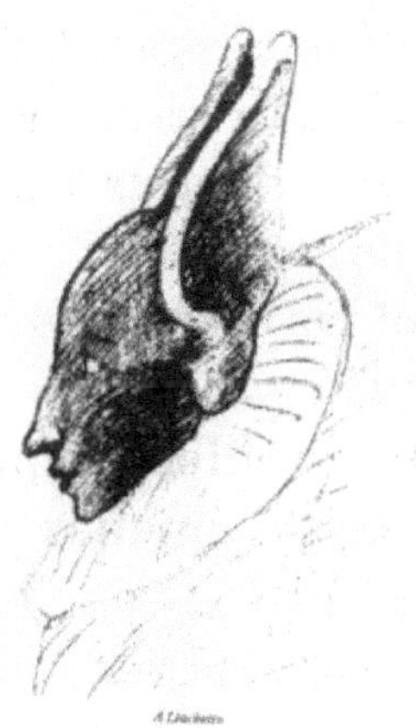

Ilustración 7. Lincheto1   *Ilustración 8. Lincheto 2*

12. *Massariol*

Los **Massariol** miden un pie y visten de rojo, están en las granjas, los jardines y los corrales, son los que toman las cosas de los humanos, principalmente las del género femenino que sienten atracción por la moda. En general son amables con los humanos.

13. *Tylwyth teg*

Secuestran e imitan a los humanos crueles y perversos. Son bajos, delgados, de piel morena y pelaje oscuro, con ojos rojizos y orejas de animales. Tienen pequeñas garras, cola y cuernos. Existen algunos más lampiños, de tez clara y cola corta.

14. *Trolls*

Según la tradición escandinava, son antagónicos al ser humano, someten a los niños y atacan a la gente sin razón alguna, por lo que es mejor mantenerlos alejados. Puede resultar sumamente peligroso establecer contacto con ellos porque intervienen de forma negativa en la vida de los que los invocan, aunque al principio aparentan ser inofensivos. Son guerreros sanguinarios, grandes y musculosos.

15. *Otros*

Tenemos además una infinidad de otros seres: **ahuitzol, leprechauns, lamias, banshees, basiliscos.**

Entre las criaturas del mar están los ***ahizotl***, de la región de Centroamérica. Las ***ben-va-rrey***, nombre de una clase de sirenas de la Isla de Man, los ***bunyips*** o ***kine pratie, wowee*** o ***dongus*** son monstruos marinos de Australia; los ***kappa*** son de Japón. También están las ***lorelei*** de Alemania, las cincuenta **nereidas** del Mediterráneo y los ***kelpies*** de Escocia.

Fata (hada), ***Folletto*, fairshee, gigante, gwyllion, kelpie, tritón, wiskie, bruxas, Mari, ayalgas, atalayas, anjanas, moza, sumicio, enanucos, musgosu, diañu.**

Hay infinidad de ellos, de diferentes tamaños y especies, van desde el tamaño de una partícula de polvo, hasta los gigantes. Son tantas sus especies.

Caen dentro de la categoría de espíritus frívolos, según Kardec, aunque yo considero que los hay de diferentes niveles evolutivos.

Cuando Samak comenzó a involucrarse más en estos temas, escuchaba a ciertos grupos musicales que tienen que ver con este género de música y más auge tuvieron a partir de Tolkein. La banda que más le gusta es Narsilion. Se dice, como hemos señalado, que en la Edad

Media las puertas que dividían su reino del nuestro se cerraron debido al maltrato que recibían de los hombres. Hay toda una cultura que habla de la nostalgia por estos seres. Seguramente le ha pasado perder pequeños objetos, plumas, broches, ligas, tijeras, etc. O escuchar ruidos en casa o pasos pequeños, pequeñas risas o que corren, cosas que se cambian de lugar. Muchas veces causan mucho temor, pero pueden ser sólo sus travesuras. Hay que mantener la casa limpia y ponerles cristales y dulces para que estén contentos.

11) Seres elementales

Los seres del reino elemental corresponden a las fuerzas de los cuatro cuadrantes, tienen que ver con los cuatro elementos de la cultura occidental: aire, fuego, agua y tierra y se llaman: sílfides, salamandras, ondinas y finalmente gnomos y, para cada uno de ellos tenemos a su rey elemental: Paralda, Djin, Niksa y Gob. En el curso que doy de "Hadas y seres elementales", trabajamos con cada uno de ellos.

Tenemos así, a los seres de los elementos, pero también tenemos a los elementales que son seres de segunda dimensión y trabajan en la organización y armonía de las estaciones, la tierra y sus funciones, a estos se les llama espíritus de la naturaleza, son seres que trabajan con diferentes cualidades de organización en este planeta, apoyando a la evolución y a la armonía de la misma. Muchas veces se confunde al reino elemental con el reino del Sidhe o de las hadas. Tenemos contacto con el mundo elemental mediante la percepción de los cinco sentidos y por el contacto con los cuatro elementos.

Muchos espíritus de la naturaleza, cuando nosotros violentamos esas energías, y acabamos con su hogar y entorno; nos molestan y pueden ser **realmente maliciosos**. Son los que provocan desastres naturales, pero también pequeños o grandes incendios, que se escurra el agua, vientos sin origen aparente, que truene la tierra y madera. Incluso pueden causar **enfermedades** o **daño**. Podemos tener exceso o defecto de esas energías, es decir, si estamos trabajando con energía de fuego descontrolada: pasión o enojo o voluntariamente estamos trabajando con esta energía en un acto mágico, esta energía puede volverse contra nosotros.

Para estar en armonía con ellos, el primer paso es equilibrar sus cualidades.

Cuando estamos llevando a cabo un diagnóstico de la persona, es necesario preguntar cuál elemento está en desequilibrio, cabe señalar que estamos señalando cinco porque el quinto elemento es el Espíritu, que en realidad es la unión de todos. Estos cinco elementos están representados por la estrella de cinco puntas:

Ilustración 9. Pentagrama con elementos.

Cuando realizamos el diagnóstico a una persona, hay que preguntar si la estrella está invertida, lo que significa que los elementales reinan sobre la espiritualidad, es decir, que los aspectos materiales e instintivos del cuerpo y las pasiones se sobreponen a los intereses evolutivos hacia el bien. Cuando sucede esto, la persona sólo piensa en satisfacer sus apetitos instintivos y no busca una elevación espiritual; sin embargo, hay ocasiones en las que sólo un elemento se encuentra en desequilibrio, lo cual, además de tener consecuencias en la vida de la persona, atrae a los elementales inarmónicos de tal elemento.

Dentro de los 5 elementos de la cultura occidental, cuando el elemento se encuentra desequilibrado encontramos lo siguiente:

- **Fuego:** La voluntad, energía y vitalidad han estado desequilibradas, puede ser que sienta enojo. Ausencia de alegría. El fuego es la propiedad que anima y activa y da pasión.

- **Aire:** Su mente es su peor enemiga, pensamientos negativos recurrentes, ansiedad. Sus pensamientos y preocupaciones son los peores enemigos. El aire es la propiedad que libera y estimula los pensamientos y al estar en desequilibrio, los pensamientos negativos generan oscuridad.

- **Agua:** Sus emociones no están equilibradas, no encuentras estabilidad emocional en tu vida. El agua es la propiedad que hace que las cosas sean mutables y flexibles y son las emociones.

- **Tierra:** No se siente parte del todo, hace falta estabilidad y arraigo. La tierra es la propiedad que da forma y da estabilidad. Puede haber problemas de salud.

- **Espíritu:** El Espíritu debe reinar sobre los cinco elementos. El Espíritu debe predominar sobre la materia. Cuando el pentagrama está invertido es el dominio de la materia sobre el espíritu, es no utilizar adecuadamente las fuerzas, estar sumergido en la oscuridad y dejarse vencer por las pasiones pasando sobre las necesidades de los otros para lograr los propios fines.

El exceso del Espíritu da una persona que no atiende a sus necesidades materiales pensando siempre en los otros, no ve la realidad y no materializa nada, le va mal materialmente. Por defecto da una vida material excesiva, sólo preocupada por las necesidades corporales. En equilibrios es el punto medio entre lo material y espiritual, es llevar a cabo las actividades de la vida diaria con un objetivo espiritual. A la persona le va bien en la vida.

En segundo lugar, el presentar al **elemento** en su pureza (vela, incienso, copa de agua y sal) ahuyenta a los desequilibrados. El uso del **pentagrama** también aleja a los que no están en armonía.

A continuación, veremos la descripción de cada uno de los seres elementales, los cuales tienen una función en nuestra vida como individuos, pero también en la naturaleza:

Sílfides

Las sílfides son entidades que existen en la substancia elemental etérica del elemento aire. Es decir, habitan en la parte espiritual de nuestra atmósfera.

Dentro de su actividad en la naturaleza están el formar nubes, formación de nieve, y el crecimiento y maduración de toda la vida de las plantas en el mundo material.

Tienen la más alta vibración y pueden atravesar las dimensiones muy fácilmente.

Las sílfides o hadas en inarmonía provocan por exceso, ansiedad, pensamientos múltiples pero confusos y sin orden, pensamientos oscuros, fatalistas, sobre sucesos violentos, pensamientos recurrentes, vengativos, depresivos, de celos, envidia y nocivos en general, por defecto provocan falta de curiosidad, querer que los demás lo resuelvan todo y falta de creatividad e inteligencia. En equilibrio da pensamientos sanos e inteligencia.

Salamandras

Viven en la sustancia elemental etérica del fuego. Mantienen la temperatura de nuestro cuerpo.

Su presencia puede influir en la mente o en los estados emocionales.

Las salamandras en desequilibro provocan por exceso lujuria, enojo e impulsividad, demasiada fuerza, intolerancia y temperamento enfermizo. Por defecto flojera, impavidez e indiferencia, además de debilidad y enfermedad. En equilibrio da voluntad, vitalidad, motivación y carisma.

Ondinas

Las ondinas viven en la substancia elemental etérica del agua y en las naturalezas líquidas en general. Las acciones de las ondinas en su reino afectan la formación de líquidos y los cuerpos de agua en el mundo material.

Las ondinas y sirenas por exceso provocan emociones desmedidas, mucha sensibilidad, llorar por todo, depresión, vulnerabilidad extrema. Por defecto provocan insensibilidad emocional, crueldad, venganza, falta de empatía, falta de amor. En equilibrio otorgan amor, sensibilidad, emociones sanas, fluidez, adaptabilidad, mutabilidad y elocuencia o gracia.

Dentro de este grupo están las sirenas, los tritones y muchas otras entidades marinas diseminadas por el mundo.

Gnomos

Son entidades que habitan en el reino elemental etérico de la tierra. Poseen una vibración que los hace invisibles a los seres humanos. Aun así, esta vibración es semejante a la más baja vibración del mundo material. Esto hace que hagan cosas que afecten al mundo material.

Su acción afecta los depósitos de minerales, la erosión de las rocas, la formación de cristales y otras formaciones geológicas del reino material.

Los gnomos por exceso provocan pesadez, inmovilidad, demasiado apego material, y por defecto provocan carencia, enfermedad física, falta de arraigo, falta de estabilidad, melancolía, carácter sombrío y desesperación. En equilibrio ofrecen estabilidad, salud, seguridad, firmeza, y duración y abundancia.

Hay **dragones** también para cada elemento, así como de los lugares y elementos de la naturaleza.

Los elementales no tienen voluntad propia, pero sí tienen funciones determinadas y específicas en el orden de la naturaleza. Se puede trabajar con ellos en magia, se pueden poner a las órdenes de los humanos mediante un intercambio, lamentablemente, a lo largo de los años tanto a ellos como a la naturaleza en general, se les ha tratado mal, por lo que andan rondando por ahí en desequilibrio.

Para mantenerlos en equilibrio, hay que respetar la naturaleza, no violentar, no tratar de dirigir los ríos y los flujos naturales a nuestro antojo y respetarlos, no violentar los unos contra otros, como, por ejemplo, cuando se apaga una vela soplándole o con agua; esto en cuanto a la naturaleza.

Hablando de términos personales, hay que trabajar con cada una de las culiades que vimos y tratar de mantener a raya las cualidades del elemento, es decir, tener equilibrio y estado de salud a nivel mental, voluntad, emocional y material, logrando una coherencia entre lo que pensamos, decimos, actuamos y deseamos.

2.3. Tu cuadro espiritual

Tu cuadro espiritual está conformado por un grupo de seres que te ayudan en tu tránsito por este planeta. Mínimo tenemos tres de ellos, pero muchas veces son más. Se le llama cuadro espiritual porque los seres elevados corresponden a alguno de los puntos cardinales y sus cualidades.

Es importante que en algún momento de tu vida acudas con algún guía espiritual encarnado y descifres quiénes son los seres de tu cuadro espiritual, conociendo sus nombres y sus funciones.

2.4. Reconocer su luz u oscuridad

Como hemos visto, existe una gama incontable de tipos de seres, y los hay de diferentes mentalidades y categorías, y cómo reconocer cuando se trata de un ser de bien y luz o de un ente maligno de oscuridad. Podemos identificar su frecuencia dependiendo de lo que sintamos al estar en contacto con ellos, mediante ciertas situaciones, vibraciones corporales, escalofríos, calorcito, a veces podemos verlos, se nos pueden presentar en sueños o ensueños; si nos sentimos bien y no sentimos desesperación o miedo, y tienen un impacto positivo en nuestra vida, entonces su compañía es buena y conveniente; sin embargo, cuando si sentimos algo negativo, hay que alejarlos de inmediato. Algunos de los síntomas para identificarlos son:

◉ Un ser de bien y de luz, **inunda de un indescriptible amor**, no existe el menor asomo de miedo, al contrario, hay paz, tranquilidad, armonía y confianza. Cuidado porque a veces no estamos acostumbrados a este tipo de emociones y cuando nos invaden, sentimos miedo, porque es una emoción desconocida, debemos aprender a conocernos y a identificar lo que sentimos.

◉ Los **sueños** con seres buenos **son placenteros**, nunca será una pesadilla o algo que nos provoque un atisbo de miedo, desesperación o falta de confort, en este último caso siempre intervendrá un ente de oscuridad.

◉ Normalmente son **constituciones luminosas**, aunque hay algunos estafadores que se hacen pasar por seres bondadosos, en este caso (estafadores) se lanzará un pentagrama tres veces a él y se le dirá:

"Bendito seas"

Si desaparece no era bueno.

◉   Los **mensajes** de los seres de luz siempre se relacionan con nuestro **crecimiento personal**, si nos están alabando o indicando hacer algo negativo o nos están detallando situaciones en específico u órdenes, dudemos de ellos. Los seres buenos a veces nos recuerdan la misión que como especie tenemos: "crecer en amor y sabiduría, y tener una actitud de servicio de acuerdo con nuestras posibilidades".

◉   Los seres de luz **no dejan moretones ni magulladuras.** Esto corresponde sólo a entidades que no respetan nuestro libre albedrío.

◉   Recomiendo que antes de dormir repita la siguiente oración:

"Bendita fuerza creadora, guías espíritus y guardianes, gracias por el maravilloso día de hoy, gracias por su apoyo y bondad. Gracias por ampararme en mi conciencia individual integrada al Todo. Gracias espíritu guardián por protegerme y guiarme; doy las gracias y mi amor a todo mi cuadro espiritual. Pido bendiciones y protección para mis seres queridos (puede nombrarlos). Pido luz para esos seres que partieron del mundo material. Me libero de culpas y emociones desenergetizantes, pido perdón por el daño que haya causado. Luz, amor y verdad. ¡Que así sea!"

CAPÍTULO 3. ESPÍRITUS MALIGNOS O IMPERFECTOS

Hasta ahora hemos hablado de ataques hechos por personas vivas a través de pensamientos, conjuros o maldiciones y brujería. Hablaremos a continuación de ataques hechos por seres incorpóreos. De acuerdo con la clasificación de los espíritus de Kardec, tenemos dentro de tal categoría a los espíritus imperfectos que tienden al mal. En este capítulo nos enfocaremos en dichos espíritus imperfectos, espíritus malignos menores, inorgánicos, energías negativas, entes negativos o NEGs, como también se les conoce en la actualidad. Cualquiera de estas aseveraciones para mí es aceptada.

3.1. Características

Algunos dicen que estos "seres", "entes" o fuerzas oscuras, no existen, que son arquetipos de maldad de la consciencia humana, sin embargo, cada vez más profesionales del campo de la Medicina y la Psicología han llegado a la conclusión de que estas fuerzas oscuras son entidades individualizadas y no sólo son arquetipos. En lo personal, me queda claro que estas entidades existen.

Los entes negativos vienen en muchos diferentes tipos con **diferentes grados** de fuerza, gustos, necesidades, deseos y perversiones, naturales o aprendidas. Algunos son predatorios y solitarios y otros son parásitos oportunistas. Emociones elevadas como amor, misericordia, y compasión son ajenos a ellos. Ellos tienen egos tremendos y algo que los controla: **existen para alimentarse, corromper, usar y controlar.**

Estos espíritus de 3ª categoría, como señalamos, están al comienzo de la escala y predominan las emociones y energías más pasionales, bajas, atadas a la materia y los placeres carnales, así como las emociones de más baja índole.

Algunos de los Espíritus de esta categoría han estado encarnados, otros no. Verlos como deshecho es una manera de considerarlos, ya que son deshechos también o restos de humanos y animales que habitaron la Tierra; otros piensan que son manifestaciones inconscientes de personas; otros los pueden considerar como seres independientes. Los clasificamos aquí por la forma en la que se manifiestan y el nivel de daño, tomando en cuenta que cualquier contacto con seres negativos es detrimental en mayor o menor grado, a veces en grados extremos, ya que influyen nocivamente y drenan. Como habíamos comentado, cada día la gente se da más cuenta que en efecto hay muchos tipos de seres que se encuentran compartiendo con nosotros este planeta.

Se sienten **atraídos** por **energías semejantes** a su naturaleza, de la cual se alimentan, es decir, los portadores de esta energía son presa fácil y alimento de sus necesidades. Nuevamente encontramos que lo "semejante atrae a lo semejante". Me parece importante recalcar un pasaje de JM Sánchez Pérez en este sentido:

Los **antiguos hindúes y egipcios** sabían de manifestaciones de vibración de ciertas inteligencias subhumanas o sobrehumanas de los reinos invisibles que se sienten atraídas a la vida humana repentinamente, cuando un hombre formula el pensamiento que esté más en armonía con ellas; tan pronto como el pensamiento humano las visualiza o semihumaniza, se reincorporan en su adormecida vitalidad y se ligan a ese pensamiento, el cual viene a ser como la fuerza eléctrica generadora; y estas inteligencias subhumanas -llamadas también elementales aunque impropiamente- vienen a ser la materia colorante de tipo magnético, que ayuda a materializar el pensamiento. Estas vibraciones permanecen en el aura del individuo afectando todo lo que se ponga en contacto con él: personas o cosas, Si el pensamiento original es benéfico y armonioso, estas vibraciones por ley de atracción, producen vibraciones análogas a los demás y en las circunstancias que los rodean; si es inarmónico, esta analogía maléfica se refleja en los alrededores.

De tal forma que contamos con una serie de entes que andan por ahí, aprovechando la oportunidad para apoyar en los pensamientos y plasmas mandados por las personas.

Las fuerzas invisibles que nos rodean están compuestas también de los pensamientos, sentimientos, intenciones, palabras y acciones de todos los seres humanos. Hay lugares que están repletos de estos desechos.

3.2. Síntomas de ataques por espíritus malignos

Ya señalamos el tipo de ataque de la gente sombra y de los liliths o incubus. En los casos más fuertes, las víctimas amanecen con **marcas o moretones** en el cuerpo, marcas de **pezuñas o rasguños** sin razón que explique su origen. Algunos son como **magulladuras**, pasando del azul al amarillo y desaparecen en el curso de unos pocos días. Estos son claros síntomas de un ataque.

Las personas quedan **drenadas de la energía vital** debido a la absorción de la misma por estas entidades parasitarias, se sienten agotados y sin energía, llegan a tener anemia o a caer **enfermos** sin causa conocida. Otros síntomas son: **paralización, mareos, hemorragias nasales, diabetes, pérdida de peso inexplicable**.

Los **malos olores** son otra manifestación de un ataque astral. El olor característico es el de la **carne en descomposición**, y viene y se va caprichosamente, en lugares o en personas.

En los **lugares** donde se presenta el daño, o que están muy cargados de energías negativas hay personas que, al estar ahí, tienen reacciones físicas, como **palpitaciones, escalofríos, temblores, alergias o en general anomalías**. Porque no sólo están ahí estas cargas, sino que hay seres que resuenan con ello y multiplican el efecto, como hemos señalado.

Algunas veces se dejan huellas como de **pisadas en el piso** muy extrañas que aparecen y de pronto desaparecen como si fueran a ningún lado.

A veces hay inexplicables **explosiones de fuego**. Estas indican que están en funcionamiento fuerzas elementales, no humanas. Llegan a ocurrir fenómenos **poltergeist**. Se pueden escuchar lo que se llama **campana astral**: este sonido varía desde una nota clara, como una campana, hasta un débil click. A menudo se parece al sonido hecho golpeando un vaso de vino tocado con la hoja de un cuchillo.

3.3. Clasificación de entidades

Comenzaremos por los espíritus no específicamente clasificados con un nombre o individualidad, después con los que han sido nombrados de determinadas maneras a lo largo del globo terráqueo. Pueden tomar diferentes tipos de formas. El 100% son seres **parasitarios**.

Hay diferentes teorías acerca de **cuándo** llegaron, se dice que hubo una ruptura en puertas dimensionales y muchos entes del bajo astral irrumpieron y entraron en nuestro planeta. Al ser seres parasitarios, no generan su propio alimento o luz, y se tienen que alimentar de otros, ya que, una vez que estos entes negativos se acercan a la dimensión física, no pueden permanecer aquí mucho tiempo, a menos que absorban energía o luz de seres orgánicos vivientes, esos "otros" somos nosotros; aunque también se alimentan de animales, además de seres humanos.

En los gobiernos se les ha llamado **"Entes no humanos"**. Incluso existen algunas teorías conspiracionales o la idea de la Matrix en donde los humanos somos sólo combustible, que no están muy alejada de la realidad.

Para algunos, el reconocer a estas entidades y saber cómo defenderse de ellas es un asunto de supervivencia.

1. Entes – sombras, entes, negs o colgados

Les llamamos también "entes", "negs" o "colgados". Los hay de diferentes tamaños y formas, **van desde sombras pequeñas hasta seres muy grandes de tres metros**, consumen la energía. Se dice que están compuestos de material residual o deshecho de entidades mayores, son seres translúcidos que alimentan de oscuridad a otros seres. Incluso pueden ser emanaciones de una entidad mayor, como si fueran sus súbditos o creaciones. No confundir con plasmas que son acumulaciones de pensamientos y emociones.

Estas sombras tienen ciertas capacidades de estrategia y cálculo, saben huir y se alejan de lugares donde hay altas vibraciones. Les gusta mucho **alimentarse de energía de vida**, es decir, la energía etérica y aprovechan estar en lugares donde acaban de fallecer personas. Se alimentan de carne ensangrentada o vísceras y deshechos. Si se encuentran colgados de personas es debido a que **hay otro tipo**

de entidades colgadas también. Normalmente les gusta **pasearse por paredes, lugares, ocupan las puertas dimensionales, panteones, lugares concurridos o sucios,** flotan y se arrastran por las estructuras. Con una **limpieza** energética con escobas y agua bendita se retiran.

2. *Larvas*

Se adhieren al aura y **son como gusanos**, pueden medir hasta aprox. 45 cm de largo. Se alimentan de material residual, los líquidos emanados de los humanos les gustan, tales como la saliva y semen. También se adhieren a los chakras. Los principales lugares donde se pegan son: cadera (pubis y ano), boca, pecho y plexo solar. Principalmente residen en los órganos genitales y **pueden ser trasferidos** a otras personas en un efecto multiplicativo. Muchas veces las infecciones vaginales o un olor fétido ahí es consecuencia de estos entes. Basta con limpiarse con el **athame** para retirarlos del campo vital.

Es muy común que cuando se tiene contacto sexual con otras personas, se peguen estas larvas. Muchas enfermedades genitales tienen su origen debido a estas entidades, ya que se disminuye el campo vital, a veces se comienza con un pésimo olor y las infecciones vienen de inmediato.

Siempre que se tenga un primer contacto con una pareja sexual, es recomendable limpiarse con el athame.

3. *Raptores*

Andan por las paredes y se alimentan del plasma que hay en el ambiente, van de un lugar a otro. **Son como arañas o seres con extremidades**. Muchas veces provocan enfermedades. El tipo de monstruito del cuento de Edgar Alan Poe es una muestra de esta categoría. Se alimentan también de miedo y angustia, provocan fastidio y que la gente se sienta débil y enferma. Son un tipo de entidades vampíricas. Les gustan los pasillos y las cosas ocultas. Los **amuletos** ayudan a evitarlas.

Samak tenía una casa donde había un pasillo entre una habitación y otras. Era común que encontrara entidades en este lugar. Muchas veces se ven de reojo y otras en estado de ensoñación.

4. Columnas

Muy dañinas y absorben la energía. Se pueden presentar como un humo negro, altas; otras veces son columnas de colores fluorescentes. Son **muy peligrosas**, es tan fuerte el dolor del ataque que a veces queda uno como en trance sin poder moverse. Se mueven de un lugar a otro con las personas. Incluso llegan a salir en las **fotos**, se ven como luces de colores y se pegan a las personas para alimentarse de su luz. Son de origen extraterrestre. El **ajo** ayuda en contra de estas entidades.

5. Moluscos y serpientes

Samak estaba durmiendo, de pronto tuvo una sensación de urgencia, se despierta y no se puede mover, ve a su hija flotando frente a ella, siente como si le estuviera drenando la energía, pero era como punk, tenía el cabello parado y sus ojos eran completamente negros. Describe: "Le ordeno que se vaya y veo entreojo la cuna de mi hija que estaba al lado. Había una medusa de color violeta magnético sobre su cuna, se movía como se mueve en el mar; fue una sensación espeluznante, pero entre neblina y pesadez. Me levanto y con mis manos hago que se aleje rezando y pidiendo ayuda de mis guías, espíritus y guardianes. No quise indagar más, sólo quise irme a dormir, ya que estaba exhausta".

Estas entidades son muy dañinas y drenan la energía de las personas. Son de las más perjudiciales, de naturaleza maligna. Normalmente atacan cuando se están teniendo experiencias fuera del cuerpo (OBEs – out of body en inglés). Estos entes trabajan principalmente a través de **manipulación telepática e hipnótica en intrusiones durante los sueños. Provocan pesadillas y a veces sueños con arañas y serpientes acompañados de alucinaciones y terror.** Son de color negro o colores magnéticos en el caso de los moluscos, mantienen una forma similar, a veces se ven como pulpos o formas marinas. Son utilizados por seres extraterrestres para alimentarse de energía de vida.

La forma de retirarlos es con **athame** y pidiendo ayuda **de seres superiores**.

6. Arácnidos reptiloides

Cuenta Samak: "Estaba en mi habitación, me separaba un pasillo de la habitación de mi hija. Era una época donde yo estaba muy atormentada. Siempre que cerraba los ojos veía decenas de caras de entes horrendos rodeándome y atemorizándome. Esa noche la situación era aún más desagradable y prolífera, no podía dormirme, me encontraba muy agitada y cuando miré al pasillo ahí estaba, era una entidad aracnoide muy grande, pero una parte de su cuerpo, incluyendo la cabeza, era humanoide, abarcaba la mitad del pasillo. Me era familiar, sentía que ya la había visto antes. Sentía un escalofrío tremendo, un estado de vacío, como si estuviera hipnotizada, estaba ahí en la oscuridad, pero era aún más oscura que su entorno. Me daba pavor, a la vez me paralizaba, me sentía sin ganas de llevar a cabo ninguna acción, como de no moverme a hacer algo en contra de ella. De pronto desapareció, no supe si fue realidad o no, sólo me sentía realmente cansada y lo único que quería hacer, era continuar durmiendo".

Los aracnoides reptiloides son entidades grandes, se alimentan de sangre humana fresca y de la energía vital, son considerados como un tipo de demonios. Se dice que algunos viven debajo de la Tierra. Sus dominios son sobre la manipulación de las mentes y sobre la ansiedad y angustia que provoca el dinero. Ponen dispositivos de control mental en el aura de las personas. Llegaron hace mucho tiempo a este planeta. Se encargan también de confundir a las personas e insertar el miedo en sus mentes. Sólo los pueden quitar seres inmateriales superiores, o sea, hay que **invocarlos** para que nos ayuden a alejarlos.

7. Objetos y entes extraños

Debido al cambio dimensional que estamos teniendo, están llegando una serie de entes del **espacio exterior y otras dimensiones** que para poderse mantener aquí y ser testigos de este momento de transición, necesitan alimentarse de energía para subsistir en este ambiente. Como **no tienen forma conocida** por los seres humanos, a veces se ven como pedazos de metal, de madera, con texturas extrañas, como objetos de desecho. **Se clavan en diferentes partes del cuerpo y muchas veces causan dolor físico.** Son una especie de dispositivos con aparente conciencia por sí mismos. Estas entidades se quitan haciendo una **limpia profunda con plantas**, **visualizaciones de intento y baños de luz.**

El sanador llamado **Abira**, que es un gran amigo de Samak, eventualmente viene a limpiarla de este tipo de cosas. Las observa como objetos que están enterrados y la primera vez que lo hizo tardó bastante en quitarle la serie de objetos e implantes sepultados en su cuerpo y sus diferentes capas. Muchos son dispositivos de control, es decir, implantes y otros tantos son estos objetos negativos. Samak recuerda que a Abira le costaba mucho esfuerzo quitarlos y le comentó que tenía mucho más debido a que trabajaba energéticamente con las personas y eso la hacía vulnerable. Con el tiempo fue ganando más experiencia y su vulnerabilidad se convirtió en fortaleza.

8. Egrégores – tulpas – golem - elementales artificiales

Son fuerzas **creadas por otros seres**, incluso, seres humanos que cuentan con mucha energía, los generan como un ser aparte. Pueden ser creados de manera involuntaria siguiendo la forma de alguna figura que se tenga en mente en el momento de su creación como: hombre lobo, tiburón, león.

Incluso Eliphas Lévi dice que los egrégores son formas astrales generadas por una colectividad, se constituye de pensamiento, voluntad y deseo; bajo esta influencia, la materia astral se compacta y toma forma. Al principio es débil, pero si el grupo de personas se reúne más, y persisten en cierta naturaleza de pensamientos, más fuerte se vuelve y ganará vida.

Pueden ser generados emociones muy negativas que han sido recurrentes y persistentes hasta individualizarse. Otras veces pueden ser creados a voluntad. El problema es que se independizan y no pueden ser más controlados por sus creadores. Pueden causar **severos daños**, atacan física y astralmente como bestias o monstruos. Pero no son permanentes, desaparecen si no se les alimenta, es decir si no se piensa en ellos, ya que son generados de pensamiento más emoción, se alimentan de creencias. Hay personas que saben cómo reabsorberlos. Algunas veces se usa un fetiche, imagen o figura que la entidad ocupe. Se dice que en la antigüedad incluso podían tomar vida estas figuras encantadas y portadoras del egrégor; incluso se hacían figuras de barro a las cuales se les insuflaba la entidad que entonces cobraba vida corporal. También son llamados **Tulpas**. Un ejemplo de este tipo de seres es el famoso **Slenderman**, una figura siniestra que comenzó como un experimento en internet.

Algunas religiones han formado egrégores como resultado de un pensamiento acumulado por cientos o miles de años, éstos incluso, al tomar fuerza e independencia, hacen que se cumplan las sus reglas y castigan a los que se salen de los lineamientos bajo los cuales ha sido creado.

Estas son las clásicas figuras que se ven en las películas de brujas. Sombras que cuidan la casa. Se dice que algunos alquimistas han creado estos seres vivientes, como Paracelso.

Esta es una experiencia de Samak al respecto: "En una ocasión, cuando mi hija tenía como 4 años, fue con mi mamá a casa de unos parientes, y de regreso ya no quiso dormir más en su habitación, le daba miedo hasta ir al baño. Le pregunté qué le había pasado y me comentó que vieron con una prima mayor la película de "El demonio 3". Quise verla para ver de qué se trataba. Lamento mucho haber llevado a cabo dicho acto, ya que apenas terminé de verla, no me podía quitar la imagen del demonio del filme de la cabeza. De por sí, la casa que habitaba estaba llena de espíritus que provocaban ruidos. Esa noche fue terrible, comenzaron a suceder una serie de fenómenos paranormales inimaginables en mi casa. Se escuchaba como si tiraran una televisión gigante en el techo, se abrían y cerraban puertas. La puerta del baño que daba a mi habitación se abría, yo la cerraba y se escuchaba que había alguien adentro. Pues el caso es que supe que yo era la que estaba generando todo este tipo de fenómenos poltergeist y de egrégores. Decidí tranquilizar mi mente, detener esos pensamientos y me puse a rezar y leer textos sagrados hasta que la actividad paranormal cesó".

Otra anécdota: "Yo llevaba ya varios años de haber suspendido mi afición al cine de terror. Durante varios años no me perdí una sola película de dicho género, hasta que vi la película de "Contactos de cuarto tipo" del 2009, que trata de las visitas y abducciones reportadas alrededor de Nome, Alaska. A pesar de la intervención del FBI, no se pudieron resolver los casos. Cuando vi esa película no pude dormir por varios días, simplemente me hizo recordar las veces que había sido abducida y sentido la presencia de esas entidades realmente tenebrosas. Recuerdo también en una ocasión que fui a un asilo a sanar a algunas personas de la 3era edad, una de ellas flotaba. Comenzó mirándome de una forma muy extraña, maléfica. Procedí a realizarle un exorcismo, al terminar con mi área, me agradeció con dulzura en sus ojos ya que ella ya no hablaba".

9. *Fenómenos Poltergeist*

Poltergeist significa en alemán **fantasma ruidoso**, este tipo de fenómenos, que generan que se muevan las cosas y demás, suceden más cuando está habiendo un ataque psíquico.

Conocidos como manifestaciones espirituales, **van desde ruidos extraños hasta daños físicos y en propiedades**.

Hemos hablado bastante al respecto en el capítulo anterior. Para atacar a estos fenómenos, uno se debe enfocar en el niño y su habitación **exorcizándolos**. Gran parte de estos fenómenos son generados por pensamientos muy instalados en las profundidades y exteriorizados por niños y adolescentes, se externalizan tomando formas sumamente extrañas. Algunos de estos entes han surgido de H.P. Lovecraft y Edgar Allan Poe como egrégores; sin embargo, pueden ser causados por desencarnados, entes o demonios.

Para retirar este fenómeno de un hogar hay que realizar un rito completo de **exorcismo**, limpiando la casa y llamando a seres espirituales como ángeles para que se vayan.

10. *Seductores sobrenaturales, Incubus, sucubus, Liliths*

Ya hemos señalado de qué se tratan, pero repetimos: Son entes sexuales que dañan por las noches llamados *Incubus* (entidad masculina que ataca normalmente a mujeres) y *sucubus* (entidad femenina que ataca normalmente a hombres), anteriormente se llamaban **Liliths,** otro nombre con el que se les conoce es **Old Hag**. Se manifiestan como sueños eróticos. Son entidades peligrosas que se alimentan de energía sexual, el orgón del que habla Reich. En el folklore de los duendes y seres feéricos también hay algunos que hacen este tipo de daño.

Se consideran demonios

Ellos se alimentan forzando a sus víctimas a liberar energía sexual durante un orgasmo. Pueden atacar de diferentes formas, desde algo muy placentero donde la víctima participa, hasta asaltos violentos. Algunos *Incubus* establecen relaciones con las víctimas y las visitan regularmente.

Cuando una persona crea fantasías sexuales alrededor de alguien más, estas energías atraen a *incubus*. En ocasiones el *incubus* se presentará como esa persona o ilusión. A veces se presentan como individuos muy atractivos, como monstruos o lo que sea.

Hay sujetos que se pueden hacerse adictos a estos seres, cuando tienen lujuria; si una persona se hace adicta de un *incubus*, puede ser drenada de energía con el tiempo.

Estos entes pueden aparecer como pequeños y chispeantes, pueden ser cristalinos.

Los ataques duran de 5 a 7 minutos, pero a los afectados les parece una eternidad. Los perros se vuelven locos, en la presencia de estos ataques, ladran y aúllan.

Las entidades entran por la boca y parecen estar buscando o probando algo. A veces no hay penetración vaginal en el caso de las mujeres. Estos patrones de violaciones por *incubus*, han sido reportados desde cientos de años antes. La clásica historia es de "una mujer está sola en su habitación cuando un demonio de olor pestilente por lo general invisible, la inmoviliza y la viola de manera brutal; en ocasiones una y otra vez. En ciertos relatos el ataque ocurre en presencia de otros que luchan contra el ente invisible mientras ante sus ojos aparecen en el cuerpo de la víctima verdugones y cortadas. La mujer es violada por una fuerza tan intensa que nadie puede impedirlo".

Muchas veces estos seres atacaron a Samak. Todo comienza con un sueño erótico, hasta llegar al clímax. Algunos son sumamente agresivos y generan pánico. Cuando se empieza a tener una experiencia semejante, inmediatamente hay que tomar conciencia y **obligarse a despertar** e interrumpir la situación. **Llamar** a los espíritus guías y guardianes para que ayuden y protejan es una excelente alternativa. Colocar el **athame** cerca de la cama los ahuyenta, así como una serie de **remedios** para evitar pesadillas y ataques nocturnos, vistos en el Tomo II del presente tratado.

11. *Vampiros*

Hay algunos que se parecen más a **vampiros**, ya que no sólo consumen **energía, sino esperma y sangre**. En Babilonia las Lilith, también llamadas **Lilu** o **Liliti**, causaban anemia a las víctimas de sus ataques, por lo que se podría decir que además son entidades vampíricas. Estos seres que consumen sangre en la India son llamados **Vetala**. Consumen sangre de vivos y muertos. En Grecia se llama a esta entidad **Empusa**, era un espectro con figura de una bella mujer que consumía sangre, pero también la carne de los cuerpos. **Lamia** era el nombre de otro ser que en la mitología griega era amante de Zeus, se alimentaba de la sangre fresca de niños. **Gello** es otro ente de la misma naturaleza en los griegos.

En Escandinavia, 1,100 años atrás, se habla de un ente humanoide conocido como **draugr**, otro nombre para él es **aptrgangr**, cuya traducción es: "el que camina después de la muerte". Es una mezcla de vampiro-zombie. Cuando un cuerpo no era enterrado completamente horizontal, sino incluso un pequeño ángulo, regresaría como un peligroso **draugr**. No sólo consumían sangre y carne, les fascinaba el oro, la plata y los antiguos tesoros que obsesivamente cuidaban. Son los clásicos entes que están custodiando los tesoros y dañan cuando se los quitan. Estos seres tienen grandes poderes sobrenaturales, incluyendo el convertirse en niebla para evitar ser aniquilados, por lo que es muy difícil deshacerse de ellos.

En Croacia, se conoce en el folklore un ser llamado **strigoli**, que son muertos que regresaron a consumir sangre y energía vital.

En Londres hubo un monstruo llamado **Highgate Vampire**, esta entidad actuaba en los cementerios, asesinaba, consumía. El nombre que tiene fue gracias al cementerio en el que atacaba. Medía 7 u 8 pies, cara de malvado, ojos rojos. Lo cubría un manto negro. El cementerio tomaba un aire espeluznante por las noches. En este lugar fue donde se grabó la película de Drácula de los 70´s. Se dice incluso que desaparecían cuerpos de muertos, esqueletos y demás.

El **Chupacabra** mexicano es considerado también una especie de vampiro, pero no humanoide, se dice que tiene una figura monstruosa de animal.

En Puerto Rico, una entidad similar al Chupacabra rondaba, le llamaban el **Vampiro Moca**, era una especie de pterodáctilo, pájaro y polilla gigante. Se alimentaba de pequeños animales, pollos y gansos, incluso puercos y cuervos. Se apareció en 1975.

La única manera de evitar los ataques de estas entidades depende de nosotros, cuando tenemos un campo energético bien fortalecido, estas entidades no atacarán. Pero si generamos emociones desenergetizantes, abrimos el campo, atacarán; peor aún si estamos trabajando con nuestra propia energía y hemos acumulado bastante debido a nuestra labor energética y espiritual, meditando y actuando correctamente, en el momento en el que nos distraemos, se abre el campo y vienen a consumir nuestra energía vital, ya que hemos perdido el mayor escudo que exista.

12. *Gente sombra*

Se les conoce como **Shadow people**. Son entes hostiles que se manifiestan de 1:00 a 4:00 AM que es cuando se abren las puertas dimensionales, el punto clímax son las 3:00 AM, tienen la habilidad de paralizar a las personas y drenar la energía del cuerpo. Muy parecidos a los folclóricos **vampiros** que drenan la sangre de los humanos. Existen otro tipo de seres que también utilizan este método para drenarlos, incluyendo algunos muertos.

13. *Hombres de negro*

Se presentan a aquellos que han tenido **experiencias OVNI**, los hombres de negro (MIB por sus siglas en inglés: *Men in Black*) se presentan para amenazarlos e intimidarlos. Las personas que han sido visitadas sienten mucho frío, humedad, se sienten débiles y mareados. Vienen a vigilar y a advertir que no se difunda información clasificada sobre extraterrestres o seres interdimensionales. Suelen dejar a las personas muy drenadas de energía, empiezan a enfermar hasta morir. Se ha notado que no se alimentan de comida física. Dicen que hablan y se mueven como robots y que los hay de Orión, y de energía negativa de Sirio. Incluso existe la suposición que son robots de los dracos, conocidos también como *horlocks*.

14. Niños con los ojos negros

Se les conoce como BEC por su nombre en inglés, *Black Eyed Children*. Son seres que drenan energía. Estos niños se han presentado a diversas personas. Aparecen sorpresivamente. Pueden tener diferentes tonalidades de piel, visten suéteres, hablan con la gente y les piden cosas; por ejemplo, comida o dinero, argumentando que tuvieron un problema y mientras se les está poniendo atención, manipulan la mente. La gente suele sentirse hipnotizada, se hacen insistentes. Sus ojos son completamente negros, no tienen pupila ni iris. Algunas veces se han transformado en seres reptiloides que desaparecen de pronto. Después del encuentro dejan a las personas exhaustas por 4 o 5 días, como si no hubieran comido en varios de ellos, casi no pueden moverse y muchas veces se enferman y duermen por largo tiempo.

15. Fantasmas/Espíritus hambrientos

Es una de las criaturas más terroríficas que hay. Humanoide con piel pálida, pies y brazos marchitos, gran estómago, gran cuello, una diminuta boca y muy terrorífico. Se acerca y drena la energía y esencia del atacado, junto a una sensación de terror. Hay una sensación de desamparo. En unos instantes desaparece. Es más conocido en la **India** y en **Medio Oriente**. El enojo, la avaricia, lujuria, el ego y apego son las emociones que sufren y detienen a estos seres, que incluso pueden ser espíritus de personas atrapados en la Tierra. Les atraen la debilidad, inseguridad y la baja autoestima. Estas entidades pueden poseer a las personas. En Japón se les llama **Gaki**, **Jikiniki**, estos últimos son vistos en cementerios. Consumen también la energía de los cuerpos muertos, además de los vivos. Comen el Chi de las personas. Estos espíritus se hacen presentes en ciertas épocas; los disfraces en la celebración de Halloween o Samhain tienen la función de espantar a estos malos espíritus para que no ataquen. Incluso la comida y los dulces que se ponen como ofrenda en esos días es para alimentarlos también.

16. Genios, daimons o djins

En la Arabia anterior a Mahoma, los genios (singular: m. Jinni, f. Jinniyah) **al-jin, djin** o **jin** eran los demonios que se aparecían en los desiertos y las soledades. Peludos y mal formados, o con forma de animales: avestruces o serpientes, eran un peligro para las personas indefensas. El profeta Mahoma admitió la existencia de estos espíritus (Corán, XXXVII, 158) y los incorporó a su sistema, que reconocen tres inteligencias creadas debajo de Alá: Ángeles formados de luz, genios de fuego sutil, y el Hombre, del polvo de la tierra. No quieren a los humanos porque ellos dicen que fueron creados por el fuego sin humo, en cambio los humanos fueron creados de polvo, o sea, inferiores.

El "genio" de Mahoma, se dice tenía el poder de tomar la forma que deseara, pero no más sólida que la esencia del fuego y del humo y por medio de ellos se hacen visibles a los mortales.

De acuerdo con el antiguo folklore, ellos existieron 10,000 años antes que nosotros. Hay tres clases de genios: **voladores, caminantes y buzos**. Muchos de ellos se supone que han aceptado la verdadera fe, y son vistos como buenos; el resto son malos. Estos últimos viven y trabajan asociados íntimamente con los ángeles caídos, cuyo jefe se dice es Iblis ("el que hace desesperar"), el más poderoso.

Se dice que Dios les pidió a los Djins y a los ángeles que reverenciaran a Adán y los Djins se negaron a la palabra de su Señor y fueron expulsados del paraíso. Para regresar a su estado original tendrán que esperar al día del juicio. Ellos nos orillan a cometer actos pecaminosos, según la religión, pero no nos obligan a cometer asesinatos o violencia, los humanos tenemos la última palabra y decidimos hacerlos o no.

Algunos dicen que estamos seducidos por ellos, que la mayoría de la humanidad está bajo sus poderes. No todos estos seres son malos, tenemos problemas con las traducciones *daimon*-demonio. Estos seres son los que se pegan a los pensamientos y lo que deseemos. Cuando empezamos a hacer magia, los hay para diferentes tipos de funciones y van tomando cierto tipo de formas, son como un canal entre las fuerzas elementales y lo que se quiere lograr.

Llega un momento en el que hay que trabajar con él y a voluntad puede ayudar a muchas cosas, nuestro pensamiento está conectado al de él, cuando no nos conectamos con él, de alguna forma cobra independencia y es incontrolable, el contacto se realiza cuando estamos dispuestos a expandir nuestra conciencia y trabajar con magia.

Tienen la fuerza de nuestra voluntad, el elemento fuego les corresponde, como mencioné. Se alimentan de este elemento y sus cualidades: pasión, enojo, llama de la sabiduría, en realidad el angelito y diablito es el mismo, es él.

Como trabajan con nuestra voluntad, nosotros podemos darles funciones y áreas de crecimiento en específico, dependiendo de nuestros gustos. No es necesario llamarles por un nombre en especial, la individualidad se la damos nosotros. Es una fuerza que se va cargando tan fuertemente que parece que puede cobrar independencia, es la fuerza de la que se carga nuestro doble en los viajes astrales. Este ser puede ser entrenado, es nuestro vehículo. Pueden ser dominados por objetos y se dice que poseen los secretos y la sabiduría, también se dice que acompañaban en el desierto. A veces se les llama sólo espíritus.

Los **Djin** conocidos en el Medio Oriente, pueden ayudar, pero también pueden ser peligrosos y manipuladores, así como muchos parásitos energéticos. Pueden comer alimentos humanos, en esta cultura se dice pueden tomar forma humana, pero esta comida no los sostiene, sólo les da placer. Absorben la esencia de los alimentos y de las cosas como las moléculas del humo del tabaco. Lo que los nutre es absorber la energía de seres vivos. Esto puede causar enfermedades en los humanos y debilidad.

Son prácticamente inmortales. Algunos dicen que son energía plásmica o energías de otras dimensiones.

Se cree que se casan y tienen descendencia, que los hay masculinos y femeninos, que pueden sentarse en la sala de nuestra casa y leer un periódico, pueden observarnos y cohabitar con nosotros sin darnos cuenta, invaden nuestro espacio desde su propia dimensión. Dicen que habitan principalmente en las cuevas, túneles, viejas estructuras, principalmente del Medio oriente. Su hora más activa es temprano en la mañana. Aman a los perros, pero no tanto a nosotros. Sus obsequios a los humanos pueden ser tortura, metas, regalos o buena fortuna. Entran a la mente de las personas, pueden ocasionar trastornos psíquicos de los afectados. Absorben la energía de las personas. Se sueña con ellos. Absorben la energía por el aliento y después de tener relaciones sexuales.

La tradición arábiga asegura que ha habido humanos favorecidos con poderes de los Djinns. Los escogidos pueden convertirse en magos negros o blancos, según la calidad del Djinn implicado.

Algunas otras de sus características son:

· Son invisibles en su estado normal.

· No tienen forma en realidad, se les da la forma que nuestra conciencia les dé.

· Pueden materializarse y aparecer en el mundo físico a voluntad.

· Pueden cambiar de forma, ya sea grande o diminuta. Se pueden convertir en animales como perros negros, elementales, extraterrestres, víboras, etc.

· Viajan entre dimensiones fácilmente, son superiores y manipulan a los seres humanos. Se les conoce como los clásicos **genios** de las películas.

· Son embusteros, se deleitan descarriando y engañando a los humanos con historias absurdas; como en casos donde se presentan en sesiones espiritistas, haciéndose pasar por figuras relevantes o como parientes fallecidos. En ocasiones son "canalizadores" que se manifiestan a través del canal o médium con información falsa revuelta con datos conocidos.

· Son adictos a secuestrar humanos.

· Se deleitan tentando sexualmente a los humanos. En la literatura arábiga abundan historias de este tipo, tanto de los Djinns buenos como de los malos.

· Secuestran a sus víctimas y, al instante, pueden hacer que aparezcan abandonadas lejos de donde las recogieron.

· Tienen poderes telepáticos y capacidad de embrujar.

· La mayoría de los seres humanos están bajo el dominio de los *jinns*, según Sura 6:128: *"Jinns*, habéis seducido a la mayoría de la humanidad"

· Se mantienen cerca de los fumadores, porque el humo de los de sus nutrientes.

· Si alguien se compromete con ellos a cambio de favores, después tendrá que aceptar las consecuencias, las cuales pueden ser enfermedades, muerte de seres queridos y mala fortuna, en general. En apariencia existen jinns buenos y malos y algunos pueden lograr la salvación eterna, pero la mayoría son demonios conocidos como *shaytans* (Shaytana es demonio femenino), para los que ya no existe esperanza de existencia eterna.

Los humanos pueden defenderse de los jinnsy y evitarlos por completo si fabrican un campo electromagnético en su derredor, elevando sus pensamientos a la divinidad por medio de la oración. La palabra que se utiliza para describir esta acción es *dhikr* que significa "recordar a Dios". Se eliminan también haciendo **círculos de fuego**.

17. *Aswang*

El **Aswang** es un ser que habita en las Filipinas, es un tipo de zombie, es decir, entre vampiro y humano que se alimenta de la energía vital de la carne y la sangre. También se le llama Tik-Tik o Sok Sok, nombres tomados del sonido que hace cuando consume la carne de los humanos. Este ente es muy delgado, alto y blanco como fantasma, ojos abultados y pálidos y corren muy rápido. En el Folklore se dice que pueden asumir formas, como la de un perro negro y que la carne y sangre de los bebés les atrae de sobremanera. Parecidos a Fantasmas o espíritus sangrientos.

18. *Pie Grande*

También llamado **el Abominable hombre de las nieves, Yeti, Sasqatch, *Gigantophitecus blacki.***

Se le ha visto en los bosques de Norteamérica, los nativos americanos tienen muchas historias sobre estos entes. También se les ha visto en regiones de Asia. Es una mezcla entre hombre y simio de aproximadamente tres metros de altura. Huelen extremadamente mal y su contacto con humanos es letal.

Se dice que el **Sasqatch** manda un infrasonido antes y durante su presencia, éste es de muy baja frecuencia imperceptible para el oído humano pero que ocasiona angustia y una serie de efectos colaterales como bajar peligrosamente la presión arterial. Además, tiene la capacidad de poseer un cuerpo y no, lo han visto que cruza estructuras o cosas físicas.

19. *Tlahuelpuchi*

Las tlahuelpuchis son unas criaturas de naturaleza vampírica y femeninas reconocidas desde el mundo prehispánico. En lengua náhuatl, significa "sahumador luminoso".

Las tlahuelpuchis son mujeres comunes a la vista de todos; sin embargo, se dice que los dioses les han concedido un don que algunas usan de manera maliciosa. Ellas se enteran de que son portadoras de este don o poder al llegar a la pubertad, específicamente cuando tienen su primera menstruación; es desde este momento, con el tiempo y la práctica, podrán desarrollar por completo el don de convertirse en animales.

Se les relaciona con los nahuales por esta capacidad de convertirse en animales, aunque también se las relaciona con las brujas.

Se dice que, una vez que logran tomar la forma de un animal, se desprende de ellas una luminosidad que advierte su presencia. Aún hoy en día se puede oír el testimonio de muchas personas que dicen haber visto aquellas luces alejarse y acercarse.

Las tlahuelpuchis son territoriales y, a diferencia de las brujas en otros lados del mundo, ellas no conviven ni trabajan en grupos, se reconocen unas a otras aun cuando presenten su forma humana y guardan su distancia respetando el territorio de cada una, pues son sumamente agresivas. Únicamente se tienden la mano cuando existe un peligro común que en solitario no pueden sortear. Las tlahuelpuchis no atacan jamás a sus familiares, excepto si el secreto de su existencia es revelado por algún pariente a otras personas.

Las tlahuelpuchis se alimentan de sangre humana, se señala que prefieren las de los niños pequeños.

Se dice que en forma de neblina se filtran por puertas y ventanas, prefieren la noche para desplazarse con mayor libertad y así poder cometer sus fechorías.

También, que pertenecen a la oscuridad y que disfrutan alimentándose de la sangre de recién nacidos (Tlaxcala). La gente les teme tanto que las evita y usan todo lo que pueden para protegerse de ellas.

Los padres que logran despertar del hechizo de sueño que la mujer vampiro arrojó sobre ellos, tienen suerte. Y, si son muy afortunados, solo encontrarán moretones en su pequeño hijo, pero si no, deberán afrontar la dolorosa pérdida.

20. Cara de vacío

Son seres que pueden tomar distintas formas, normalmente se presentan con túnicas y no tienen rostro, este es un vacío. Caerían dentro de la categoría de demonios o extraterrestres.

Son fuerzas de oscuridad que están con el objetivo de manipular y llevar a la perdición las almas, tienen un gran poder y su energía es absorbente, es como la de los hoyos negros.

Son la oscuridad encarnada, seres de alta categoría sumamente malignos, son los que llegan a hacer incluso tratos con los humanos. Su energía es de absoluto caos. Se encargarán de impedir que los seres de luz lleguen a su misión, les pondrán el pie una y otra vez, no para que logren avanzar y se hagan más fuertes, sino por sus propies fines en consecución a sus planes parasitarios de conquista y opresión. Son los que provocan pensamientos y grandes atrocidades en los humanos.

Muchos demonios, entes y muertos, sólo sirven a sus propósitos. Son sus títeres.

Son la mente maligna detrás de las grandes guerras, violaciones, actos atroces y terror, tanto en la humanidad como en seres de otros planetas. Fueron creados antes de los tiempos.

Algunos le llaman Acarontes.

Serían la mente oscura anti-vida.

21. Otro tipo de monstruos

Existen otro tipo de entidades monstruosas en todo el globo, se les conoce como: **monstruo del lago Ness, harpías, entes alados, Wengigo (criatura predadora de las leyendas del Algonquin de los Nativos Americanos), Kykiyaon (caníbal de almas)**. Este último es humanoide negro, con alas y ojos rojos, vive en cavernas y en la jungla. Independientemente de su origen, siempre que se tiene un encuentro con estas entidades, las personas se quedan con los clásicos síntomas de sentirse drenados de energía.

Varias de estas entidades, al igual que los faunos, se presentan en lugares donde hay mucha actividad sexual, se presentan antes o inmediatamente después de que los jóvenes han llevado a cabo el acto. Aparecen de pronto y así mismo desaparecen de forma misteriosa sin saber de dónde vinieron y a dónde fueron. Algunos dicen que vienen del mundo que está bajo Tierra, donde hay una serie inimaginable de túneles y formas de vida desconocidas para nosotros hasta ahora.

También se dice que hay una serie de entidades muy antiguas y mitológicas, algunas derivadas de los escritos de Lovecraft.

22. *Otros seres de oscuridad*

Algunas veces la oscuridad simplemente manda entidades de categoría indefinida para obstruir el camino de aquellas personas que tienen una misión de ayuda y servicio bien definida. Esto es con el fin de interrumpir el camino y no generar y contagiar de su luz para lograr la evolución de los seres de este planeta.

El daño que provocan va desde drenaje de energía con síntomas de extremo cansancio señalados antes, hasta daños físicos graves, incluso la abducción y la muerte. El ataque más común y sencillo es generar distracciones.

CAPÍTULO 4.
EXTRATERRESTRES E IMPLANTES

4.1. Extraterrestres, ¿existen?

Somos polvo en el universo. Tres de cuatro estrellas podrían albergar vida en circunstancias extremas. Según una hipótesis, cerca de 3.000 millones de planetas podrían ser habitables en la Vía Láctea. El problema es que, debido al bloqueo y la manipulación mediante creencias religiosas, nos han hecho pensar que era "impensable" la existencia de otros seres, y de seres parecidos a nosotros habitando otros planetas ¿cómo podría ser esto posible? si somos los preferidos de "Dios". Es obvio por lógica y matemáticas que exista vida inteligente en otros planetas. ¿Qué nos haría tan especiales para ser los únicos? Yo incluso diría que nada, más bien como humanos somos una plaga.

Las almas evolucionan y, como ya hemos señalado, esta evolución se puede dar en diferentes planetas y sistemas. Estamos aquí de paso, en este planeta rudimentario con conciencias primitivas en evolución, manipulados por otros seres. Sí, así es, estamos bastante primitivos en cuanto a nuestro nivel conciencia, apenas avanzando por los primeros peldaños; sin embargo, poco a poco iremos despertando y progresando como humanidad.

¿Cuántas veces hemos escuchado de la existencia de seres de otros mundos? Vamos a dar por hecho, en el presente tratado, que existen; cabe mencionar que nuestra intención aquí no es convencer sobre su existencia, el punto en el que nos enfocaremos es en la beatitud o maldad de razas y actos. Es importante reconocer que, así como es arriba, es abajo, por ende, hay seres con intenciones positivas y otros que buscan el caos. Ya hemos hablado de los seres que fungen como guías, guardianes y aliados que nos ayudan de manera maravillosa en nuestro proceso de evolución; ahora hablaremos de los que causan perjuicio, los cuales están desconectados de la divinidad, se han separado de la luz original, de la fuente divina, por consiguiente, se alimentan de la nuestra, su vida es artificial y temporal, no tienen oportunidad de lograr la eternidad.

Carlos Castaneda dice que este universo es de naturaleza predadora, nos comemos unos seres a otros, materiales e inmateriales; y reiterando el precepto de: "como es arriba es abajo", somos consumidos por seres y nosotros consumimos a su vez a otros seres, sucesiones semejantes a las que sucede en la Tierra en la cadena alimenticia.

A Samak siempre le fascinó el fenómeno extraterrestre, desde muy joven le maravillaba. Su mayor contacto fue cuando estuvo en el coven *Lunas Negras* y donde empezó a recibir mensajes y a oírlos de sus compañeros del coven. Mensajes de amor enviados por seres de las estrellas; no obstante, algunos llegaban a ser amenazantes, obvio estos no eran de seres benévolos. Samak, después comenzó a recibir mensajes de los pleyadianos. Una vez perfeccionada su actividad de canalización (mediumnidad), los recibía de los seres de Andrómeda; posteriormente de un ser llamado Samak, su guía de 8ª dimensión.

Cuando Samak se dio a la tarea de encontrar un nombre público, su guía le recomendó que se llamara Samak, ya que era su vibración. Samak le dijo que cómo se iba a llamar como él mismo (su guía) y él le contestó: "Yo soy tú en octavas superiores".

Todo es multidimensional, todos estamos implicados, somos conciencias expresadas en diferentes dimensiones, tiempos y lugares. Es tan complejo que nuestra limitada mente humana no lo logra comprender.

Samak tuvo viajes astrales a diferentes lugares maravillosos. Logró ver en sus andanzas, a seres de otras galaxias y lugares, como de Cassiopeia, cuyos habitantes también la contactaban, las Pléyades y Eridanus, entre otros sitios distantes. Tuvo un periodo de gran intensidad en comunicación. Incluso, comenzó a obsesionarse con la clasificación de todos los seres que encontraba, hasta que una vez le dijeron los seres que la contactaban que esto era imposible; eran tantos que en su vida acabaría, por lo que desistió. Mejor se enfocó a pensar en lo maravilloso e inmenso que es el Universo, ese Universo que también somos cada uno de nosotros. Se esforzó en liberarse de la "matrix", es decir, el velo, el engaño en el que estamos sometidos; así como de sus propias ataduras, comprendiendo de qué manera intervienen estos seres para bien o para mal y, encontrar estrategias para aprovechar ayudas o evitar los perjuicios que nos imputaban.

En el libro de Morgana, Samak habla de algunas experiencias con estos seres. Con toda esta información entendió que los "demonios" son espíritus de diferentes especies y planetas, que la iglesia les llamó así por no ser humanos, simplemente y porque no correspondían a su cosmología, ya que incluso les llaman demonios a varios dioses. En otros contextos se les llama dioses, espíritus o como sea.

Definitivamente, hay algunos de estos seres extraterrestres que nos instalan implantes, que nos poseen y manipulan, así como hay otros que nos ayudan en nuestro proceso de evolución, tanto por obligación, como por misión o por bondad. El tema aquí para Samak es cómo identificarlos y apartar a los perjudiciales de nuestro campo para impedir que obstruyan nuestro camino y que no sigan alimentándose de nuestra energía, como lo hicieron por tantos años con la de ella.

4.2. Tipos de extraterrestres

Las consideradas entidades extraterrestres son aquellas que tienen su origen en el espacio exterior, la mayoría son incorpóreas, aunque las de baja densidad pueden tener un cuerpo físico de acuerdo con su origen, frecuencia y designios. Los hay de diferentes categorías: los que hacen el bien o lo contrario, que hacen el mal; consideremos que como es arriba, es abajo, así como hay gente dañina en la Tierra, esto sucede en todas partes. Muchas entidades drenan nuestra energía e incluso algunas hacen experimentos con los seres humanos y seres de la Tierra en general.

Algunas veces raptan o **abducen** el alma o incluso físicamente a las personas, las cuales se ven afectadas por **pérdidas de memoria**, hay espacios de tiempo en los que no recuerdan qué pasó. Los encuentros y abducciones con seres de otros mundos son bastante numerosos y sorprendentes. Se dice que los que las llevan a cabo roban nuestro ADN debido a que su especie se encuentra en decadencia, esto sucede principalmente con los grises. Se habla de que reciclan nuestra alma y son los culpables de la serie de reencarnaciones de los humanos.

Los extraterrestres tienen diferentes niveles de desarrollo y se les clasifica también en grupos:

Grupo 1: Extraterrestres parásitos. Necesitan de la energía de los seres humanos para sobrevivir, incluso ellos pudieron haber sido seres humanos. Son como vampiros energéticos y trabajan como esclavos de demonios o seres malignos. Están separados de la divinidad y requieren de energía para poder vivir más tiempo, porque no son eternos, lo que provoca que la drenen de seres que la poseen.

Grupo 2: Extraterrestres malos. Aunque están unidos a la divinidad, no están desarrollados espiritualmente, pero sí tecnológicamente avanzados, tienen fines egoístas.

Grupo 3: Extraterrestres neutros. Unidos a la divinidad, pero de poca evolución espiritual. Se les llama "extraterrestres indiferentes", no intervienen y creen que el ser humano debe evolucionar por sí solo y el sufrimiento es parte de su aprendizaje.

Grupo 4: Extraterrestres benevolentes. Unidos a la divinidad, muestran interés por la evolución y el crecimiento espiritual de los seres humanos, por tal motivo la apoyan.

Grupo 5: Extraterrestres celestiales. No muestran interés por lo material ni la tecnología, sólo buscan el despertar espiritual y el contacto con la conciencia superior. Son los que se identifican como ángeles.

Dentro de estos extraterrestres hay aquellos que son **tipo seres humanos**. Se dice que vienen de diferentes zonas como: Sirio, las Pléyades y Orión. Aunque su origen es **Lyra**, tuvieron que emigrar debido a la "Gran Guerra" (cuando hubo una gran destrucción por mucho tiempo). Miden hasta 2.10 metros y hay los que parecen nórdicos, otros de tez pálida con ojos almendrados y delineados; los hay buenos y malos. Hay unos benevolentes que vienen de las Pléyades, que nos protegen de los grises de Zeta Reticuli y otros que vienen de Sirio, Acturus, Vega, Altair 4 y 5, Alfa Centauro y Andrómeda.

Y tenemos a todos los otros sin apariencia humanoide, dentro de ellos los reptiles o draconianos son de los peores (pueden transformarse en formas humanas). Se dice que dentro de los grises los hay de diferentes especies: unos son los grises altos de Orión, y los que son esclavos de ellos, de menor tamaño, incluso se menciona que algunos son droides.

Otros extraterrestres son los dracos de Orión, los reptiles extraterrestres que viven dentro de la Tierra y los anunaki (humanoides-reptiles gigantes de Nibiru).

La conspiración

Se habla mucho de una **conspiración** encabezada por los Zeta Reticuli que se dice hablan con los gobiernos, principalmente el de Estados Unidos. David Icke señala que los verdaderos gobernadores del mundo son reptiles hospedados en los cuerpos de las cabezas en la política y economía. A veces se perciben como seres de buena fe, pero en el fondo buscan manipular las mentes de los seres humanos.

Se dice que hay un convenio entre el gobierno y los Zeta Reticuli que consiste en que ellos proporcionan tecnología a los seres humanos, en especial armamentista a cambio de que tales gobiernos ignoren los tanto los tantos experimentos que realizan con humanos, animales y demás, como las extrañas desapariciones de niños. Forman en conjunto el llamado "Gobierno Sombra" o "Gobierno Secreto" y se dice que preparan el clima para el regreso, en todo su esplendor, de los Anunnaki, o los reptilianos, aunque hay una confusión acerca de si son los Anunnaki los que llegarán, los Zeta Reticuli u otros reptilianos. Se señala que hay 18 mil extraterrestres que trabajan con el gobierno secreto.

De hecho, se habla de que en el pasado llegaron a nuestro planeta diferentes razas de extraterrestres que manipularon nuestro cuerpo físico, intervinieron en nuestra evolución y son los responsables de las religiones, los mitos y creencias primitivas en diferentes culturas en la Tierra.

Los cassiopeos aseguran que la caída de la humanidad sucedió cuando los reptiles tomaron control de la Tierra hace 309,882 años; dicen que la alegoría de la mordida de la manzana es el trabajo genético que realizaron para inhabilitar de los primeros diez factores del **ADN**. Esto lo hicieron con el fin de que el humano olvidara su origen verdadero y así pudiera ser manipulado.

Estos seres eran reptilianos que pedían sacrificios de sangre. En África se puede encontrar en diferentes tribus historias ancestrales que dicen que sus antepasados más antiguos vinieron del cielo, eran de una raza avanzada que al principio parecían humanos, son como los dogón que se supone dieron la cultura. Algunos señalan que su rey o tribu fue creada por criaturas sobrenaturales que vinieron del cielo. Se dice que en los tiempos en que llegaron, la gente no podía ver el sol, había llovizna y neblina, había grandes bosques y grandes selvas, que la gente era feliz y no tenía el poder del habla, se comunicaban mediante la mente, no había violencia, le pedían la comida a la naturaleza y esta se las daba, es decir, había una profunda interacción con el entorno. Entonces llegaron unas entidades en naves con forma de tazas que hacían mucho ruido y les dijeron a los humanos que debían obedecerles ya que ellos eran los grandes dioses y con violencia los hicieron atenderles. Los modificaron genéticamente y los hicieron en una especie esclava, creando granjas-prisión.

Estos conquistadores eran altos, parecidos a humanos-reptil. Incluso algunos tenían tres ojos. Ellos Les quitaron a los seres humanos los poderes que tenían: viajar espiritualmente a través de los mundos o dimensiones, ver el futuro y el pasado, comunicarse con la mente, mover objetos con la mente y les dieron el poder del habla, aunque en realidad no les interesa que los humanos se comuniquen entre ellos.

Les llamaron los chitauris, crearon diferentes idiomas y le dieron a los humanos gente que reinara sobre ellos, señalan que eran su decendencia, y hablarían por ellos. Colocaron a sus híbridos, como reyes y reinas. Estas leyendas africanas condicen con los sumerios en la idea de que vinieron del cielo y esclavizaron a los humanos. Los chitauris se alimentan de nosotros mediante la cólera, ambiciones, y guerras que generamos. Se dice que eran gente blanca; los bere señalan que eran de ojos rasgados. Los chitauris no permiten que mueran en paz estos guerreros que han mandado a generar guerras, de hecho, creaban situaciones violentas y enfrentamientos para alimentarse. Los grises son sirvientes de los chitauris, los cuales no están experimentando con seres humanos, los abducen para unas criaturas más grandes que ellos, a las que algunos llaman arcontes o confederación arconte. Dicen que abducen a los humanos que son descendientes lejanos de los híbridos, para obtener sangre para sanar a los chitauris, hacen experimentos con el alma. Los chitauris destruyen a pueblos completos que no quieren hacer sacrificios para ellos.

Ahora, muchos de ellos habitan en las cavernas, se habla de que necesitan a doncellas para cambiar de piel. El oro amplifica su energía, el cual usan mezclado con sangre. La carne de personas asustadas es mucho mejor, permite su recuperación energética. Amenazan a las personas que los descubren o evitan

Cada mes desaparecen en Sudáfrica 1000 niños aproximadamente, son niños con fuerte desarrollo espiritual e intelectual. Principalmente albinos y pelirrojos.

Les llaman de diferente manera en distintas tribus, casi siempre las palabras con las que son designados se refieren a los hombres que vinieron del cielo, lo que demuestra el origen celeste de sus antepasados.

Los africanos han guardado culto a las serpientes del cual no se han liberado. Dicen que sus antepasados se convirtieron en serpientes y se les guardaba cultos con sacrificios sangrientos. Los consideraban dioses inteligentes y poderosos, a los que hay que temerles, sus ojos brillan con luz roja por las noches. Hace muchos años viajaban por el espacio y su decendencia gobierna.

Algunas culturas africanas saben que el espacio y el tiempo están estrechamente ligados. Dicen que hay 24 planetas habitados por seres humanoides.

Dentro de estos seres manipuladores, hay una especie llamada los Thule o Telosianos que son los que habían contactado a Hitler, y hablaban de la raza pura: los arios que son decendencia de los anunaki. Se dice que los judíos son descendientes de una especie de reptilianos. Los grupos privilegiados de la nobleza tratan de mantener su sangre ya que estas familias de la corona mantienen un ADN que siempre se ha tratado de cuidar, de ahí su obsesión por el linaje real porque son descendientes o cuerpos de los reptilianos, al mezclarse se pierde la información y conexión, la cual podría llegar a desaparecer. Se dice que están creando caos, destrucción y daño ecológico en nuestros tiempos para después venir a mostrarse como "los salvadores".

En los siguientes apartados hablaremos tanto de las razas benéficas como de las obstructoras, por lo pronto éstas son algunas de las consideradas **neutras**, es decir, que no intervienen: Agrarianos (o agartianos se dice que vienen de Marte), altairianos, antárticos, atlantes, enanos, eva-borgs, gizans, verdes, gitanos, burrowers, suvianos, híbridos, janosianos, maricanos (y de sus lunas), los ojos de luna, los nagas que perdieron la batalla por el dominio hace muchos años y quedaron relegados a vivir subterráneamente, los anaranjados, fenicios, solarianos, ultraterrenos (otras dimensiones), venusinos, anubis (vienen de Can Menor), sek (felinos, hombres jaguar, urmah que vienen de Regulus en la constelación de Leo, pero ahora se encuentran en diferentes sistemas), smad, neonate, hominoides gigantes (isla de Pascua), alcohbata, entre muchos otros.

En general, hablando del concepto de "Dios" creador, los gnósticos hablan de un demiurgo verdadero y uno falso, este último, suplantador de la verdadera doctrina, llamado Jehova, Satanael el demiurgo, hostil al ser supremo. Él es el arquitecto de la matrix en la que nos encontramos, visión holográfica que el ser humano percibe como realidad. Algunos incluso señalan que el Jehová de la *Biblia* en realidad era una mantis religiosa, de ahí que prohibiera que se hicieran imágenes de él.

4.3. Extraterrestres benéficos

Tenemos entonces a razas de extraterrestres que buscan ayudarnos, tienen una orientación moral, desean que la humanidad se entere de otras razas extraterrestres y de la verdad y buscan que los humanos colaboren en la alianza que se conoce como la Federación Galáctica. Respetan la soberanía de la humanidad. Hay algunos considerados los consejeros sabios con cabeza de gato o perro. Se dice que hay tres grupos de confederaciones: los Neverones (es la Confederación pleyadiana, son buenos y no intervienen); la Confederación Galáctica (pueden intervenir para mantener el equilibrio), Leverones (destructivos, su líder es de Draco).

Dentro de estos extraterrestres que nos ayudan tenemos algunos de los siguientes:

1. Lyrianos

Estos seres son los primeros humanos de la galaxia. Provienen de la constelación Lyra, donde comenzaron una sociedad que se volvió muy poderosa, basándose en las decisiones del lado femenino del cerebro que es más comprensivo y respetuoso, por este motivo se les considera progresivos. No obstante, se vieron forzados a luchar cuando fueron invadidos por los reptilianos. Mientras huían de ellos formaron varias colonias a lo largo de varios sistemas solares, creando varias especies descendientes, como los pleyadianos y los veganos. Corresponden a la raza nórdica. Se dice que son nuestros primos galácticos.

Ilustración 10. Lyrianos.

2. Veganos (Lyra)

Discminan la verdadera historia de la raza de piel oscura/azul en la galaxia, asisten a la humanidad en la comprensión de su potencial y motivación. Ayudan a descubrir la esencia humana. Apoyan en diplomacia y resolución de conflictos. Se dice que son como orientales con piel oscura. Descendieron de las guerras lyrianas. Sus caras son más triangulares.

3. Arcturianos

Según el reputado y fallecido psíquico Edgar Cayce, son unas de las civilizaciones más antiguas y avanzadas de la galaxia. Habitan en Arcturus y su cuerpo es escamoso, de color verde, con ojos muy grandes, en las manos solo tienen 3 dedos. Tienen poderes psíquicos y telepáticos. Desde que comenzó la vida en la tierra, esta civilización tiene bases tanto en la Tierra como en la Luna. Su principal objetivo es el de enseñarnos a trascender el plano material a través de los sueños y de apariciones estelares.

4. Los Telosianos

También llamados los thule; de ellos se dice que habitan en el centro de la tierra, y que ayudan a los humanos de la superficie a aprender su historia, protegiendo el medio ambiente, haciéndolos más longevos y eliminando creencias que saben son malas para nosotros. Forman parte de una orden espiritual llamada "Melquizedec", teniendo relaciones con gran número de diferentes especies alienígenas, como los Arcturianos o los que habitan Saturno, mediante la mente colectiva Ashtar.

Se sabe que son rubios y muy altos, y que habitan redes subterráneas de la tierra que fueron restablecidas tras el diluvio universal. Además, poseen vehículos interestelares pudiendo viajar a otras dimensiones. Son habitantes de la red subterránea del oeste de los Estados Unidos y están concentradas alrededor del Monte Shasta en el norte de California.

5. Los Alfa Centurianos

Son una raza humanoide que posee cualidades acuáticas, tales como branquias o extremidades palmeadas, las cuales son clave para sobrevivir en entornos oceánicos. Tienen un luminoso tono de piel de un color gris azulado, y su altura puede variar mucho. Se dice que, debido a su naturaleza, permanecen ocultos en las profundidades de los océanos terrestres, y son los causantes de los avistamientos de OVNIs por la marina estadounidense. Ellos se comunican con la vibración y la resonancia de una luz violeta que emiten.

6. Pleyadianos

Estos son los habitantes de Pléyades de Tauro, el cual es un conjunto estelar del cual formamos parte a la vez. Son humanos muchísimo más avanzados que viven en armonía y amor. Son altísimos y poseen cabellos rubios y ojos azules. En la antigüedad se pensó que eran las manifestaciones de los ángeles. Ellos crearon una defensa contra los reptilianos llamada la "Federación Galáctica", la cual toma las decisiones de la Vía Láctea.

Uno de sus objetivos es hacer que la humanidad progrese y se modernice como ellos, por eso viven entre nosotros. Se dice que están avanzados en 3,000 años de la evolución del humano en la Tierra.

7. Sirianos

Son de Sirio B. participan en programas de intercambio de tecnología que promueven la cooperación militar ante una potencial amenaza extraterrestre. Son seres de 6ª dimensión relacionados con la geometría sagrada.

8. Procyones

Vienen de Procyon, promueven una resistencia efectiva a la subversión extraterrestres, desarrollando una conciencia multidimensional. Apoyan en la visualización mental para la liberación del yugo de los extraterrestres hostiles. Sirven a la Ley del Uno.

9. Ra-anos

Aterrizaron en la Tierra aproximadamente hace 110,000 años en una misión para ayudar a evolucionar a nivel mental y espiritual a los seres humanos. Su enfoque se dice fue en Egipto y la civilización maya. Los Ra se refieren a sí mismos como un complejo de memoria social de sexta densidad.

Vinieron en una nave en forma de campana, se dice que nos ayudan a través de los cristales. Son los que contactaron al faraón Akenaton; sin embargo, los sacerdotes de éste son los que no quisieron el cambio. Traen las enseñanzas de la Ley del Uno.

No permanecieron mucho tiempo en Egipto porque sus enseñanzas se distorsionaron, después se trasladaron a América del Sur. Las pirámides que derivan de sus enseñanzas eran utilizadas con fines espirituales.

Se les llama también **carianos** y se dice que portaban alas que fueron desapareciendo con el tiempo,

10. Cassiopea

Se dice que no son extraterrestres en realidad, sino que son nosotros en el futuro y vienen a apoyarnos en nuestro proceso de evolución y de la proyección de pensamientos para crear.

11. Otros

Con origen en: Antares, Signus Alpha, Sagitario A y B, Tau Ceti, Andrómeda, los daals, korendios, Adam Kadmón (dispersos en el universo
poseen alas), ramay (Mayas con cráneos alargados, vienen de Capella,
en la constelación del Auriga).

4.4. Extraterrestres obstructores

En esencia, el ser humano está conectado a la fuerza de Luz Creadora o "Dios". Hay miles de razas extraterrestres, como hemos señalado, que incluso habitan en la Tierra. Se dice que aquello que pelean
los desconectados de la luz es nuestra alma, nuestra esencia de vida,
nuestra energía, **porque ellos no la tienen**, han perdido su conexión con la Fuente Suprema. "Dios no los alimenta, su vida es artificial y temporal, sin ninguna oportunidad de lograr la eternidad, por
mucho esfuerzo que realicen o por muy avanzados que estén en su
tecnología" (Lucy Aspra).

Un renombrado físico inglés llamado Fred Hoyle declaró que seres
ajenos a nuestra humanidad están en todas partes, en el cielo, en el
mar y en la tierra. Que han estado aquí desde el principio de los tiempos y controlan casi todo lo que hacemos. Samak está completamente
convencida de ello. Parecen estar libres de cualquier restricción física como el cuerpo. Son como el pensamiento y pueden estar en cualquier lugar en el momento que lo desean. Proceden de otro universo,
entraron hace mucho tiempo y desde entonces han estado controlando
nuestro planeta. Así además de los reptilianos, tenemos a estos seres
interdimensionales que nos manipulan. Carlos Castaneda explica que
los antiguos mexicanos hablan de unos seres que vinieron hace mucho
tiempo, "los inorgánicos" y que se alimentan de nuestra energía mer-
mando nuestra fuerza vital.

Este segundo universo o plano de donde proceden estos poderosos
seres es semejante al nuestro, pero con químicas y físicas diferentes
a las nuestras, son de inteligencia mucho más avanzada. Son tan diferentes de lo que conocemos, que tratar de describirlos con lenguaje
comprensible es imposible.

Hay una película muy interesante llamada "Encuentros cercanos del
5º tipo", donde al elevar nuestra frecuencia y estar en comunidad los

podemos llamar. Samak quedó fascinada con esta película que le recomendó su prima y después de canalizar a los seres de luz tantas veces, encontró ahora un método para contactarlos y que se presenten, de hecho, hay una aplicación llamada CE5Contact, donde personas del todo el mundo han establecido una red de contacto. Los seres del bando de los buenos, usan naves que son como plasma, no son artefactos metálicos y se presentan como luces, no en forma física.

Hablaremos ahora de los seres que obstruyen nuestro camino y se alimentan de nosotros, a los que llamamos "obstructores".

Ilustración 11. Grises.

Los principales seres que se alimentan de nosotros o más bien, bajo cuyo dominio estamos, **utilizan principalmente tres vías de drenaje energético** predominante en nuestra época actual y vida cotidiana: **morbo, pornografía y consumismo**. Tales son los reptilianos que nos tienen bajo su dominio, los grises son manipulados por ellos y hacen abducciones o provocan daño; los más peligrosos se alimentan de nuestro miedo y angustia.

Hay toda una idea de conspiración –como hemos señalado– donde los individuos de más poder en este planeta juegan un papel preponderante. Se dice que estos juegan a favor de los extraterrestres obstructores y que la intención de parte de los individuos más poderosos es condicionar la mente de los inocentes para aceptar a la raza reptiliana, ya que con ellos han establecido compromisos a cambio de tecnología y niños. Es decir, a cambio de tecnología y otros acuerdos oscuros, las cabezas del mundo pasar por alto las desapariciones infantiles, el drenaje de energía de los humanos y las abducciones.

Los extraterrestres obstructores son tipos de entes–pensamientos– cosas, que van desde los que se alimentan de cada una de las emociones negativas que nos podamos imaginar, incluso de alguna positiva extrema, se adhieren y alimentan de ellas. Hasta los más peligrosos que tienen otros fines: colonizadores, científicos, híbridos, conquistadores, control, abducción, consumo de los niños, mutilan, secuestran, violan, clonan, son los causantes de millones de desapariciones de seres humanos; otros vienen simplemente a observar. Cada vez acuden más extraterrestres que quieren ser testigos del gran cambio confrontado por la Tierra y sus habitantes.

Algunos cambian de forma y se presentan como seres de luz o lo hacen en forma de extraterrestres o aspectos humanos camuflajeándose y engañándonos.

4.5. Síntomas de ataques Extraterrestres (ET)

Muchos de los síntomas causados por los obstructores son muy similares a los de ataques por entidades negativas; sin embargo, hay algunos muy marcados realizados por los Anunankis.

- Sentir mucha **pesadez y fastidio.**
- Estar **abrumados** todo el día, sintiéndose agotados.
- **Sueños** inquietos, sueños de ataques y extraterrestres.
- **Dolores de cabeza, golpes de energía negativa** o emociones de baja vibración.
- En algunos casos hacen **levitar.**
- **Pérdidas de memoria.**
- Amanecer con **marcas**, ya que hacen experimentos dolorosos con cuerpos humanos.
- **Generan miedo,** ya que éste produce un resquebrajamiento en el cuerpo electromagnético permitiendo que los entes malignos se escurran por esa rendija y tomen el control del ser humano.
- Muchas veces están **detrás de:** la desidia, la intolerancia, el exceso amor, el extremo estrés y ansiedad, la impaciencia, la delincuencia, la lujuria, la gula, la desesperación, la tristeza, el odio, los

asesinatos, las violaciones y todas las que nos podamos imaginar, de acuerdo con su conveniencia.

• Uno se encuentra absorbido por una serie de **emociones que parecen incontrolables**, o en algunas ocasiones aparecen ciertas **imágenes** que se tiene la ilusión de recordar y generan excedentes de energía o emociones negativas intensas, las cuales son implantadas por extraterrestres de igual manera insertan ciertos **patrones de comportamiento**. Son representaciones que se imprimen en el astral, como si fuera una película instalada en el banco de imágenes y recuerdos que tenemos, pero no hemos vivido. Cada imagen está conectada con una emoción desenergizante.

¿Cómo evitarlos?

Es importante que nos empeñemos en filtrar aquello que absorbemos a través de nuestra percepción, especialmente la visual, es decir, que veamos cosas bellas y nos generemos imágenes hermosas, ya sean reales o imaginarias. Podríamos decir que cada una de estas imágenes genera un estado emocional y sustancias (hormonas) en nosotros y algunas son preferibles para ellos. Todas son necesarias para que nuestro organismo funcione, sin embargo, cuando hay un excedente, un desequilibrio, tanto para un extremo como para otro, este excedente sirve de su alimento. Los seres que reciben la energía excedente placentera y luminosa, regresan algo a cambio, por el contrario, los que reciben cosas de muy baja vibración, como el sexo morboso sin amor, el miedo, la angustia, no regresan nada a cambio, sólo consumen tal energía.

Es por esto que, si hablamos de cosas repugnantes, eso es lo que nos generamos, imágenes–emociones–sustancias–cuerpo, generando entonces una presencia y manifestación, en nosotros y en nuestro entorno. Estas sustancias emiten un plasma, el cual es utilizado como insumo para dar paso a su manifestación. Lo semejante atrae a lo semejante, así es el cómo funciona la dinámica en este Universo, lo que responde a un orden intrínseco en toda forma de vida, orden que debe ser cumplido de manera matemática y perfecta. Los extraterrestres son expertos en las tareas de ocuparse de este excedente de energía y aprovecharse de las energías de baja frecuencia.

No debemos exponernos y es preciso intentar llevar a cabo un despertar espiritual, no dejarnos manipular como borregos, trabajar en nuestra protección e incremento de energía, unirnos en bien, cuidar a la Tierra y despertar nuestro poder y magia con el fin de mantener apartados a estos seres y, sobre todo, conocernos a nosotros mismos para identificar un cambio fuera de lo común en nuestro estado psíquico.

4.6. Abducciones

Una de las costumbres de algunos extraterrestres obstructores es hacer abducciones. Muchos han sido los pretextos que utilizan para abducir, algunos dicen que es para mejorar nuestra raza, o que nos necesitan para ayudarlos, haciéndoles un favor; sin embargo, es para sus propios fines. Las verdaderas intenciones pueden ser:

a)   **Programa de abducción:** secuestran a víctimas y a sus descendientes sin ser vistos con fines experimentales para mejorar su decendencia.

b)   **Programa de reproducción:** recogen el esperma y óvulo de seres humanos, alteran la genética del embrión fertilizado y la reintroducen posteriormente.

c)   **Programa de hibridación:** refinan a los híbridos para que parezcan más humanos.

d)   **Programa de integración:** preparan a los abducidos e híbridos para eventos futuros con el objetivo de irse integrando a la vida cotidiana de los seres humanos y controlar el destino de la humanidad.

Algunas de las prácticas, mencionadas en anécdotas de algunos abducidos son: realizar paralización, secuestro, experimentos, ponen implantes, obtienen muestras del ADN que sacan del globo ocular y les introducen agujas de hasta 6 pulgadas que son 15 cm de largo, sin anestesia y los someten a horribles dolores mientras les rompen las membranas al clavarles implantes por la nariz y el oído. Les insertan agujas en la cabeza, fosas nasales y bajo las uñas; lo cual puede describirse como tortura. Todo comienza desnudándolos y acostándolos en una mesa de metal o cerámica, haciéndoles un aparente examen médico, utilizan diferentes instrumentos para auscultarlos. Examinan con especial atención los genitales y la cabeza. Sustraen óvulos o espermas. En algunas ocasiones tienen relaciones sexuales con ellos o los obligan a tenerlas con otro ser humano.

Las personas abducidas regresan, después de un periodo en el que perdieron la memoria, adoloridas y muy agitadas. Los síntomas de abducción son muy similares a las posesiones diabólicas (estos demonios son extraterrestres).

Según encuestas realizadas, hay más abducciones durante determinadas fases de la Luna y aspectos planetarios, que son ciclos en que los demonios de antaño se manifestaban más, lo que hace suponer que estas fechas coinciden con la apertura de algún portal dimensional que permite la entrada a más entes oscuros. "Casualmente", los días que hay más avistamientos son especialmente Luna llena y nueva, ya que hay mucha energía y se abren estos portales; poderes que pueden ser utilizados con fines benéficos o maléficos.

Cuando ya han sido regresados, suelen aparecerles marcas, cicatrices y moretones en el cuerpo o pueden despertar con sangrado de nariz.

Normalmente implantan en la mente del secuestrado una historia falsa sobre lo que ha sucedido. Pocas víctimas recuerdan lo que realmente pasó, algunas tantas han recuperado los recuerdos mediante métodos de hipnosis. A veces quedan con la insensata idea de que los abductores son buenos y que lo han hecho por el bien de la humanidad. En ocasiones hacen creer al afectado que ha sido seleccionado para alguna misión especial. Por consiguiente, hay que dudar de lo que diga la víctima, ya que sus recuerdos han sido manipulados y alterados. Muchos recuerdan el suceso como un sueño en el que señalan haber visto a fetos de grises en recipientes con sangre y partes humanas.

Cuando los inmolados logran recordar verazmente y hablan sobre los que les pasó, son ridiculizados públicamente, ya que todo un plan para caricaturizar las experiencias si son reveladas.

4.7. Razas más peligrosas

Los seres más antiguos que llegaron a nuestro planeta son los draconianos y los serpentinos, después llegaron varios más y luego los Anunaki de Nibiru. Hemos sido conquistados varias veces.

Dentro de los millones de especies, hay algunas que han sido detectadas como las que más atacan, secuestran e incluso matan y son más peligrosas, las más conocidas son los reptiles, los grises, los nórdicos, los homínidos, los androides y otras que consumen nuestra energía.

1. Grises

Los grises no tienen cuerpo emocional como los humanos, energía que ellos no pueden generar ni replicar, por ello la toman. Ciertas veces, mirando con sus ojos almendrados y muy obscuros, absorben la energía vital. Algunos incluso se nutren biológicamente de partes del cuerpo de ganado o humanos.

Los grises parecen doctores y son indiferentes al dolor. Roban los nutrientes del individuo en el momento en el que éste fallece, cuando deja este plano, todo está lleno de entidades negativas al acecho, durante este proceso, el alma puede ser apresada fácilmente. Ayudan en las abducciones y ponen implantes como mecanismos de control. Hacen programaciones mentales. Incluso se dice que han creado una población híbrida humana–grises. Los hay de diferentes especies, donde determinados son sirvientes de otros, incluso algunos sirven a los reptilianos, obedecen a sus mandatos. Dentro de estos se dice que los hay grandes y pequeños. Ambos están vinculados con **Orión** y **Zeta Reticulum**.

2. Reptilianos / draconianos

Se les clasifica como reptilianos, algunos provienen de Draconis Alfa. Son sádicos, violentos y parecen esforzarse por provocar dolor. Los reptilianos son una raza utilitarista que busca esclavizar a la humanidad y usarla como medio de sustento y absorber su energía. Son los que se dice controlan a las elites, instituciones y sistemas financieros, promueven el militarismo, creando ambientes de inseguridad, miedo y supresión de la verdadera historia de la humanidad. Para consumo diario necesitan la energía de temor y angustia que proviene del humano.

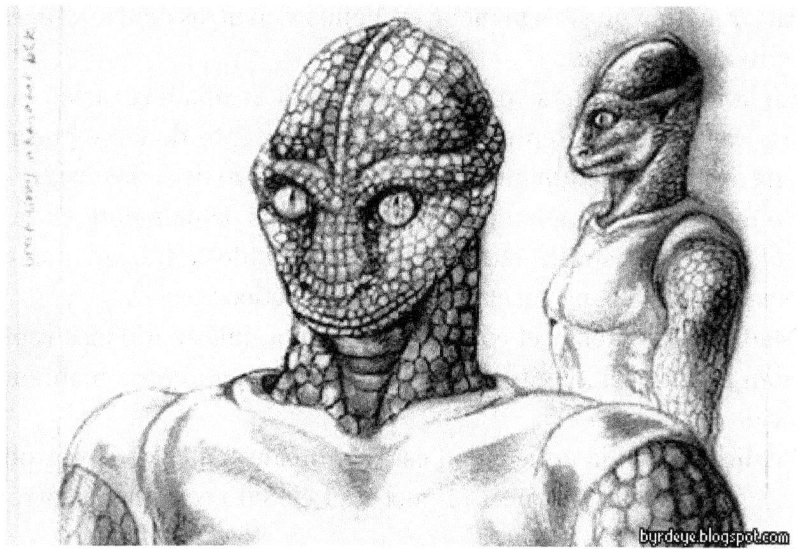

Ilustración 13. Reptilianos.

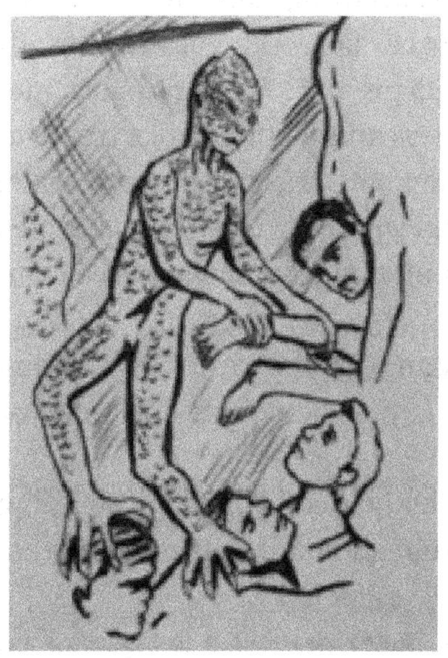

Ilustración 14. Grabado de abducción.

Ilustración 15. Chitauri.

En la ilustración 13 se observa la copia de un grabado, donde se ve a un demonio secuestrando víctimas. Se les considera los culpables de tantas abducciones en el presente. Según reportes, existen siete diferentes tipos de razas de reptiles, entre ellos, los dracos que tienen bases intraterrenas en nuestro planeta, en Venus y en otros dentro y fuera de nuestro Sistema Solar.

En la ilustración 14 se presenta una copia de una ilustración por el zulú, Credo Mutwa. Representa un chitauri, reptil de clase guerrera, que ha asolado a la humanidad desde el comienzo de su historia.

Se dice que manipulan a veintiún sistemas actualmente en la galaxia. No tienen espíritu eterno y se ven obligados a trasladar su conciencia a bebés que nacen con un código genético similar.

Mediante mantener el control del planeta, tales entidades reptiles pueden asegurar la fuente de energía que requieren para mantenerse con vida.

Se dice que en la antigüedad estas entidades andaban libres por la Tierra, pero que el Arcángel Miguel y su ejército celestial las arrojó a planos inferiores de la Tierra.

Los que han tenido encuentros más cercanos con ellos los describen con características de demonios, que paralizan, cambian de forma ayudados de un artefacto–cinturón, a veces aparecen como seres rubios, tipo nórdicos; los han visto como lagartos erectos en dos patas que miden entre 1.80 y 2.40 metros. Tienen escamas, portan cola, tres dedos y un pulgar, talón con zarpas, ojos llameantes y rasgados como serpiente, algunos llevan una coraza en el pecho y parecen estar rodeados de una luz verdosa. No llevan ropa, pero sí un cinturón que los hace cambiar de forma.

Cuando las personas no se asustan, entonces estos reptilianos las respetan por considerarlas peligrosas y se sienten incapaces de obrar en su contra.

Se sienten atraídos por individuos que consumen cocaína, opio y hongos alucinógenos, así mismo ordeñan endorfinas de los seres humanos.

Buscan divulgar desinformación, hacer parecer a los que los conocen y tratan de difundir su aspecto y verdaderas intenciones como unos verdaderos idiotas, buscan esparcir virus sobre la gente, tal como el sida o el ébola y la proliferación de enfermedades cuya incidencia antes era baja, como la tuberculosis, el sarampión, el alzheimer, esclerosis y cáncer. No dudemos que el origen del COVID tiene que ver con ellos.

3. Anunnaki (Nibiru)

Se dice que son una mezcla de reptilianos con pleyadianos, otros señalan que su origen es de Lyra. Su planeta Nibiru se acerca a nuestro sistema cada 3,600 años. Originalmente vinieron a explotar nuestro oro. El dios Enki es considerado de su raza y es el responsable de nuestra creación, lo relacionan con Jehová de Antiguo testamento o Ptah de la mitología egipcia. Se dice que en realidad Adán y Eva, al tomar del fruto del conocimiento, vieron en realidad cómo eran sus verdaderos creadores: "reptiles".

Muchas veces se adhieren a las personas y obstruyen, haciéndolas sentir super agotadas, cansadas y muy fastidiadas de todo. Normalmente se pegan en lugres aglomerados o centros comerciales.

Controlan la evolución de los humanos a largo plazo a través de los grupos de elite. Se dicen que compiten con los draconianos por él. Responsables del patriarcado cultural global. Se señala que los hay buenos y malos. Llegaron aproximadamente de 445,000 a 270,000 años y se instalaron en Sumeria. Hubo un conflicto bélico entre miembros de su familia real que generó destrucción y bombas masivas en la Tierra.

Hay algunos de ellos que son pacíficos y nos ayudan en nuestro proceso de evolución, sin embargo, hay bastantes otros que obstruyen nuestra ascensión a la luz y se alimentan de nosotros. Recomiendo mucho el libro ***El retorno de Innana***, donde viene una historia fascinante sobre este tema.

4. Mantis

Ilustración 15. Mantis.

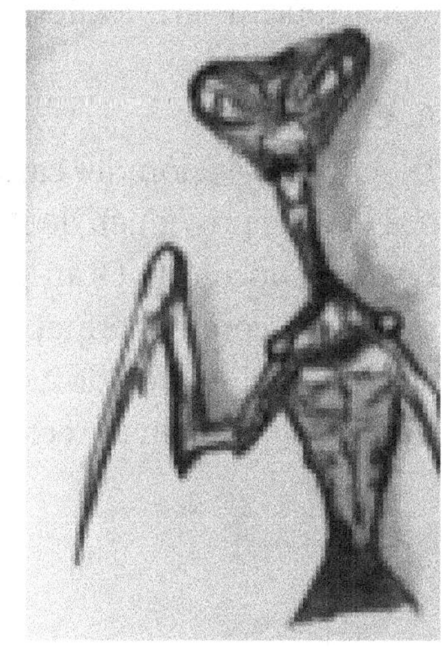

Mantis religiosa es una raza extraterrestre de tipo insectoide. Aparentemente son los que hipnotizan a las víctimas de abducción una vez que comienzan los experimentos. El nombre sumerio de estos entes es "insecto", "príncipe" o "ser elevado". Están subdivididos en tres grupos: Matis blancas–se encuentran en el poder, son muy grandes. Mantis marrones– hermafroditas de entre 4 y 6 metros (se parecen un poco a los grises). Mantis verdes – los más comunes que miden cerca de 2 m. Se dice que el Dios de la Biblia en realidad era una Mantis.

5. Polilla

El hombre polilla. En ***The Mothman Prophecies***, traducido como *El mensajero de la oscuridad* (aunque sería más adecuado *Las profecías del Hombre Polila*), John Keel narra los avistamientos del hombre polilla, un monstruo alado con ojos rojos que fue visto en las áreas de Charleston y Point Pleasant, en West Virginia, Estados Unidos, entre 1966 y 1967 (existen reportes de que ha seguido apareciendo en fechas recientes). Su aparición se asocia con avistamientos de OVNIs.

Ilustración 16.

Hombre polilla. Mothman.

Son muy parecidos a la figura de "el diablo" o Pazuzu. Soy muy inteligentes y malignos, también se les ha llamado Clakars, Pteorides, hombre–pájaro y dracos alados. Se les ha visto en cavernas cerca de Montaux Point, Long Island, Point Pleasant, West Virginia y Dulce, Nuevo México. Algunos dicen que sus alas en realidad son artefactos artificiales.

6. Orión

De la constelación del cazador, son belicosos por naturaleza, en especial los que provienen de Rigel. Su apariencia es reptiliana. El gran conflicto cósmico o la Gran guerra estalló en esta zona. Hay un ente que se conoce como Sataniel originario de Rigel, se presenta con apariencias diferentes. Debido a que tienen relación genética con los humanos sienten que tienen derechos sobre ellos.

7. Otros

Algunos obstructores más son: anfibios (abgal, grandes sabios, nommo-nombre dogón), Anakim, bernarianos, booteanos, camaleones, griales, ikels o satyros, leviathans, ringhios, seidita (provocan tentaciones) y los hannuae kondras que son vampíricos, entre muchos otros.

4.8. Cómo reconocer los buenos de los malos

Los espíritus benevolentes:

- No ofrecen recompensas.
- No te dicen que te irá mal si no les obedeces.
- No piden ser venerados.
- No te van a alabar o decir que eres lo máximo o el salvador del mundo.
- Aparecen rodeados de una hermosa luminosidad que emana amor, jamás terror.
- Se comunican con la voz interna.
- No viajan en naves extraterrestres físicas o mecánicas. Los seres de luz y de bien no se transportan con aparatos o máquinas, no necesitan utilizar la tecnología, esto es de baja densidad, lo hacen de espíritu a espíritu, utilizan los canales de luz o la Gran Mente para transportarse.
- A veces se materializan para dar mensajes. Nosotros nos podemos contactar con ellos de forma "aparentemente sencilla".
- Aunque pueden pasar por muros y ventanas como algunos malévolos, no es un método que comúnmente practiquen, ellos simplemente aparecen.
- Jamás se sentirá una sensación de terror o paralización.
- Nunca harán experimentos con usted o le pondrán implantes.
- Nunca querrán ser el centro de atención, siempre hablarán de devoción a los principios superiores o la divinidad en todo, no tratarán de ser el centro de atención o que usted lo sea.
- Algunos de sus símbolos son flores, espigas, aves, algunos animales, coronas.
- Siempre dan mensajes que nos conducirán al mundo espiritual y a nuestro crecimiento espiritual y personal.

4.9. Implantes extraterrestres y activación del ADN

Los implantes y los dispositivos de limitación espiritual son **barreras vibratorias** en el camino de ascensión que bloquean el progreso hacia la plena autofacultación. Estos dispositivos etéricos bloquean el camino a la evolución humana poniendo antifaces y creando falsas realidades en la conciencia, por lo tanto, limitan el acceso hacia el Ser Superior. Los implantes **son mecanismos de control externo** creados por las fuerzas oscuras que mantienen en una realidad dual. Aunque hay muchos tipos, propósitos y causas, todos actúan como canales inconscientes de energía negativa en la vida de la persona y representan **ataduras kármicas** y asociaciones que afectan en forma negativa y necesitan ser sanadas y rectificadas.

Estos implantes son instalados por entidades extraterrestres malignas con el fin de drenarnos y perjudicarnos.

Algunos implantes son identificados como **karmas** que se acarrean de una encarnación a otra, sin embargo, estos son más bien improntas de nacimiento. Algunas veces ya se ha saldado el karma y se siguen manifestando sus consecuencias debido a su activación; por ende, se les considera, en algunas ocasiones, como implantes.

Los implantes son también **patrones kármicos colectivos**, en un esfuerzo por **controlar el pensamiento y las respuestas emocionales de la humanidad**.

La última forma en que se han recibido los implantes es a través de **asociaciones** con diferentes **organizaciones espirituales** de naturaleza negativa. Esto incluye cualquier religión o secta que utilice el control mental y el miedo para reforzar la manipulación de sus miembros. Esto son todas las instituciones religiosas principales, así como las más obvias sociedades de magia negra, que han usado **votos, acuerdos, contratos y mecanismos de control** para someter a sus miembros, asociaciones u organizaciones. Tal es el caso de las religiones o sectas extremistas del cristianismo y el islamismo, incluso, algunas fraternidades ocultistas y espirituales negativas. Ellos tienen acceso a la persona en el estado de sueño o en los planos internos, y son la causa principal de interferencia espiritual en la vida en los niveles físico y psíquico. Esos votos **pueden** también incluir **votos de pobre-**

za, castidad, obediencia, etc. Esos votos de fidelidad permanecen hasta **ser revocados**.

Los implantes se **reciben a través de los cuerpos sutiles** y controlan el acceso a las frecuencias superiores.

Cuando nuestras vibraciones caen al **nivel de dualidad** y se cree en la ilusión de separación de la divinidad, entonces **somos susceptibles** y estamos viviendo bajo la influencia de algún tipo de implante o dispositivo de limitación espiritual. Todos los tenemos hasta que sean limpiados.

Los implantes de la historia de la Tierra fueron nombrados en base en periodos de tiempo o sociedades, como los **lemurianos y los atlantes.** Estos también incluyen todas las formas de **limitaciones autoimpuestas, impedimentos mágicos, implantes de cristales tridimensionales y los códigos 666 de limitación.**

Hay algunos **implantes vivos** que existen en los cuerpos mentales y emocionales de sus víctimas y son llamados **parásitos del cuerpo mental y emocional.** Ellos pueden ser la causa espiritual de **dolor crónico** en el cuerpo y de muchas **enfermedades físicas.**

Estos implantes son **armas espirituales**, es decir, un tipo de armamento psíquico, a veces muy exótico que se manifiesta en el campo energético. A veces se miran como pedazos de cosas u objetos extraños en el aura. Estos dispositivos pueden representar **traumas de vidas pasadas** y **memorias corporales** de haber sido asesinado con el arma o dispositivo que le es implantado. Pueden representar **vibraciones negativas** actuales enviadas por otra persona.

¿Cómo sé si tengo implantes?

La pregunta no es "¿Yo tengo implantes?", sino "¿Cuáles implantes tengo y cómo me deshago de ellos?"

Si usted está en el planeta y no ha sido limpiado, seguramente lo tiene. Y aún si ha sido limpiado por otros métodos de uno o dos dispositivos, hay posibilidades de que no le hayan removido todos. Hay **millones de ellos**. El proceso que vamos a presentar a continuación, limpiará todas las variedades conocidas y desconocidas, para todos los marcos de tiempo, dimensiones y ubicaciones simultáneamente.

Al ascender un alma de regreso a su presencia **YO SOY, todo el karma debe ser balanceado**, todos los **implantes removidos**. El planeta mismo tomó la decisión de ascender hacia una realidad de quinta dimensión. La "Gracia" se ha extendido para absolver todo el karma para aquellos que elijan la ascensión con él. Parte de la "Gracia" es esta liberación de implantes.

Activación del ADN

Como ya hemos señalado, en nuestra creación como homo sapiens, nos apagaron fibras del ADN que necesitan ser reconectadas. En este proceso de liberación de implantes también reactivaremos esas conexiones.

Liberación de implantes

A través de la historia de este sector del Universo, las realidades duales (bien y mal) han sido muchas. Los **trabajadores de la luz** han estado en muchas de estas diferentes realidades ayudando. Algunos de ellos obligados por su mal comportamiento (anunaki). En la actualidad, el planeta Tierra está pasando por un proceso de ascensión, por tal motivo algunos seres se podrán liberar junto con nosotros ayudando. De tal forma podrán regresar a su estado plenamente facultado, elevando a nuestro planeta y a sus habitantes. Cada vez que los seres benevolentes entran en un nuevo sistema planetario, para salvarlo de las fuerzas oscuras, es necesario que ellos se asocien con la experiencia de vida de ese planeta para que puedan cambiarlo desde adentro. Es un acto sagrado el encarnar una realidad dual, apropiarse de sus disfunciones, elevarse sobre ellas y ayudar a la ascensión. De aquí que tengamos a algunos seres encargados que fungen como maestros o hermanos mayores que guían a las personas en este proceso.

Este proceso **limpia todos los implantes** y dispositivos de limitación espiritual, conocidos y desconocidos, armas espirituales, parásitos mentales y del cuerpo emocional, entidades pegadas, formas-pensamiento de todos tipos, y los votos y acuerdos que mantienen los dispositivos dentro de la persona.

Patrocinando a otro

Usted puede patrocinar a una persona como a un niño, esposo o adulto incapacitado o enfermo. Puede decir la revocación de votos por ellos, ya que tiene autoridad espiritual para actuar en su nombre (porque ellos están en su vida y ustedes están juntos por alguna razón, tal vez sólo por esta razón curativa). Es preferible obtener el consentimiento en el nivel físico de cualquiera por quien se haga la revocación de votos y la liberación de implantes, pero algunas veces el consentimiento no es siempre posible. Tenga en mente la ley Universal del "libre albedrío" que declara que usted no puede interferir con el crecimiento de otro a menos que ellos se lo permitan. El permiso está implícito de aquellos que no son capaces de recibirlo debido a una incapacidad física o por otras razones.

De preferencia, es necesario tener participación consciente en el proceso de liberación.

Antes del proceso

- Disponer de media hora.
- Tocar música tranquilizante ayuda generalmente a calmar la psique en este proceso.
- Estar recostado de preferencia o hacerlo antes de dormir.
- Estar en un lugar donde nadie moleste ni interrumpa, apagar celulares.
- Poner algún incienso o aroma.
- Encender una vela.
- Permitirse estar en un estado de concesión y rendición.
- Colocarse en una posición cómoda, inhalar y exhalar profundamente durante al menos 5 minutos, entrar en estado de tranquilidad.

Métodos

Existen varios métodos de liberación de implantes y para detener el mecanismo de drenaje.

1. **Recordar imágenes** y liberarlas **sustituyéndolas** por imágenes de nuevas posibilidades, combinadas con olores.

2. Visualizar situaciones en **reversa**, verlas en **cámara lenta** e instalar nuevas imágenes.

3. Cuando se presenten sueños, es muy bueno **apuntar todo lo que soñamos**, para después **recapitular** o sustituir las imágenes. Debemos tomar en cuenta que tenemos un dispositivo instalado para **olvidar nuestros sueños** y que en la noche nos roben las imágenes de nuestra memoria, no podemos hacer mucho al respecto, sólo escribir en cuanto despertemos y escribir lo poco de lo que nos acordemos.

4. Repetición de **oración para liberar los implantes**.

5. Algunos implantes se quitan con la limpieza con **athame**. Algunos que se pegan al aura se quitan con la **limpieza completa**.

6. En el caso de **posesión**, la **terapia de desposesión espiritual** es muy efectiva, y en el caso de extraterrestres de una mayor fuerza, el exorcismo es el indicado.

Recordemos que tener la voluntad y fuerza espiritual para liberarlos es de gran ayuda para lograr eliminarlos.

Qué esperar durante el proceso y después de liberación e implantes
Después de revocar los votos es posible:

- Entrar en un **estado somnoliento** o de **conciencia alterada**. Solo relájese y disfrute. Los Maestros y cirujanos etéreos están trabajando con usted "fuera del cuerpo".

- Sensaciones y **movimiento de energía** dentro y alrededor de su cuerpo son normales. Si en algún momento durante el proceso experimenta tensión en cualquier parte de su cuerpo, relájese, respire y piense: "libero".

- Pueden surgir charla mental, inquietud, emociones fuertes y aún náusea o calambres estomacales. Son normales. Relájese, respire y piense: "libero"...

- Puede tener visiones de diversos **colores** girando, particularmente violeta y azul.

- No espere nada. Lo que sea que experimente es apropiado; ya que este proceso es profundamente personal y diferente para todos, cada uno tiene **diferentes experiencias**. Esto está bien y no significa que esté haciendo nada "mal".

- Después de la libración de implantes o la instalación del implante neutral: son sueños vívidos, períodos de tristeza o depresión, se vacía la vibración del karma.

Recomendaciones al terminar

- Se recomienda que se **repose** un tiempo al terminar.
- **No** se deben consumir alcohol, drogas o fumar durante ese día.
- Esta curación dispara un ciclo de limpieza de 21 días que continuará abriendo experiencias de la vida en muchas formas.

Beneficios

- No sorprenderse si el mundo se ve mucho más brillante y uno se siente seguro en él. La gente puede parecer más amigable y al caminar por la vida, áreas que han estado cerradas previamente, estarán ahora abiertas.
- Logro de una claridad mental, emocional y espiritual. Curación del cuerpo, una mayor inteligencia, paz o sabiduría.
- Elimina las lecciones kármicas ya hechas (votos anteriores, de vidas pasadas o de ésta) y, lo más importante, recuperar nuestra Soberanía Personal en el orden divino.
- Mayores sentimientos de calma interna y claridad.
- La charla mental interna está más tranquila.
- Disminución de la tensión interna se ha ido.
- Se gana o se mejora la habilidad de canalizar.
- Un sentimiento de un nuevo sentido de propósito y significado en la vida.
- Sentimientos de amor, paz y júbilo.
- La vida mejora en todas las áreas.
- Mayor sentido de Unidad; conciencia espiritual elevada.
- Disolución de relaciones no productivas.
- Protección contra una nueva implantación.

Esto último sucede en parte porque una vez que se hace la revocación de votos completamente, su libre albedrío y deseo de permanecer libre de implantes y dispositivos de limitación espiritual le impedirá ser implantado nuevamente. Sin embargo, el libre albedrío consciente y la resistencia subconsciente pueden anular la liberación de todos los votos. *Asegúrese que su intención sea liberar TODOS los votos y acuerdos. Si no está seguro, repita la revocación de votos. Si no se siente absolutamente limpio y con todo terminado después, repita la sesión entera.

Si usted es sanador

Si usted es **sanador**, debe saber que es posible transmitir implantes, sin saberlo, de una persona a otra y muy probablemente ha sido **"golpeado"** por la negatividad de sus pacientes de vez en cuando. Puede sentirse como un golpe negativo, dolor de cabeza o emociones de baja vibración moviéndose a través de usted. Mientras tenga implantes será sujeto a recibirlos o transmitirlos.

Para protegerte a sí mismo y a sus clientes, haga este procedimiento de revocación de implantes en usted mismo, y entonces, cuando esté listo, ayude a sus pacientes o enséñeles cómo remover ellos mismos sus implantes. La liberación de implantes debe ser parte de cualquier práctica de curación.

4.10 Instalación del implante neutral

Uno de los más grandes regalos de nuestra época es la **instalación del implante neutral**, tema revelado a Lee Carroll por ***Kryon.*** Según él, solicitar el implante neutral es la experiencia más importante en estos tiempos y un privilegio para acceder a la nueva energía (rejilla) ya disponible en la Tierra, puesta por un sinnúmero de seres de luz de todo el Universo para nuestro beneficio e iluminación.

Diferencia entre implante neutral e impronta de nacimiento

Primero haremos la diferencia entre la **Impronta de Nacimiento** y el **Implante Neutral**.

La **Impronta de Nacimiento** es la huella dactilar, espiritual con la que se nace. Está representada a nivel celular e interactúa con el ADN junto con su biología. Los ejemplos de impronta son las **lecciones kármicas** que se deben aprender y que uno mismo, junto con los guías programa. Está relacionada con la carta natal, equilibrio magnético, el karma estelar, las lecciones de vida y el color áurico. Refleja los rasgos de personalidad, el ego, tipo de cuerpo, estatus emocional y tu tiempo de vida en el planeta. Todas las enfermedades y la vejez se relacionan con la Impronta. La impronta se fija en el momento de nacer y nunca cambia a menos que intercedan para ello los Maestros, incluido nuestro propio Ser Superior o por nuestra propia intención y libre albedrío.

Los **Implantes** son amortiguadores variables, positivos o negativos, para eliminar o modificar la impronta de nacimiento. El **Implante Neutral** consiste en neutralizar, también, todas aquellas tendencias determinantes de la impronta natal.

El implante neutral puede **sustituir** por completo a la **impronta,** dando un salto cuántico sobre el karma y llegar a la neutralidad que evita el proceso de dualidad y borra la necesidad de aprender lecciones. Se puede seguir con la personalidad y cambiar aquello que se desea, pero lo mejor de la vida permanece.

Incluso tendrá una vida más prolongada, disminuyendo el envejecimiento y las enfermedades.

Pedir el Implante Neutral **consiste** en verbalizar o decretar la intención de asumir, vivir y enfrentar de una sola vez, a conciencia, los efectos de todas estas memorias celulares, para decodificarlas, sentirnos libres de esas restricciones y recuperar nuestra esencia espiritual. Con ello lograremos una agenda emocional vacía para empezar a co-crear, es decir manifestar con nuestro propio Espíritu o Ser Superior todo aquello que deseemos para bien nuestro y de la humanidad.

Guías y relaciones

Durante cierto tiempo después de que se instaló el implante neutral, si el implante se logró con éxito, se sentirá la **ausencia de los guías** de nacimiento, esto puede causar sensación de soledad y dolor; es un dolor a nivel del alma y resulta difícil describirlo. Esto, mientras llegan a nuestra vida otros dos o tres guías, como parte del Comité de nuestro Ser Superior. Después se siente un gran júbilo, es como volver a nacer y uno se llena de ideas totalmente renovadoras y entusiastas. Estos guías, dependiendo del nivel evolutivo y de la fuerza creadora, irán cambiando a lo largo de toda la vida.

Respecto de las **relaciones y/o asociaciones**, según Kryon, sólo se **alejarán** aquellos que ya no corresponden con el nuevo nivel vibratorio. Sólo se será abandonado por su compañero, cuando los cónyuges estaban específicamente ahí para elaborar el karma. Quienes se alejen de su vida, será apropiado que así sea puesto que el karma también habrá terminado. Pero también llegarán otros que estén directamente sincronizados con usted.

Cumplimiento del contrato

Cuando solicita el Implante Neutral, en realidad está pidiendo cumplir con el **propio Contrato**. Es una oportunidad única para acceder al verdadero Yo, para rescatarse de uno mismo. Es sentir el gozo y la inmensa alegría de saberse sintonizado con la divinidad.

Oración de liberación de implantes 1

Le recomiendo decir la oración del implante neutral después de la oración de liberación de implantes y dispositivos, lo cual conducirá su vida hacia un nuevo nivel de claridad.

Colóquese tranquilo y repita:

> *En el nombre de las fuerzas de la luz y la Gran Fuerza Divina, yo apelo a la luz y al amor para calmar mis miedos y para apagar todo mecanismo de control externo que pueda interferir con esta curación.*
>
> *Pido la protección y ayuda de la Gran Fuerza creadora, del Arcángel Miguel, los Maestros de luz y bien y de mis guías y guardianes, en perfecto amor y armonía.*
>
> *Yo pido a mi Ser Superior que cierre mi aura y establezca un canal luz para los propósitos de mi curación, para que sólo las energías de luz y amor puedan fluir hacia mí.*
>
> *¡YO SOY Libre! ¡YO SOY Libre! ¡YO SOY Libre! ¡YO SOY Libre! ¡YO SOY Libre! ¡YO SOY Libre! ¡YO SOY Libre!*
>
> *Yo, el ser conocido como (declare su nombre) en esta encarnación particular, y en el nombre de la Fuerza Creadora por este medio revoco, renuncio y disuelvo a todos y cada uno de los compromisos de fidelidad, votos, acuerdos y/o contratos de asociación, atadura, vínculo, punto de inserción, energía*

sembrada, línea de comunicación, línea de vigilancia, gancho, ataque, implante, señal de muerte, parásitos y señales de enfermedad (señale si tiene alguna en específico), maldición, embrujo, oración psíquica enviada a través de cualquier grupo de hombres, brujos, satanistas, extraterrestres, entidades, grises u otros, armas espirituales y dispositivos de limitación auto impuestos, tanto conocidos como desconocidos que obstruyan mi crecimiento hacia el bien y el amor que ya no sirven a mi bien más elevado, en esta vida, vidas pasadas, vidas simultáneas, en todas las dimensiones, periodos de tiempo y localizaciones o dondequiera más en la Mente Creadora.

Yo ahora ordeno a todas las entidades y energías obstructoras que cesen y desistan, y que abandonen mi campo de energía ahora y para siempre y en forma retroactiva, tomando sus artilugios, dispositivos y energías sembradas.

Yo ahora apelo a los maestros internos, maestros sanadores y seres de luz, guías y maestros para que ayuden y atestigüen esta curación.

Una vez completado esto, apelo por la completa restauración y reparación de mi campo de energía original, infundido con la energía dorada y restaurando mi alianza con Madre/Padre Divinidad, a través del dominio de la luz y el amor, y a volver a dedicar mi ser entero, mi ser físico, mental, emocional y espiritual a servir a la luz, desde este momento en adelante y en retroactivo.

Además, declaro que dedico mi ser a mi propia auto maestría y al camino de ascensión, tanto del planeta como el mío.

Yo ahora sano y perdono. Yo me perdono a mí mismo, por todo lo que necesite ser perdonado entre mis encarnaciones pasadas y mi ser superior.

Yo pido al Señor Metatrón que me libere de las cadenas de dualidad.

Gracias, así sea.

Pedir el implante neutral y activación del ADN

Si no hace esta meditación haciendo círculo mágico, es necesario hacer el proceso 12 veces, visualizando un cono de luz que le rodea y protege. Si realiza círculo mágico con una sola vez es más que suficiente.

En el espacio donde está la línea hay que enunciar su nombre completo. En voz alta decir:

> **Yo (declare su nombre) solicito la ayuda a mis guías y guardianes para instalar el implante neutral en mí, en el nombre de la Altísima Fuerza Creadora Madre-Padre. Así mismo solicito la conexión y activación de las 12 hélices de mi ADN, la comunicación con mis guías y estar en el lugar preciso en el momento oportuno.**

Esperar por lo menos 15 minutos a que se efectúe.
Dar las gracias.

Oración de liberación de implantes 2 y co-creación

Recomiendo grabar esta oración con su voz para que así se pueda concentrar mejor al reproducirla si la va a hacer sol@. Es una modificación de una oración de Kryon **más profunda y detallada.**

Una vez dichas las oraciones anteriores proceder con:

> **Yo...** *(nombres) tengo fe en que mi Yo Superior es siempre mi instantáneo, constante y generoso suplidor y abre mis caminos aun cuando humanamente pareciera que no existieran vías.*

> **Yo...** *tengo fe en que mi Yo Superior guía siempre*
>   *todos mis proyectos,*
> *manteniendo mi salud, felicidad y prosperidad.*
> *Y me da paz interior.*

> **Yo...** *como el ser multidimensional que soy,*
> *decreto ahora mi evolución personal y, por tanto,*
> *yo co-creo mi futuro y co-creo mi propia realidad,*
> *pues siempre estoy en el sitio correcto en el momento apropiado.*

*En virtud de ello, **Yo...** expreso ahora mi intención*
de ir donde tenga que ser llevado de acuerdo al Plan Divino,
y pido que lleguen hasta mí, juntos y sin esfuerzo,
solamente los conocimientos, las personas, las oportunidades
y los recursos materiales necesarios
que me permitan manifestar la Voluntad Divina en esta realidad
física.
Y para obtener sin esfuerzo
todos los recursos financieros que sean necesarios para realizar
correcta y apropiadamente mi misión, para vivir holgadamente,
con calidad de vida y para compartir con otros mi prosperidad
*   material.*

***Yo...** como el ser multidimensional que soy,*
elijo usar los nuevos dones del Espíritu para mantenerme
*   equilibrado*
y para tener el poder de eliminar cualquier cosa negativa

***Yo...** co-creo mi sanación física y decreto el despertar de*
*   mi memoria celular.*
En virtud de ello, de manera adecuada y sagrada me dirijo ahora
*   a ti, querido cuerpo:*
Estamos juntos en esta vida y juntos nos sanamos a nosotros
*   mismos,*
juntos tenemos el poder de inmunizarnos de cualquier proceso
que pueda deteriorar la salud de nuestro sistema físico.
Juntos nos regeneramos, juntos nos rejuvenecemos
y juntos tenemos el poder de retardar la liberación
*   de la química hormonal*
que envejece, pues juntos desactivamos por tiempo indeterminado
el envejecimiento de nuestras células, tejidos, órganos y funciones,
y reconectamos en nuestro Ser, en forma armónica y equilibrada,
los 12 códigos del ADN, para alcanzar los 12 niveles superiores
de conocimiento espiritual, emocional, físico y mental.

Así mismo, juntos ahora activamos el crecimiento

*y funcionamiento
de nuestra glándula pineal, para sentir las frecuencias
     más altas de pensamiento
que proporciona el conocimiento
y para poner en marcha el proceso de ascensión
que está grabado en nuestro ADN.
Ahora, cada célula de nosotros lo sabe,
proclama su intención y actúa en consecuencia,
manteniendo niveles óptimos de constante buena salud
y rejuvenecimiento físico, mental, emocional y espiritual
     de nuestros sistemas.*

***Yo...** acepto lo que tengo, acepto lo que soy y acepto Ser,
pues yo sé que la gratitud por el momento presente
y por la plenitud de la vida ahora,
es la verdadera prosperidad que continuamente se me manifiesta
de muchas formas. Así mismo, Yo estoy en contacto permanente
con todos los niveles
de mi Yo multidimensional que disfrutan de total prosperidad
     material,
la cual se manifiesta totalmente en el nivel multidimensional
donde se encuentra esta parte expandida de mí, aquí, ahora,
     en el plano Tierra.*

***Yo...** merezco estar aquí ahora y soy merecedor de muchas
     cosas buenas.
Por tanto, me abro y comprendo que merezco disponer
     de plena abundancia
para suplir todos mis deseos y necesidades.*

*Yo Soy el Que Soy.
Yo Soy Todo lo Que Soy.
Yo Soy Todo lo Que Soy y Todo lo Que Es.
Yo Soy Uno con el Todo*

*De acuerdo al plan y a la voluntad divina, **Yo...**
como el ser multidimensional que soy, convoco a todos*

los Maestros Ascendidos
y a todos los seres de luz que estén involucrados
con los conocimientos que deba recibir,
a que me transmitan la totalidad de dichos conocimientos
   en los niveles adecuados
y me indiquen cómo proceder para su interpretación, aplicación
   y divulgación,
para así honrar y co-crear armoniosamente
el matrimonio total con el contrato de aprendizaje
que yo mismo he suscrito con el Espíritu.

En nombre del Espíritu, **Yo...** co-creo que enfrento el cambio
   sin temor
y sin participar en ninguna situación apocalíptica colectiva.

En nombre del Espíritu, **Yo...** co-creo las cualidades del perdón
y la compasión incondicional, el amor ínter e intrapersonal
y la perfecta salud física, mental y espiritual.

En nombre del Espíritu, **Yo...** co-creo la más alta energía
   espiritual creadora
de todo tipo de recursos intelectuales, espirituales y materiales,
para divulgar correctamente, apropiadamente y con desapego
todos los conocimientos que se me indiquen y para obtener
   sin esfuerzo
todos los recursos financieros que sean necesarios para realizar
correcta y apropiadamente mi misión, para vivir holgadamente,
con calidad de vida, y para compartir con otros mi prosperidad
material.

Yo... libero completamente y con total confianza
el resultado de esta afirmación,
lo coloco en las manos del Espíritu, de mi Yo multidimensional
y me desapego del proceso.

Así es.

Activación del ADN

Otra forma para activar el ADN es la siguiente: colóquese recostado y en su frente coloque una figura de la flor de la vida.

Ilustración 17. Flor de la vida.

Relájese llenándose de luz y concentrándola en la frente, en el tercer ojo, visualice cómo un rayo de luz que viene del centro del universo pasa por esa flor de la vida y repita:

Pido la activación de los 12 codones de mi ADN,
estar en el momento justo y en el lugar preciso,
efectuando mi misión de vida.
Que así sea

4.11. Posesión de extraterrestres

Hemos visto ya las diferentes entidades que nos consumen y algunos mecanismos que utilizan para manipular, alimentarse y drenar energías de los humanos.

Hay diferentes grados de influencia de las fuerzas extraterrestres, al igual que de los espíritus. Algunos llevan a cabo la posesión y pueden ser descubiertos; cuando lo anterior acontece, se molestan mucho, algunos mienten y dicen que están en "misión científica". Debemos estar seguros de casos en los que no vienen a hacer daño ni a usar nuestra energía. Mucho cuidado con los canalizadores y los falsos seres de luz.

Debemos tener cuidado cuando invocamos a los "hermanos espaciales", porque algunas veces se abren portales y es posible que entren entidades de oscuridad por ahí.

Algunos seres humanos son utilizados con el fin de transportar pipas astrales utilizadas para contener energía indispensable para la supervivencia de las fuerzas oscuras. Algunos son utilizados para succionar y trasladar energía succionada de los seres humanos hacia otros espacios dimensionales.

Algunas personas que sufren de personalidades múltiples en realidad están posesas por seres extraterrestres o muertos, son seres que tienen actitudes y propósitos diferentes a los de la persona dueña del cuerpo en el que entran, los hay amigables, oportunos, neutrales, pero en todos los casos estos parásitos se aprovechan de la víctima. Algunos no tienen escrúpulos y son realmente groseros y malos. Algunos de ellos están incapacitados para percibir por sí mismos ondas de color, y no tienen ojos y oídos como los humanos y se aprovechan de los cuerpos para tener estas sensaciones. Se dice que algunos extraterrestres que hacen esto, tienen en su agenda conquistar el planeta usando cuerpos físicos usurpados.

La mejor manera para retirar estas entidades es mediante la terapia de "desposesión de Isis" que veremos posteriormente en este tratado.

Evitar ataques o presencias de ET

Dicen que la reencarnación es obra de los extraterrestres y entes malignos que necesitan esa energía para seguir subsistiendo, los atrapan y los hacen regresar para seguirse alimentando. Aunque la evolución es necesaria, el corto periodo de existencia humana en este plano, así como el olvido es efecto de sus manipulaciones. Muchas veces las almas de los fallecidos se quedan atrapadas en este plano también y ellos se alimentan de la energía de los vivos, pero al mismo tiempo, sin saberlo son vehículos para a su vez alimentar a tales entidades; por ello es importante ayudar a otros a bien morir, realizar la terapia de separación del cuerpo (que veremos más adelante) para que los cuerpos etérico, astral y mental, realmente se separen del cuerpo.

Todos estos seres no materiales deben respetar nuestras decisiones y libre albedrío. Si, con voluntad, les pedimos que se retiren, están obligados a hacerlo y, más aún, si utilizamos herramientas mágicas.

Una de las soluciones para evitar las posesiones es **vibrar muy alto**; así, al estar en otra frecuencia, ya no nos pueden detectar ni hacer daño. Ya hemos señalado repetidamente cómo logramos estos, evitando pensamientos y emociones desenergizantes. Los amuletos, las plantas y todo lo que hemos visto en el Tomo II también ayuda bastante.

Lo mejor que podemos hacer es no dejarnos llevar por el fanatismo, el morbo o el consumismo, liberarnos del miedo y dejar de ser borregos sin pensamiento propio; no hay que dejarnos manipular. Trabajar profundamente en el dominio de nosotros mismos, así como conocernos a nosotros mismos para identificar cuándo hay un cambio en nuestra energía en la forma en la que nos sentimos, es una excelente vía para detectar alertas; si hay emociones exacerbadas, si sentimos extrema pesadez y fastidio o si los pensamientos, emociones o enfermedades en realidad no son nuestros.

La mejor forma de liberarnos de ellos es identificándolos e identificando sus mecanismos y ponerles barreras, principalmente a través de la luz, amor, vibraciones altas y magia.

Si creemos que somos parte de una Gran Fuerza, y nos separamos de la ilusión de la dualidad, entonces nos convertimos en una amenaza para ellos y es difícil que ataquen o instalen sus mecanismos de control como los implantes.

Hay algunos extraterrestres que dicen ser ángeles o ser buenos, algunos con apariencia de nórdicos; pero si lo fueran deberían revelarnos cómo liberarnos de los ataques, cómo salir del estado catatónico, cómo protegernos cada noche para que no nos roben nuestra energía o nos lleven a un lugar incómodo, cómo evitar que se impongan en contra de nuestra voluntad, que se apoderen de nuestro cuerpo o introduzcan implantes de monitoreo, cómo evitar ser abducidos y sometidos a experimentos para "mejorar la raza" o para cualquier otro fin; todos estos son algunos de los síntomas que reportan los abducidos tanto por extraterrestres malos como por benevolentes. Debemos estar muy claros de cuáles son sus intenciones y leer entre líneas sus mensajes.

Recordemos que las drogas abren portales. Aunque se puede tener contacto con seres maravillosos y tener grandes visiones a través de su ingestión, como las que provocan cierto tipo de drogas (ayahuasca o peyote, entre muchas otras), los portales que se abren pueden ser aprovechados por los extraterrestres malignos. Por eso lo mejor es evitar las drogas o si se hace, llevarlo a cabo en un espacio seguro y súper protegido.

Para liberarnos de una posesión por extraterrestres, es necesario llevar a cabo un procedimiento específico de desposesión, el cual veremos más adelante.

CAPÍTULO 5.
DESENCARNADOS O MUERTOS

5.1. Acerca de los muertos

Partimos de la teoría de que el alma trasciende al cuerpo. El alma o espíritu, que es como le llamaremos aquí, es eterna y va transmigrando para lograr su evolución. Damos por hecho, de acuerdo con nuestro sistema de creencias, que hay un mundo espiritual más allá del corporal o material que es el que nosotros vemos todos los días y del que estamos más consientes. Estos espíritus que son eternos y se encuentran en el mundo espiritual, pueden encarnar. El cuerpo se convierte en una envoltura material perecedera, cuya destrucción por la muerte devuelve al espíritu la libertad, al ya no estar "encarcelado", de cierta forma, a él. Parte del contenido del presente capítulo está basado en la doctrina espírita de Kardec y fue tomada de sus escritos.

El alma, una vez en el mundo de los Espíritus, conserva las percepciones que tenía cuando estaba encarnada y otras que no poseía, porque su cuerpo era como un velo que la oscurecía. La inteligencia es un atributo del Espíritu, pero se manifiesta más libremente cuando éste no tiene trabas. Dado lo anterior, nos encontramos limitados por el cuerpo y su incapacidad cuando estamos encarnados. Por tal motivo, cuando se canaliza a los espíritus, estos son más sabios y tienen un conocimiento más amplio, aunque en vida no mostraran una admirable inteligencia.

También se les llama entidades a cualquier espíritu desencarnado que tiene cualquier lazo o cordón que se conecta con las personas encarnadas. Esas entidades pudieron haber estado encarnadas y haberse pegado a nosotros en la vida actual o desde vidas pasadas.

El momento de la muerte y el más allá

Habíamos comentado que el ser humano se compone del cuerpo, espíritu y periespíritu en el primer tratado, éste último es su unión. También señalamos que el alma es *un ser inmaterial e individual que re-*

side en nosotros y que sobrevive al cuerpo. Al morir, el alma va a otra dimensión; en términos físicos, **el alma es un complejo de campos electromagnéticos y lumínicos que sirven de soporte a la experiencia y a la manifestación de la conciencia, la realidad fundamental de nuestro ser**. Los llamados cuerpos sutiles conocidos como el doble etérico, cuerpo astral o causal, y cuerpo mental son campos de energía que vibran en distintos niveles de frecuencia. Al morir, el etérico, el astral y el mental se separan del físico. Se dice que el alma se separa del cuerpo y realmente se ve una luz a la que el alma debe dirigirse, ya que debe regresar a esa fuente de luz. Lo mismo pasa con el periespíritu, éste se desprende del cuerpo en el momento de la muerte; sin embargo, pasa un tiempo al lado de su cuerpo físico. Poco a poco esta presencia se va desvaneciendo hasta desaparecer, pero puede suceder que, de acuerdo con los teosóficos, es el mana-kama, que es la mente animal del individuo; se ha apegado tanto a la materia que no logra su paso al mana superior o mente superior debido a que llevó una vida más apegada a las pasiones y apegos, no refinó su ser, no cree en el más allá, si ve la luz y no se dirige a ella, encontrándose aturdido y perdiendo poco a poco su conexión con la Unidad. Sucede entonces que se queda como un fantasma atrapado al mundo material.

El periespíritu se desprende del cuerpo con mayor o menor lentitud. Durante los primeros instantes, después de la muerte, el Espíritu no se explica su situación. No cree estar muerto. Se siente vivo, ve su cuerpo a un lado, sabe que es el suyo, pero no comprende por qué se encuentra separado de él. Ese estado continúa mientras existe un lazo entre el cuerpo y, el periespíritu está presente, pero, como señalé, poco a poco se desvanece. Un testimonio de un suicida dice: "no, no estoy muerto". Y añadía: "Sin embargo, siento que los gusanos me devoran". Lo que los gusanos devoraban era el cuerpo físico y no al periespíritu, y menos aún el Espíritu. Pero como la separación del cuerpo y el periespíritu no era completa, de ahí resultaba la sensación de lo que sucedía en el cuerpo. Se dice que el cuerpo etérico que es como un doble del físico siente lo que el cuerpo físico, cuando está muy pegado, lo que **sufre** el cuerpo físico lo sufre el etérico. De aquí se desprende la teoría del dolor causado al cuerpo etérico al llevar a cabo la **mutilación** de alguna parte. Sufre el etérico lo que el cuerpo físico, en lo que termina de desprenderse, y cuando éste, junto con el cuerpo mental inferior no logra fundirse con la luz, se queda sufriendo los estragos del cuerpo físico, por eso suelen verse desencarnados, textual, espíritus carcomidos por los gusanos con la piel desprendiéndose.

Lo anterior es una de las razones de ciertas personas para negarse a ciertos procedimientos médicos como la transfusión de sangre y donación de órganos.

En cuanto a la **transfusión de sangre**, se dice que hay una mezcla de almas. El alma queda confundida y tarda más en llegar a su camino.

Por tal motivo, hay que asegurase de que los cuerpos se desprendan, de lo contrario el espíritu en sufrimiento se queda atrapado. Hay una técnica para lograrlo que mostramos más adelante.

El tiempo de separación varía y muchos se quedan muy unidos al cuerpo, por ello se ven cementerios plagados de estos espíritus, incluso hospitales. Debido a esto, a veces es mucho mejor llevar a cabo la cremación, para deshacer el cuerpo y romper con este vínculo.

Cuando el alma ha abandonado el cuerpo, se va aproximando a la luz, después de, en algunos casos, pasar por las nieblas y por los diferentes niveles en el astral, de los cuales debe tener precaución para no quedarse detenido en alguno. Habiendo pasado por esos niveles, va al mundo de los espíritus donde encontrará a espíritus afines. Así, el alma, al abandonar sus despojos mortales, ve a los parientes y amigos que la precedieron en su retorno al otro mundo. Después del tiempo que le toma para reconocerse y despojarse del velo de la materia, se encontrará con sus semejantes, es decir, con los seres que se encuentren en su mismo grado de evolución. Por lo que una persona mala, verá a seres de la misma vibración en el otro mundo. Así mismo, nuestros parientes y amigos irán muy contentos a nuestro encuentro, nos felicitarán como si regresáramos de un viaje −si nos hemos librado de los peligros del camino− y nos ayudarán a desprendernos de los lazos corporales.

Hay una parábola de Kryon (Libro 4) que explica vivazmente este momento, se llama *"El padre y el hijo"*, donde ambos están en constante conflicto en vida, situaciones que parecerían imperdonables, pero al llegar al plano después de la muerte, son tan afines y amorosos como amigos, que comprenden que todo en la vida son lecciones. En cambio, el mancillado permanece en el aislamiento, o sólo rodeado de espíritus semejantes a él. En ese caso, se trata de un castigo.

Si el individuo avanza en su tránsito por la Tierra, entonces, debido a su progreso, es muy posible que ya no vea al grupo de almas de antes y se encontrará con otras almas que hayan alcanzado su grado de perfección.

5.2. Separación del alma en la muerte

De acuerdo con los esenios la muerte física llega cuando el corazón deja de latir, es un asunto del cuerpo físico. Cuando esto sucede el alma se libera del cuerpo físico, sale y se coloca del lado derecho del cuerpo físico, algunas veces, como he señalado, no sabe que ya murió, pero nosotros podemos ayudarle en su proceso de separación.

Este suceso se puede comprobar físicamente ya que en ese momento la temperatura aumenta 1° ó 2°.

Cabe aclarar algunos conceptos para esta cosmología:

Espíritu – uno con todo
Alma – libre albedrío (cuerpo etérico o vital)
Cuerpo – lo que nos permite manifestarnos

El proceso de desprendimiento consiste en los siguiente:

- El alma hace un recorrido por la columna y **sale** por la coronilla. Sucede entonces que se apagan los sentidos físicos y se activan los **psíquicos**. Estos sentidos permanecerán activados por 30 minutos, donde el individuo aún ve y escucha, este proceso puede extenderse hasta 2 hrs. y 30 minutos, incluso puede ver a través de paredes. Durante esas **2.30 hrs**. debemos tratarlo como si todavía tuviera vida.

- Para lograr el **completo desprendimiento** de los cuerpos y que no se quede atada el alma, se le ayuda dándole un **masaje** físico. Entre el campo etérico y el astral hay algo que los une muy leve. Si algún fluido no se hubiera roto, con el masaje hacemos que se libere.

Los principales lugares a masajear son:

Cerebelo – nuca
Esternón – pecho
Plexo – ombligo
Extremidades – piernas, pies, brazos y manos

Según los esenios, nosotros tenemos un llamado **sentido condicional** que es el que nos permite los viajes astrales, los cuales efectuamos siempre que estamos dormidos Señalan que no dormimos, en realidad estamos llevando a cabo viajes astrales donde está unido siempre el cuerpo mental. Durante ese periodo, este sentido condicional estará muy activado. Cabe señalar que el astral y el mental no necesitan descansar. El etérico y físico sólo se despegan en la muerte. Solo durante el sueño profundo (no 8 hrs. sino 2.30 hrs.) es cuando se separa el astral y soñamos. Cuando se desprenden con conciencia, se harán viajes astrales.

Durante ese tiempo que es aproximadamente de **2.32** minutos, **no hay que tocar la cara**. Observaremos que al terminar se le verá una leve sonrisa cuando se haya despegado por completo.

Al final se concluye con un **golpe seco en la ingle derecha** con tu **canto de la mano derecha** con el fin de ayudar a que el alma no se quede en el cuerpo físico, con este golpe rompemos los fluidos etéricos y damos libertad al alma. Sin embargo, a veces hay tantos fluidos que no se rompen, por lo que hay que persistir.

- Después de **2.32 hrs** el etérico se va al plano etérico y se presenta a donde le corresponde llegar a esa alma, ya que hay siete salas de acuerdo con sus creencias. La sala cuatro es la del Maestro Jesús.

Cuando se va el cuerpo etérico por completo, algo físico ocurre, algo se cae, se apoya una luz, hay un movimiento de energía porque el cuerpo etérico está moviéndose.

Cuando se va el etérico ya no hay contacto con lo físico. Ahora sí se trata el cuerpo muerto.

- Para ayudar a los cuerpos a despegarse es importante poner **cuatro sirios** reales en forma de cruz alrededor del cuerpo. Se le indica al alma que vaya hacia su punto cardinal, al que decida. Las **flores** ahuyentan a las almas oscuras. El **incienso** ámbar o gris ayuda a limpiar y a armonizar los lugares. Poner **música clásica** relajante o **sacra** es una excelente idea, ya que ahora el ser es más sublime de lo que era, le gustará verdaderamente. Usted puede hacer todo mentalmente, si no se tiene la oportunidad de hacerlo al cuerpo del muerto en persona.

- Después de 2.30 hrs. se puede hacer **oración** pidiendo a la divinidad luz para el alma de esa persona, ya que esta es la última oportunidad que se tiene para ayudar al muerto.

- El cuerpo etérico tarda en ir y regresar **4.28 hr**s., para cuando regresa ya pasaron **7 hrs**. Sólo regresa para **llevarse toda el alma** (después de 7 hrs.) y se va al etérico a la **sala** que le corresponde.

Estamos ahí de **28 a 36 hrs**. aproximadamente.

Todavía sabemos quiénes fuimos, de todo nos acordamos. Los parientes y allegados tienen todo ese tiempo para darle luz al alma.

- Para llegar del plano del etérico al plano del astral, se cruza por el **mar del olvido**. En diferentes culturas hay siempre un ser que suele ser un perro que ayuda al alma por el paso al más allá: Anubis en Egipto, Caronte en Grecia, Xoloitzcuintle en México.

El **plano astral** se divide en tres niveles, ganando cada vez más luz, es más justo. Cuando se llega al plano superior del astral es todo oscuro y se bajan unas escaleras, se siente que algo atrapa, se llega a un pasillo, después a una caverna llamada "La caverna de la **noche oscura**" donde todo tiene un efecto color rojo. Esa luz permite ver lo que ocurre; se ve ahí lo más desgarrador, las almas se están depurando, se escuchan quejidos de dolor. Hay que tener mucho cuidado porque, aunque se conozca a algún alma de ahí, uno tendrá que hacer como que no la conoce, de lo contrario, podría quedar atrapado en ese lugar. Siempre hay que pedir luz al pasillo, que es un lugar enorme, majestuoso.

- Hay **cubículos** y al alma le corresponde uno de esos cubículos. Habrá siete sillas y un banquillo, uno se sienta en el banquillo. Se ven aparecer **siete seres** (sala de las autocontemplaciones), mesa, libro y le preguntarán si quiere que le lean ese libro y usted dice que sí, sin saber. Ahí están todas sus vidas. Le van a leer solo esta, vivirá en carne propia todo eso, será muy real. Le va a doler lo que ese personaje hizo mal, le causará placer lo que hizo bien, le dolerá lo que pudo haber hecho y no pudo. Usted no sabrá que se trata de su propia vida y pensará que es la de un extraño.

Después los seres le preguntarán si este individuo debería ir al bajo o al alto astral, a lo cual se contesta de acuerdo con el propio criterio; es decir, uno mismo se juzga.

- **El bajo astral**: cuando uno va ahí, se puede quedar de 2 a 2000 años. Uno se queda con las ansias de lo que le gustaba, pero ya no puede hacerlo, lo sigue haciendo, lo repite una y otra vez hasta que lo entiende.

```
---
---        Planos de luz de 4º al 7º
---
---


---  ⌉              3º astral
---  ⎬  Bajo astral  2º astral
---  ⌋              1º astral
```

Uno debe ir recorriendo del 1º astral hasta el 4º que es el más elevado. Recorrer los planos siguientes para llegar al tercero pudiera ser minutos, meses o años.

- Seguimos con los planos de luz: el **4º plano del astral** es un encuentro de luz, uno experimenta la mejor vivencia que haya tenido o lo más maravilloso, puras cosas buenas serían como lo peor de lo que pudiera ocurrir aquí en el 4º plano.

- **Encarnar:** si un alma está en el bajo astral reprobó y tiene que regresar a vivir.

Cuando están en el bajo astral, de cada tres que solicitan venir a la Tierra encarnados, solo a uno se le permite venir, los otros dos tienen que esperar.

Al estar en el alto astral, si uno quiere seguir evolucionando de manera acelerada, uno puede bajar, es decir, encarnar y de esta manera elevarse, ya que avanzar en los planos astrales puede tomar de 2 a 2000 años, en cambio, en una vida, son esfuerzo, virtuosismo y dedicación, que puede avanzar uno o más niveles.

Si uno llega al 3º cielo ya no tiene que regresar.

- Después vienen los planos de la esfera **mental,** nuestra intención debería ser llegar a este 3º cielo.

Cabe señalar que solamente la información muy importante queda en las esferas mentales y etéricas. Cuando no es importante, sólo se queda en el etérico. Por eso en vida se deben repetir oraciones o se deben establecer hábitos sacros para que queden bien grabados en la esfera mental.

Cuando se muere alguien la luz no está siempre, aparece de vez en cuando o cuando se le llama.

Pasadas **7 hrs.** no hay manera de que el cuerpo astral regrese.

- **Novenario:** De las 24 a las 36 horas, hay que hablarle al "Yo Soy" del muerto. Se hacen los novenarios en este periodo, cuando el cuerpo etérico se separa.

El proceso de lectura de la vida dura 9 días, el espíritu y los seres divinos como Cristo para los católicos, los maestros para otros, son los encargados de mandar luz.

Se reza y manda luz para ayudar a recibir más luz y que el espíritu efectivamente se vaya al otro plano.

Algunas creencias de los esenios:

La muerte se ve una semana antes, los videntes pueden verla. Se dice que cuando uno está a punto de morir tiene el don de la profecía.

Un aborto provocado es un asesinato, se trunca el camino y el alma que iba a venir, tiene que esperar de 2 a 2000 años para regresar.

Siempre que veamos una cruz en alguna calle o carretera de personas que han fallecido ahí, hay que pedir luz para ellos diciendo:

> *"Dale luz al alma del cuerpo que yació en este lugar y dale luz a todas las almas de todos los cuerpos que yacen en todas las tumbas del mundo".*

5.3. Por qué no se van los espíritus

Cuando está muerto, el cuerpo no siente nada más, porque en él ya no hay Espíritu ni periespíritu. El periespíritu es un agente de transmisión –puesto que la conciencia pertenece al Espíritu–, de ahí resulta que, si pudiera existir un periespíritu sin Espíritu, aquel no sentiría más que lo que siente el cuerpo cuando está muerto. Del mismo modo, si el Espíritu no tuviera periespíritu, sería inaccesible a toda sensación penosa. Esto sucede a los Espíritus completamente purificados. Sabemos que cuanto más se purifican, más etérea se torna la esencia del periespíritu, de donde se sigue que la influencia material disminuye a medida que el Espíritu progresa, es decir, el periespíritu se vuelve menos denso. Cuando se queda la presencia, es debido a la densidad del periespíritu, hay mucho apego material, entre otras causas.

A la energía que se queda se le llama comúnmente fantasma o fantasma/espíritu hambriento, cuyas cualidades ya hemos mencionado. Residen normalmente en los cementerios o en el lugar donde falleció su poseedor.

Cuanto más desprendido está de la influencia de la materia –dicho de otro modo, cuanto más desmaterializado se halla–, menos sensaciones penosas experimenta. Ahora bien, de él depende liberarse de dicha influencia desde esta vida. Tiene libre albedrío y, por consiguiente, la opción de hacer o dejar de hacer, así como creer o no creer. Las decisiones que tome, los vicios y el apego a la materia determinan su densidad.

Para no quedarse, debe dominar las pasiones animales, no tener odio ni envidia, celos ni orgullo, no debe dejarse dominar por el egoísmo, debe purificar el alma mediante los buenos sentimientos, practicar el bien y no atribuir a las cosas de este mundo más importancia de la que merecen. Entonces, incluso con su envoltura corporal, ya estará purificado, ya estará desprendido de la materia, y cuando abandone esa envoltura no sufrirá más su influencia. Los padecimientos físicos que haya experimentado no dejarán en él ningún recuerdo penoso; no le quedará al respecto ninguna impresión desagradable, porque sólo habrán afectado al cuerpo y no al Espíritu. Se sentirá feliz de haberse liberado y la paz de su conciencia lo eximirá de todo padecimiento moral. Estará libre y no se quedará atrapado en el plano material.

De acuerdo con la vida que haya llevado, sufrirá o será dichoso en su tránsito como Espíritu. Si sufre, es porque así lo ha querido en su ceguera o bajo nivel de conciencia.

Si el Espíritu se ha ido por completo, no sentirá apego por sus objetos materiales ni por sus restos corporales. Las cosas que le pertenecieron pueden avivar su recuerdo. Sin embargo, es el pensamiento o recuerdo lo que lo atraerá, y no esos objetos.

"Sólo los Espíritus inferiores pueden echar de menos las alegrías inherentes a la impureza de su naturaleza, que ellos expían mediante sus padecimientos. Para los Espíritus elevados la dicha eterna es mil veces preferible a los placeres efímeros de la Tierra." Señala Kardec. Tal como el hombre adulto que desprecia aquello que constituía las delicias de su infancia. De esto también hablaban Platón y Aristóteles en sus obras.

Según el **taoísmo** el **alma se divide en 10**, llamadas **Po** y **Hun**. Las Po son las siete emociones: enojo, deseo, miedo, alegría, dolor, amor y odio. Las Hun se refieren a la parte más espiritual de la sensibilidad y la inteligencia. De acuerdo con esta cosmología, cuando un ser se encuentra muy apegado o con gran carga de Po, esto puede atarlo a la materialidad lo cual le impedirá irse. Estas partes se pueden quedar impregnadas en el mundo material. Es por este motivo que los chinos no se visten de negro a la muerte de algún ser cercano, e incluso se ponen en cuarentena a los parientes, porque a ellos es a los primeros a los que se les pega o acerca esta parte que no se ha ido del difunto. Las otras tres se van hacia arriba, a donde les corresponde.

Además de estas emociones que pueden retener en el mundo material, de acuerdo con algunos autores, como Cabouli, las **causas más frecuentes de retención** del alma en el plano físico son:

- Obnubilación o pérdida de la consciencia antes de que se produzca la muerte.
- Muertes imprevistas o violentas.
- Falta de práctica espiritual consciente durante la vida física.
- Miedos y creencias.
- Preocupaciones.
- Atrapamiento en el cuerpo físico.
- Adicciones y apegos.

Cuando el individuo **no tiene información** sobre la **trascendencia** del alma, su alma puede ser fácilmente atrapada por entes de oscuridad y ser regresada hacia alguien que vaya a nacer.

Al verse atrapado en este plano de tercera dimensión, el individuo que poseía esta alma ahora es un ente que no completó su ciclo, es decir, no regresó al lugar de donde vino; entonces es necesario, para poder subsistir en este plano físico, que se alimente de otros, consume la energía de los seres vivos, se pega al aura de otros seres humanos e incluso, animales. Con el tiempo, el alma perdida queda atrapada y le resulta difícil salir de allí, del campo de otra persona, ya sea porque no tiene consciencia de dónde se encuentra o porque no dispone ni de la energía, ni del conocimiento, ni de la voluntad para hacerlo. La consecuencia de esto es que el alma perdida comienza a interferir con los procesos psíquicos de la persona a la que se ha adherido, porque conserva su propio psiquismo con sus recuerdos, pensamientos, emociones, tendencias y creencias que se mezclan a nivel subconsciente con los de la persona afectada. Aquí entonces tenemos que identificar el GRADO DE ADHERENCIA con el que está pegado el muerto a otra persona.

Hemos hablado de los que se van y los que se quedan; sin embargo, hay un lugar **intermedio**, es una especie de hospital a donde van las almas de aquellos que necesitan recuperarse, ya sea porque han sufrido en la Tierra, porque no tienen claras convicciones, porque aún tienen cierto apego a la Tierra y los asuntos que tenían en vida o porque están esperando algo. El tiempo de permanencia aquí puede variar desde días hasta décadas, dependiendo de su evolución.

5.4. Fantasmas

Muchas veces, si ha pasado poco tiempo, los espíritus de **conocidos o familiares** se presentan a **despedirse**. Esto sucede durante el periodo de desprendimiento.

Cuando se manifiesta el Espíritu de alguien que hemos conocido personalmente –un pariente o un amigo, por ejemplo–, sobre todo si ha muerto hace poco tiempo, sucede en general que su lenguaje guarda perfecta relación con el carácter que tenía en vida. Ese es de por sí un indicio de identidad. Incluso puede hablar de cosas privadas y recuerda circunstancias de familia que sólo su interlocutor conoce. Un hijo no se equivocará, por cierto, respecto al lenguaje de su padre y de su madre, ni los padres acerca del de su hijo. A veces, en esa especie de evocaciones íntimas ocurren cosas sorprendentes, capaces de convencer al más incrédulo. El escéptico más endurecido suele quedar aterrorizado ante las revelaciones inesperadas que recibe.

Con el paso del tiempo si el alma se quedó **atrapada en la Tierra**, pierde sus memorias e identidad y se vuelve un fantasma confundido, sometido a bajas pasiones y enfermedades, algunas de las cuales sufría en vida, y es muy posible que las provoque al individuo al que se ha adherido. La fórmula más eficaz para evitar la interferencia de estos seres o que no se adhieran a nosotros es convertirnos en seres purificados llenos de energía, porque lo semejante atrae a lo semejante, además algunas veces abrimos nuestros campos o drenamos nuestra energía con emociones desenergizantes y es aquí donde aprovechan estas entidades para adherirse y alimentarse de esta energía.

Vamos a tomar en cuenta que muchas veces lo que identificamos como fantasmas son cascarones o memorias, incluso entes que no fueron humanos antes. Los cascarones se presentan como grabaciones de un disco rayado, que repite los mismos movimientos o canciones distorsionadas. Debemos aprender a diferenciarlos. Es la clásica imagen que se mece en la silla mecedora, o el que entra y sale de una habitación.

5.5. Ayudar y evocar a los espíritus de los muertos

Como hemos señalado, hay Espíritus que se han ido al otro plano por completo, hay otros que se quedan en un nivel intermedio, sanando y otros que se han quedado atrapados.

No es conveniente llamar a los que se han quedado, porque se pueden adherir a las personas presentes, de preferencia hay que asegurarse primero de que se han ido: si no se han ido, se les puede ayudar en una sesión a que encuentren la luz.

Si usted desea ayuda a un espíritu a partir, se enciende una vela repitiendo:

"Enciendo esta vela para que ilumine tu camino a la luz".

Se repite la siguiente oración:

"Gran Fuerza divina, te pido que ayudes a este espíritu a llegar en paz a la luz.
Vé a la luz, vé a la luz, vé a la luz. Regresa en paz a la luz".

Es posible llamarlos y hablar con ellos a través de diferentes medios, y se puede trasmitir su mensaje ya sea mediante la mediumnidad —canalización— en su forma más completa y compleja o la escritura automática, tablas de espíritus, Tarot, etc.

Hay que tener mucho cuidado y todas las **protecciones**. El médium debe ser una persona experimentada.

Al terminar la sesión se deben despedir a todos los espíritus y solicitar que regresen a su lugar de origen. Algunas veces esto puede ser peligroso porque el magnetismo del muerto invade al del médium y esto es muy perjudicial si no se sabe cómo despedirlos correctamente o no se hace con la fuerza adecuada.

Algunas veces no acuden, porque ya están en otros asuntos, pero se puede ingresar a los registros akáshicos y obtener respuestas.

Se ha visto que en realidad los espíritus se comunican a través del médium, pero "ojo": hay que tener siempre cuidado de que realmente sea el espíritu al que se está llamando y no venga un usurpador, ya que suelen presentarse otros espíritus, cuando no existió la correcta protección, los cuales fingen ser alguien que no son, esto es muy fácil para ellos ya que tienen acceso a toda la información de la 4ª dimensión —un lugar con toda la información—. En el caso de la escritura, se observa que lo escrito por el médium cambia por lo general de acuerdo con el Espíritu evocado, y se repite exactamente de igual modo cada vez que un mismo Espíritu se presenta. Esto permite verificar con seguridad la identidad.

Se ha constatado en más de una oportunidad, sobre todo en el caso de las personas muertas recientemente, que esa escritura tiene un parecido sorprendente con la que tenía la persona en vida. Se han visto incluso firmas de una exactitud perfecta.

Sólo los Espíritus que alcanzaron cierto grado de purificación están libres de toda influencia corporal. En cambio, cuando no se encuentran completamente desmaterializados —esa es la expresión de la cual se sirven—, conservan la mayor parte de las ideas, inclinaciones y hasta manías que tenían en la Tierra, lo cual también constituye un medio para reconocerlos.

5.6. Categorías de muertos

Los espíritus son los causantes de muchas de las manifestaciones supernaturales, incluyendo casas encantadas y ataques psíquicos. Muchas veces se confunden con demonios o entidades malévolas.

Los seres apegados a la Tierra, al adherirse a alguien, pueden transmitirle su comportamiento: fobias, adicciones, conducta errática, emociones incorrectas, distorsiones sexuales, malestares, y hasta enfermedades que en la vida padecieron; el grado de influencia sobre nosotros podemos detectarlo de acuerdo con el nivel de adherencia.

Se les llama: **Espíritus atrapados en la tierra, muertos, desencarnados, fantasmas, fantasmas hambrientos, entes hambrientos, ánimas, ánimas en pena, almas perdidas, colgados**, entre otros.

Hay diferentes grados en los que su energía se encuentra atrapada aquí en la tercera dimensión del planeta Tierra y de acuerdo con el nivel de apego de los espíritus, veremos aquí su clasificación:

1. Espíritus de los que recién partieron

Los espíritus humanos se mueven y pierden el contacto con el plano de la Tierra en una semana o dos (9 días aproximadamente), pero durante este tiempo, muchos espíritus tratarán de contactar con sus familiares, amigos y gente querida por razones sentimentales. Por esto, la mayoría de los fenómenos sobrenaturales se relacionan con espíritus de humanos recién muertos, no con espíritus atados a la Tierra. No hay que temerles, están en su proceso de pasar al otro mundo.

En dicho estado el fantasma no pasa a la siguiente dimensión de su existencia, sino que en vez de ello busca entrar en contacto con los vivos a través de algún medio, incluso estas entidades romperán, lanzarán objetos, pueden abrir y cerrar puertas y hasta morderán, pueden incluso rasguñar a algunas personas miembros de su familia con el fin de atraer su atención y obtener la ayuda que requieren. Según esta teoría, después de un tiempo el espíritu abandona el mundo de los vivos para ser guiado hasta la siguiente dimensión de su existencia por sus seres queridos u otras personas importantes de su pasado, en tales casos terminan su vida en este mundo y continúan su aventura en algún otro reino. Estos espíritus **se van solos**, no hay que hacer nada en específico para hacerlos partir.

2. Cascarones

Son imágenes que se quedaron grabadas en lugares, son formas que hacen lo mismo, a cierta hora; repiten las mismas acciones. Son espíritus que no tienen esencia o alma de la persona representada. Es un tipo de forma-pensamiento ligada con una visión óptica. Durante la vida de la persona se llevan a cabo reflejos de la propia imagen en la dimensión astral. Estos contienen copias completas de memorias y personalidad, pero no tienen alma ni esencia. Después de la muerte, como viejas fotografías, las cáscaras astrales poco a poco van desapareciendo, pero esto puede tomar varios años, dependiendo de la fuerza de la mente que las fue generando. Son el clásico: se mece la silla de la abuela, un espíritu sube las escaleras, un espíritu va al baño, o espíritus que repiten lo mismo de cuando estaban vivos. Este tipo de presencias se quita con **agua consagrada**.

3. Larvas y entes

Ya las conocemos, los vimos en entidades, porque en realidad eso son; son partes, fragmentos de la persona, a veces se les llama elementales menores, contienen parte de la conciencia de la persona cuyo cuerpo astral conformaban. Se pegan en el aura y consumen la energía, provocan sensaciones o particularidades de la persona de la que formaban parte. Algunos son fragmentos, sombras que provocan malestares desde leves hasta muy severos, muchos de ellos provocan enfermedades. **Se quitan con la escoba, incluso con las manos.**

4. Espíritus que no saben que han muerto

Siguen viviendo como si estuvieran vivos por periodos de tiempo y no se dan cuenta que ya murieron, viven en el mundo de la imaginación de lo que ellos mismos crearon y su mundo; están confundidos, viviendo un sueño surrealista que no entienden, pero sobrepuesto en esta tercera dimensión donde se encuentran atrapados. Esta etapa les acontece a muchos espíritus, pero hay algunos que no han evolucionado y no tienen conocimiento del más allá y se rehúsan a retirarse, así que encuentran formas de quedarse en este plano. La única forma de hacerlo es mediante el vampirismo (alimentarse de otros). Son espíritus atormentados que se presentan por las noches, en pesadillas, se pegan a las personas. Estos **se retiran con athame**.

5. Espíritus que saben que murieron y siguen viviendo sus apegos

Saben que han muerto y se pegan en otros para seguir haciendo lo que les gustaba en vida, o según ellos para ayudar o proteger, pero de forma parasitaria. Hay algunos que tienen la intención de ayudar, suelen ser familiares, pero son parasitarios que, en lugar de beneficiar, "según ellos", perjudican a su vehículo. Dentro de estos tenemos de varios niveles, incluso aquellos que se materializan. Hay algunos que dicen que protegen, pero influyen en el individuo al que se adhieren, interrumpiendo su libre albedrío y son parasitarios. Los seres humanos pueden hablar con ellos, sin embargo, después del momento, se enteran que han muerto. Estos s**e retiran con athame**.

6. Muertos pervertidos o adictos

Algunos muertos siguen atados a compulsiones, vicios o perversiones que tenían de vivos como: sexo, drogas, alcohol. Les gusta estar en áreas donde alimenten sus adicciones y provocan que sus víctimas agudicen estos problemas de adicción. Este es un tipo de posesión, dependiendo del grado de influencia que tengan será el daño o cambio de personalidad que provocarán en su vehículo. Dependiendo del grado de adherencia **se quitan con athame y limpia o desposesión espiritual**.

7. Muertos desquiciados o enloquecidos

Normalmente ya estaban así cuando tenían vida, o se convirtieron debido a una existencia infeliz después de la muerte. Son impredecibles de ahí que sean más problemáticos que otro tipo de fantasmas. Muchos de estos no recuerdan haber sido humanos y si lo recuerdan están confundidos con fantasías. Muchos de estos espíritus toman las formas que les apetezcan, con su delirio pueden tomar formas extrañas por lo que se convierten en pseudo-demonios. Son los causantes de problemas mentales como la esquizofrenia, borderline y otros. A estos espíritus no se les puede persuadir, no tienen razón. La única forma de alejarlos es con **exorcismo u obligándolos**.

8. Espíritus chocarreros

Saben que murieron y se divierten en su mundo espantando a los vivos. La energía del miedo es un buen alimento para ellos. Dentro de estos tenemos a los que roban objetos. Normalmente son obsesores, es decir, se alegran de molestar al ser espíritus imperfectos, pero también, simplemente pueden ser entes que habitan en alguna construcción y ahí se quedaron. Usualmente provocan fenómenos poltergeist. Se alejan con **exorcismo** y algunas veces con una **limpieza de casa.**

9. Espíritus malignos

Aquí tenemos a aquellos que fueron muy malos en vida, y se quedan, pero alguna entidad de oscuridad los esclaviza y persuade de hacer más daño; con el tiempo empiezan a transformarse, al igual que otros, les salen alas, se vuelven como monstruos. Llega un momento en el que olvidan quiénes fueron y creen que son demonios. Son espíritus de las categorías más inferiores. Se alejan con **exorcismo.**

10. Conglomerado de seres

Son un grupo de seres que se alimentan de emociones negativas, les gusta habitar en unidades habitacionales o departamentos, en lugares donde habitan muchas personas; también habitan en hospitales, van de un lugar a otro como bola de nieve, alimentándose de emociones desenergizantes y provocándolas; sirven a la oscuridad. Se alejan con **exorcismo.**

11. Walk ins

Entre los seres apegados a la Tierra están los que se conocen también como *walk ins* o *wanderers,* son almas que aparentemente toman el control del cuerpo de una persona porque ella desea morir o suicidarse; por lo que, de manera tácita, la persona hace un pacto con la entidad para que ocupe su cuerpo. En los casos de posesión o adherencia, la entidad que lo hace está utilizando la energía de la persona, y aunque no sea una entidad maligna, sí es un ser confundido.

Los *walk in* entran sin permiso al cuerpo de la persona, no respetando el libre albedrío, los extraterrestres usualmente utilizan esta forma.

Nos llegamos a encontrar con seres que pierden su alma y el ET llega al cuerpo, se dice que el extraterrestre hizo un pacto con esta alma desde antes de que encarnara, algunos son de muy alta frecuencia; por ejemplo, se dice que Drunvalo Melkizedek era uno de ellos y algunos afirman que Jesucristo fue un *walk in* que usó el cuerpo de Jesús para llevar a cabo su labor en la Tierra.

Algunos demonios se convierten en *walk ins*, aprovechándose de individuos que juegan a la **ouija**, o alguien que escucha con frecuencia mensajes satánicos en la música, por ejemplo, donde con las letras, ya sea al derecho o al revés, se invoca a entes oscuros. No todas las personas son afectadas, pero sí las más susceptibles.

12. Marionetas

Algunas veces los entes toman el cuerpo de la persona por cortos momentos o en partes específicas del cuerpo. Por ejemplo, tomar algo y lanzarlo, o hacen que haga cosas en sueños contra la voluntad del individuo. Lo que se recomienda es no hacer como que fue un sueño, sino empezar a reconocerlo como algo que realmente sucede y realizar un **exorcismo** o **meditación de Isis**.

13. Espíritus atrapados en lugares

La mayoría de estos espíritus se encuentran **atrapados en lugares**, no pueden cruzar ciertos espacios consagrados o bien ciertas corrientes de aguas como riachuelos, canales o tuberías bajo tierra. Sin embargo, pueden tomar un *ride* colgándose de algún ser vivo, este puede ser animal o humano. Muchos espíritus atrapados en lugares no saben esto, por lo que pueden permanecer mucho tiempo en los mismos, lo que hace que la casa que habiten se considere "encantada". Se van **exorcizando la casa**.

14. Espíritus elevados

Espíritus que ya murieron, se fueron bien, pero quieren regresar a dar algún mensaje, quieren guiar o aconsejar a sus seres queridos en vida. No son parasitarios y nunca generarán miedo cuando se presenten, al contrario, provocarán un estado de paz y tranquilidad.

5.7. Tipo de muerto

Ya vimos las diferentes categorías de muertos, ahora veremos el tipo de muerto en relación con la persona a la que está adherido y el objetivo o razón por la cual esto ha sucedido.

1. Familiares

Son parientes que fallecieron y se adhieren a la persona. Se incluyen amigos y conocidos.

Los primeros con los que se van los recién muertos es con gente muy cercana que haya sido afín a ellos. Por ejemplo, si la persona que ha fallecido tenía gran apego a algún sucesor por cercanía emocional o por compartir hábitos, tenía algún pendiente o quería direccionar la vida del mismo, puede adherirse. También sucede esto con vicios compartidos; por ejemplo, si el fallecido fumaba o tenía alguna enfermedad, se queda atrapado en el campo de algún vivo familiar que tenga el mismo vicio o afección.

2. Oportunistas

Son espíritus que se encontraban en algún lugar y la presencia desafortunada del ahora portador en ese lugar les llamó la atención y decidieron adherirse a él. Son los espíritus que están en lugares, casas, en la calle, que murieron ahí por accidente. Por esta razón, nunca es recomendable que al ver un accidente uno se quede mirando, si hay muertos, el espíritu atrapado en la Tierra se pegará al campo del observador que más le atraiga.

Algunos están pegados a ciertas personas o se encuentran en lugares contaminados de espíritus y les gusta más otra persona o de pronto esa persona fue a tal lugar y se adhieren al campo porque así lo prefirieron. A veces sucede esto con personas que tienen mucha luz, pero la están drenando, es decir, su campo energético no está bien fortalecido y los muertos ven la oportunidad de absorber esa luz, por ello es tan importante siempre mantener el campo cerrado y usar protecciones cuando se va a este tipo de lugares (amuletos, mano in fica, etc.).

Los panteones están llenos de estos espíritus, por eso a algunos de nosotros no nos gusta visitarlos.

3. Obsesores

Adheridos

Son espíritus que se unen a pensamientos malévolos o negativos porque les son afines. Es una vibración desenergizante que atrae a estos entes.

Kármicos

Son seres que desde vidas pasadas están atados a ciertas personas. Puede ser que al momento de morir hayan prometido venganza. Imaginemos una bruja que fue juzgada y hace un hechizo y maldición en contra de la persona que la ha inculpado, ese maleficio cae en la persona, o su familia vida tras vidas.

Esclavos

Son espíritus mandados por personas vivas, normalmente brujos, que los ha conjurado para que los ayuden en ciertos fines. Se llaman o se adhieren a algún conjuro para hacer daño, a veces se toman de los panteones obligándolos con sus restos. También se llama así a aquellos que sirven a la oscuridad, porque no actúan a voluntad. El problema con esto es que no hay límites en cuanto a tiempo y pudieron haber cumplido ya la misión para la que fueron encomendados y se quedan atrapados en la oscuridad haciendo el mal.

Entidades de oscuridad

No necesariamente son muertos. Son reclutados por fuerzas superiores de oscuridad y su misión es provocar el mal por el simple hecho de quererlo. Con el paso del tiempo se empiezan a transformar en sombras completamente oscuras, les empiezan a salir alas y tienen aspecto demoniaco. Pero no son demonios en realidad.

4. Mistificadores

Son seres apegados a la materia que afirman ayudar a sus portadores, pueden ser familiares; sin embargo, no dejan de ser parasitarios, aunque den consejos y tengan la supuesta intención de "ayudar" están atrapados y se alimentan de su portador.

5.8. ¿Por qué se pegan?

Debido a que estos espíritus se han quedado atrapados a la materia, no están conectados más con la luz suprema, y necesitan alimentarse de la misma para seguir subsistiendo, por tal razón se adhieren a las personas con el fin de tomar el sustento de ellos, como he señalado, también lo hacen con animales.

Muchas veces los seres humanos no se dan cuenta de la energía que les están drenando porque no es mucha. Se drena poco a poco, para que no se acabe y perdure por largo tiempo la absorción pasando por desapercibida.

APROXIMADAMENTE UN **80%** O MÁS DE LA POBLACIÓN TIENE ALGUNA ENTIDAD ADHERIDA.

Pero **¿qué nos hace vulnerables** a la adherencia de un alma perdida? Ya hemos explicado acerca del **aura**, denominada también campo vibratorio que funciona como un escudo protector de energías foráneas. Es posible que hagamos este campo consciente y que podamos sentir las vibraciones psíquicas que provienen del exterior. La integridad de este campo vibratorio es vital para que funcione como escudo protector. Puede ser muy luminoso y fuerte o corromperse y disgregarse por completo, según nuestro estado interior. En la parte donde vimos el manejo de energía (Tomo I del presente tratado) señalamos de qué forma podemos limpiar nuestro campo y los factores que debilitan a los chakras y al aura; por consiguiente, si tenemos el **aura fragmentada**, se adhieren los espíritus de los muertos; además, no olvidemos que todo tiene que ver con la ley de la resonancia, **atraemos** aquellas **entidades afines** a nuestros problemas y frecuencia o bien, pueden ser parientes o amistades que encuentran cierta afinidad con nuestras emociones o actividades.

En ocasiones sólo les gustó nuestra energía y **luz**, de la cual se alimentan.

Debemos tomar en cuenta que estos espíritus a veces utilizan a los seres humanos o animales para **transportarse**. Algunos están ahí por **venganza o maleficios** vida tras vida como los obsesores kármicos. Algunos atacan sólo por diversión y para alimentarse, estos serían los **oportunistas**. Algunos se divierten molestando a humanos afines a ellos o vulnerables.

Algunas veces pueden atacarnos si convivimos o estamos **cerca de una persona** que sufre ataques por entidades en su vida o cuando entramos a **lugares encantados**. Normalmente atacan dentro de construcciones; sin embargo, hay lugares públicos como teatros, cines, bares, en donde también atacan. Prefieren la noche.

Diferentes tipos de **muertos** siempre están ahí, de diferentes niveles y clases, pero los siguientes, son **factores de vulnerabilidad que pueden atraerlos**:

- Si se tiene alguna **emoción, gusto o vicio afín** al que falleció es más fácil que se adhiera a nosotros que a otro. El alimento de los malos espíritus son las emociones, y el miedo es la principal.

- Si la **energía es muy baja**, se entra en vulnerabilidad y es cuando asechan los oportunistas.

- Si los **estamos llamando** todo el tiempo. Tal es el caso de familiares a los que no se les permite liberarse por completo de la materia porque siempre se les llama y se les pide su presencia. Si se tienen objetos o se guarda culto a una persona que tenía una vida desorientada, se atrae ese tipo de sentimientos, adicciones, prácticas en general e incluso enfermedades.

- Algunos **objetos** como joyas, las piedras preciosas y los artículos de un difunto, atraen a ese muerto, ya que tienen contacto con el cuerpo de la persona, reciben de manera más directa sus vibraciones. Incluso puede ser un artificio de vinculación con el espíritu atormentado. Estos objetos deben ser depurados; trazándoles pentagramas, con nuestro soplido y aliento los purificamos, e incluso con inciensos y salvia.

- **DEBEMOS ESTAR SIEMPRE AL ASECHO.** Es decir, estar conscientes de nuestros pensamientos, nuestras emociones, no acercarnos a lugares o personas contaminados. Siempre tratar de mantener una alta vibración.

5.9. Niveles de adherencia

Las entidades negativas que se pegan al aura de la persona para alimentarse de su energía o provocar algún daño, pueden tener diferentes grados de adherencia. Estos grados no sólo aplican para los inorgánicos, sino para todos los otros entes parasitarios como los muertos, los demonios y los extraterrestres.

De acuerdo con su influencia se clasifican en:

NIVEL DE ADHERENCIA 1. PEGADOS. Cuando la entidad sólo puede transmitir pensamientos tentadores; es decir, la persona dice cosas que normalmente callaría o hace otras que no corresponden a lo que habitualmente hace. Ésta es una adherencia leve.

NIVEL DE ADHERENCIA 2. INFLUENCIADORES. Se considera una adherencia intermedia cuando la entidad ya influye en la vida de la persona. Esto se identifica cuando se generan cambios súbitos de temperamento, breves actos irracionales, compulsiones, miedos y depresiones súbitas. El impacto en su psique es mayor.

NIVEL DE ADHERENCIA 3. INCRUSTADOS. Adherencia fuerte, es cuando la entidad está incrustada en el campo electromagnético de la persona y ya influye en la vida con radicales cambios de personalidad. La persona afectada experimenta respuestas o actitudes que no puede controlar, y la rebasan. Incluso comienza a tener enfermedades inexplicables, o tendencias que nunca había experimentado. El espíritu le transmite sensaciones de opresión y sofoco.

NIVEL DE ADHERENCIA 4. POSESIÓN. Es el nivel de adherencia más fuerte, es una adherencia obsesiva, sucede cuando la entidad invade y funde su personalidad con el cuerpo y la mente de la persona afectada. Cambios repentinos de actitudes, actitudes extrañas, emociones diferentes a las que normalmente tiene, molestias y dolores continuos, y a veces, hasta adquiere vicios o talentos que antes no poseía. En este caso se requiere hacer una terapia de desposesión espiritual o exorcismo para retirarlos ya que usan el cuerpo del afectado como vehículo y es necesario persuadirlos para que se retiren.

Los espíritus que se pegan corresponden a las diferentes categorías ya señaladas, algunos tienen una conciencia animalística, actuando por instinto, pero otros son más inteligentes.

En el caso de daño severo y posesión, puede ser que se tengan varios entes negativos menores que son dirigidos por entes negativos poderosos que él dirige.

CAPÍTULO 6.
DEFENSA CONTRA ESPÍRITUS

6.1. Síntomas de tener muertos colgados

En realidad, son muchísimos los seres atrapados en este plano.

SI DE VERDAD NOS DIÉRAMOS CUENTA DE LA CANTIDAD DE SERES QUE HABITAN CON NOSOTROS, ESTARÍAMOS SUMAMENTE INTRANQUILOS, TANTO, QUE TEMERÍAMOS DORMIR POR NO ESTAR ALERTAS. HAY DECENAS DE ELLOS EN CADA LUGAR, INCLUSO EN LA HABITACIÓN DONDE TE ENCUENTRAS EN ESTE MOMENTO.

Los síntomas más detectables de entidades o muertos —obviamente negativos, ya que las positivos no tienen necesidad de pegarse debido a que no necesitan alimentarse de la luz— pegadas, además de los ya señalados en los daños, son:

Miedo, depresión, dolor y opresión en la cabeza, visión distorsionada, dificultad para respirar, frío, hormigueo, espasmos de adrenalina, parálisis parcial o total, piquetes.

Las víctimas de un espíritu maligno son perseguidas por una continua **mala suerte**; en su vida ocurren continuamente **desgracias.** Los dos puntos principales de dolor son el estómago y la cabeza, a veces también se siente dolor en la espalda. En el caso de jóvenes se observa el **rechazo a estudiar** y a no asimilar lo aprendido.

A veces utilizan a personas de la familia para llegar a nosotros, haciendo que provoque **problemas para descentrarnos**. A veces provocan que desestabilice, o a otros, a veces nos ponemos en contra de otras personas sin razón.

Los ataques siempre causarán algún tipo de **inestabilidad mental en las víctimas** y en la gente que **los rodea**.

Algunos ataques por entidades o muertos se ven manifestados en la vida diaria por **interferencia** en la **toma de decisiones** o **situaciones adversas**, por ejemplo: pérdida de trabajo, pérdida de dinero, que roben el carro, hacer malas inversiones, romper cosas, tener problemas de pareja, accidentes pequeños o grandes. Cuando nos sentimos **paralizados** o **que se sube el muerto**, sin la posibilidad de movernos es también otro síntoma.

A veces podemos ver todo, incluso con los ojos cerrados, esto indica ya sea un viaje astral o bien un ataque (como hemos señalado), todo depende de cómo nos sintamos —el miedo es el síntoma más evidente de un ataque—.

De acuerdo con el nivel de adherencia, los síntomas van haciéndose cada vez más graves hasta que la persona queda completamente **debilitada** y manifiesta un **gran cambio de personalidad**.

Poco a poco van estableciendo ligas más estrechas —que hemos ya señalado como las marcas de la bruja— para ganar más fuerzas y drenar más a su vehículo. Al nivel vibratorio, hemos encontrado que las personas en lugar de medir 15,000 amstrongs, llegan a medir hasta 500 amstrongs en el biómetro.

Cuando el espíritu desencarnado está muy adherido, no servirá de nada utilizar crucifijos, athame o escoba, **hay que persuadirlo** y solicitar ayuda para tal labor, sólo lográndolo mediante una terapia de **desposesión espiritual o exorcismo.**

Relación con enfermedades

Cuando las personas están enfermas, las defensas energéticas bajan y es más fácil ser atacado energéticamente o ser invadido por entidades parasitarias.

Muchas enfermedades físicas o mentales son **provocadas** por entidades o daños —tales como la brujería—. En algunas ocasiones los ataques de pánico —cuando se descartan las causas normales como medicamento o drogas— son resultado de estar siendo atacado por entidades. Por eso, cuando estamos enfermos y sufrimos temperatura alta, tenemos pesadillas o se nos presentan en la mente imágenes terribles, se debe buscar, además de un remedio fisiológico, uno espiritual, ya que puede tratarse de ataques psíquicos.

Un **remedio** que ayuda en este caso a combatir la enfermedad y a las entidades es colocar 3 cebollas moradas en el respaldo de la cama o en la mesa de noche y ajos; entre muchos otros que sirven también para defenderse contra brujerías —Véase el Tomo I de la presente serie—.

Cuando se está en los **hospitales** es muy fácil que se peguen ya que estos son nidos de entidades. También cuando se ha sido anestesiado. Y cuando una persona se encuentra en **coma**, deja de llegar energía a determinadas zonas, lo que indica que esa sección del cuerpo está desocupada, y produce una ranura por donde puede introducirse alguna entidad extraña.

6.2. Defensa de entidades

Lo que funciona para una persona, no necesariamente funciona para otra.

La solución está en buscar **ayuda divina** y hacer de la oración un hábito ya que ésta expresada con nobleza en el corazón emite vibraciones celestiales que estructuran escudos de protección.

Hemos señalado que el primer punto es un equilibrio físico, mental y espiritual; sin embargo, el arma más poderosa contra las entidades negativas es educación. El conocimiento de qué son, qué puede pasar, y cómo trabajan.

Es importante hacer notar lo siguiente:

- En la **noche los ataques son más frecuentes** ya que nos encontramos en estado de **relajación**, incluso cuando estamos viendo televisión. Si estamos de pie, la energía que estamos utilizando es mayor, así el ente tiene menos energías para alimentarse.

- Normalmente **atacan dentro de construcciones**.

- Sin embargo, llegan a atacar en **lugares públicos** como teatros, o bares.

- Las fuerzas oscuras, para obtener energía, se **alimentan de bajas vibraciones y emociones negativas** que obtienen fácilmente de la gente que las produce o de gente que ha sido víctima de abusos, manipulada, usada, o que habita en lugares donde hubo asesinatos o cosas semejantes.

- **Evitar estos lugares y lugares desolados**, oscuros y de baja vibración es una buena opción para evitarlos.

- Pueden pegarse si se entra a lugares encantados.

- Hacer caso de los **síntomas,** que repito: miedo, depresión, dolor de cabeza y opresión en la cabeza, visión distorsionada, dificultad para respirar, frío, hormigueo, espasmos de adrenalina, parálisis parcial o total, piquetes.

- El **grado de ataque** depende de la fuerza e inteligencia de la entidad.

- El **estrés** y **miedo** generados por el ataque pueden llevar a un santo a ingerir alcohol, el consumo de drogas se acrecienta (el alcohol también es una droga).

- Los ataques **reducen** nuestro **escudo protector.**

- Muchas veces cuando una persona ataca intencionalmente, con brujería o malos pensamientos, **no está consciente de que hay entidades negativas involucradas.**

- Si una persona trae entes negativos pegados y **odia** a otra, los entes harán lo posible porque esa otra persona sea castigada. Esto establecerá a su vez una liga más estrecha entre el atacante y el ente, así como un mayor grado de influencia de las entidades.

- Una vez que la persona encuentra una razón para luchar en contra del ataque, entonces se hace más fuerte y el **ente se debilita.**

- El **agua corriente** es repulsiva para los entes negativos, incluso para los verdaderos demonios de cualquier rango. De hecho, no pueden cruzar ríos, tuberías e incluso fuentes pequeñas. Por lo que es excelente dormir por donde pase una tubería. Los cruces de agua interrumpen el camino de los malos espíritus.

- Si un ente negativo quiere cambiarse de cuerpo y el dueño del cuerpo muere antes de cambiarse, entonces es cuando se queda **atrapado en construcciones.**

- Algunas entidades **se ocultan en la gente** para no ser detectadas.

- A veces utilizan a los seres humanos o animales para **transportarse**.

- Cuando estamos rechazando el ataque, los **castigos** a la persona por estar rechazándolos son ansiedad o presión en el pecho. Los entes necesitan oscuridad y silencio para manifestarse y afectar más fácilmente a la gente. La presencia de la luz, el sonido y la resistencia del atacado a veces no quita el daño o rompe el ataque, pero sí lo hace más difícil para los entes.

- El **miedo** es la principal emoción negativa de la cual se alimentan, disminuye la capacidad de respuestas y en los peores casos, cuando se convierte en terror, paraliza físicamente y paraliza la voluntad. Lo que genera que se disminuya el escudo que impediría drenar por completo la energía.

- Las entidades negativas **provocan terror** mediante imágenes en sueños y haciendo sentir su presencia.

- En algunas ocasiones, bajan los escudos naturales y energéticos de las personas, esto es en situaciones de sumisión y cuando se da permiso, ahí es cuando **drenan** más la energía, a veces esto sucede cuando se están teniendo relaciones sexuales.

- Muchas entidades **requieren permiso**, si se revoca el permiso entonces se tienen que ir.

- **Dar permiso** a que entren energías es cuando uno es reactivo a circunstancias negativas, por ejemplo, nos insultan e insultamos, tenemos miedo o tristeza, o le permitimos a otras personas someternos, les obedecemos y nos bajamos a su nivel vibratorio.

- **Emociones positivas, un alto nivel de energía y revocar el permiso a los entes**, son los métodos más comunes para lidiar con los malos espíritus.

- Algunas **entidades negativas obedecen órdenes** directas, si son hechas en la forma correcta, ellos no están más conectados a la voluntad suprema, nosotros sí. Este es el método para los exorcismos y destierros, a veces las consecuencias pueden ser desconocidas, pero siempre vale la pena intentar.

- Un **ataque tarda en promedio 30 días** y después se desvanece. Ataques subsecuentes pueden ocurrir, depende de las razones por las cuales fue el ataque y depende de la fuerza de la entidad negativa. Sin embargo, algunas entidades negativas establecen ataduras de largo plazo.

- Las entidades utilizan los **mismos métodos**, que les han funcionado por miles de años, tomemos en cuenta que muchas entidades son muy viejas y han usado los mismos métodos durante todo ese tiempo. No son buenas adaptándose a las circunstancias, no son muy creativas en buscar nuevas formas de ataque. Por lo que incluso, cuando el afectado hace algo diferente, como por ejemplo yoga, las entidades se alejan debido a que no están acostumbradas a esas posturas.

- Tenemos siempre **guías y guardianes** como ángeles, dioses o espíritus, hay que llamarlos e invocarlos siempre que sintamos vulnerabilidad.

- **Mandar a los espíritus a la luz** es un buen método. Se **visualiza** una luz que se los lleva, pero siempre rezando y pidiendo ayuda, visualizando que el ente se va por el túnel de luz, esto sólo funcionará si se trata de muertos. Se solicita a los dioses, los ángeles o los buenos espíritus que se lleven a los espíritus errantes a la luz. **Encender velas** y pedir que lleguen a la luz a través de la luz de la llama es efectivo.

- Las personas que tienen **cualidades mediumnísticas** generan un tipo de energía llamada paraplásmica, que hace que los entes y fantasmas de manifiesten más fácilmente, de hecho, contribuyen a las experiencias paranormales. La gente con estas características atrae a espíritus a ellos, tanto buenos como malos. La que ellos producen puede ser comparada con el ectoplasma, pero más ligera.

- El **ectoplasma** es una energía condensada derivada del cuerpo. El médium produce mucho ectoplasma que utilizan los entes para hacer transformaciones en la cara, por ejemplo, del atacado.

- Generan **atmósferas negativas** para provocar discusiones.

Lo positivo que podemos hacer como defensa

• Uno en general debe tener **mucho cuidado** con lo que huele, lo que mira, el tipo de películas o programas que ve, los lugares a los que va.

• Todo tiene una frecuencia determinada, y mientras más baja frecuencia tenga **aquello que se absorba,** más se atraerá a entidades afines.

• Para mantener un elevado nivel de energía, se requieren de **hábitos positivos**, hay que reforzar **la fuerza de voluntad**, esto se logra con autodisciplina en el cuerpo y estilo de vida, además esto da una buena pelea con las compulsiones negativas.

• **Tener hábitos positivos como:** oración, meditación, pensamientos positivos, generan altas vibraciones, aceites esenciales. También hacer ejercicio, comer sanamente, los ayunos ayudan a reforzar tu fuerza de voluntad. El ayuno de jugos es muy bueno.

• **Ocupar la mente** en otras cosas que no sean influencias negativas es muy efectivo. Por ejemplo, mantralizando, orando, leyendo textos sagrados. Dejando la mente en blanco. La mente siempre está funcionando mientras se está en vigilia, ocuparla en pensamientos constructivos ayuda a evitar influencias negativas de entes.

• **Rodearse de cosas de alta vibración** como música clásica, limpieza, orden, armonía, plantas, aceites esenciales, colores claros.

• **Rodearse de personas positivas** y platicar cosas positivas, no decir sandeces.

• Algunas veces pueden atacarnos si **convivimos** o estamos cerca de una persona que tiene ataques.

• **Evitar** adicciones.

• Es necesario **deshacerse de los traumas**, porque son ligaduras con los entes. Hacer una lista y revivir cada uno liberándolo, es un buen método. Es muy recomendable ir a terapias y pasar por un proceso psicológico y energético de sanación.

- Las entidades trabajan mucho con **la culpa**, por ejemplo, hacen creer a la persona que las reacciones son propias y que se es culpable por lo que está sucediendo, negando una interferencia externa. Cuando nos damos cuenta que **hay una influencia**, entonces la culpa cesa y esta es un arma contra ellos.

- El **autonocimiento** es muy importante, hay que **identificar los cambios**, ideas negativas o comportamientos nocivos, identificar las imágenes implantadas, urgencias y compulsiones que no van con la vida normal de uno mismo. El propio **control y la disciplina** son excelentes armas contra las entidades negativas.

Quisiéramos decir que la **pureza e inocencia** son protecciones infalibles contra las entidades negativas, éstas pueden reforzar el escudo, sin embargo, no son infalibles, incluso a veces hasta son atractores. Cuando una persona va acumulando cada vez más luz, la sensación es maravillosa e incluso diríamos que protege, sin embargo, al momento en el que la persona se **torna vulnerable**, se genera una puerta de entrada a entidades negativas, por lo que siempre debe ser muy cuidadosa.

La **falta de creencia** en todo lo paranormal crea un bloque mental y barreras conceptuales que no inmunizan totalmente en contra de las entidades negativas, pero **sí reduce** la propia sensibilidad a ellos.

6.3. Cómo identificar
si se tienen muertos pegados

Los **síntomas** ya señalados son un buen método para identificar si la persona tiene entidades.

El siguiente método es a través del uso del **péndulo** o **la respuesta muscular**. Pregunte por lo siguiente:

- Pregunte al péndulo si se tiene pegada alguna entidad.
- Preguntar por el tipo de entidad y cuántas de cada uno.
- Preguntar por el nivel de inserción de la entidad.

Si uno mismo estará utilizando esta metodología, recomiendo preguntar si usted mismo se la puede quitar.

Para quitar las entidades es necesario saber trazar el círculo de protección que hemos visto ya en el Tomo II, si no se lleva a cabo esta precaución, se quitará la entidad y se quedará suspendida en el lugar esperando regresar o se le puede pegar a alguien más que se encuentre por ahí. Al realizar el círculo, además de estar protegidos, nos aseguramos de que se vaya a la dimensión a la que pertenece y nuestros espíritus guías, así como aquellos a los que hayamos llamado se encargarán de ayudarnos a que no regrese.

6.4. La limpieza

Dentro de las técnicas de limpieza que ya hemos trabajado en el TOMO I y II, la parte fundamental en el caso de entidades está en el trazo del círculo, el incienso, el agua bendecida, el uso de plantas en ramo o brisa y, sobre todo, el athame que romperá cualquier vínculo con entidades y daños, el cual se debe pasar alrededor del aura sin dañarla.

Los demonios, cuyo tema veremos más adelante, se retiran con ayuda de nuestros espíritus, además del uso **athame** y el **círculo de fuego**.

Una vez llevada a cabo la limpieza, se procede al trabajo de desposesión espiritual si el nivel de adherencia es 3 o 4.

6.5. Trabajo mágico con entidades

Alguns mags trabajan con entidades, crean egrégores o tulpas, los invocan para ayudar en los hechizos o rituales mágicos.

En ocasiones, simplemente con hacer algún conjuro maligno, estas entidades se pegan a la energía del conjuro y ayudan a causar el daño. Para ellos es como si tuvieran un canal que los lleva a satisfacer sus deseos y necesidades. Estos entes normalmente piden algo a cambio.

En algunas tradiciones mágicas como los practicantes de Palo Mayombe, se les llama a entidades o a muertos para cumplir con fines específicos, ofreciéndoles sangre, la consumación de venganza u otra cosa a cambio. A estos espíritus que acuden se les llama "esclavos", normalmente son engañados y su camino a la luz es interrumpido.

Hay diferentes maneras de invocarlos: a través de sellos, oraciones, cantos, o a veces simplemente se acercan por la ley de la resonancia.

6.6. Oraciones para alejar entidades

El método que hemos ya revisado de implantes ayuda bastante.

Algunas frases que ayudan son la siguientes. Es importante decirlas con toda convicción y sin una pizca de miedo.

> • *Rompo cualquier pacto de cualquier tipo con las fuerzas malignas.*
>
> • *Corto la transmisión de todos y cada uno de los votos malignos, satánicos, pactos, lazos espirituales, ataduras del alma y otras obras de la oscuridad.*
>
> • *Gran espíritu, te ruego me reveles por palabra de conocimiento el nombre de cualquier espíritu maligno que se me haya unido bajo cualquier circunstancia.*
>
> • *La divinidad bendice a esta familia compuesta de seres nobles, trabajadores y llenos de alegría.*
>
> • *Apártate de mi lado, la divinidad y la luz están conmigo.*

CAPÍTULO 7.
POSESIÓN DE DESENCARNADOS

Como hemos señalado, nos encontramos diferentes grados de daño de estos espíritus, los hay desde que sólo están alrededor aprovechando el momento vulnerable para alimentarse, hasta aquellos que están completamente atados e intervienen en nuestra conciencia, a este grado de atadura de nivel cuatro le llamamos **posesión.**

La **posesión puede ser de entidades, extraterrestres, muertos, esclavos o demonios.**

7.1. Síntomas de posesión de desencarnados

Algunos de los síntomas de las posesiones son: cambio de carácter, emociones extremas, enfermedades psíquicas, comportamientos o enfermedades que tienen que ver con alguna problemática que sufrió el alma en vida, si es que se trata de un muerto.

Muchas veces en el cuerpo se pueden encontrar marcas que indican una ligadura con estos seres, como: lunares, protuberancias, manchas de nacimiento, corpúsculos. Muchas veces estas entidades utilizan esto como una liga y vía de acceso. Poco a poco van estableciendo ligas más estrechas para ganar más fuerzas y drenar más.

Primero, debemos identificar si el paciente está poseso. Se pregunta con el péndulo o respuesta muscular si efectivamente se trata de un grado de inserción 4 o incluso 3.

Este tipo de entidades, que pueden ser de tipo variable, no están las 24 horas del día ahí. Algunas veces esperan o provocan la emoción o situación por la que entran y es de lo que se alimentan. En ocasiones se aparecen en ciertos periodos de tiempo o épocas del año, tal vez a alguna hora del día donde se abrió el canal de contacto con el poseso.

Algunos tienen una conciencia animalística, actuando por instinto, o pudieron tener problemas mentales en vida, pero otros son más inteligentes, es decir, mantienen una conciencia semi-humana, con estos son con los que se puede negociar y persuadir. A los otros hay que obligarlos a retirarse del cuerpo del afectado mediante exorcismo.

Los niveles de posesión varían y pueden irse incrementando, todo depende del tipo y la fuerza de la entidad negativa. Las personas pueden actuar violentamente cuando el ente negativo se siente amenazado.

Los seres humanos tenemos muchas resistencias naturales en contra de la posesión de entidades.

Puede haber entes negativos/demonios poderosos que mandan a muchos entes negativos menores que él dirige.

Por esta razón se les pregunta si están por voluntad propia o fueron mandados por alguien más. Que puede ser otra entidad negativa, o bien una persona viva.

Reducen el soporte emocional de amigos para debilitar a la víctima, es decir, provocan que se alejen e insertan pensamientos negativos acerca del afectado.

Hay que tener cuidado si la persona es sometida a alguna intervención quirúrgica, ya que en el estado de obnubilencia se es muy vulnerable.

Existen terapias de limpieza de entidades y de desposesión, que sólo recomiendo sean realizadas por personas experimentadas o iniciados, por ningún motivo las puede llevar a cabo un neófito, alguien que tenga problemas emocionales, o baja vibración y que no esté entrenado con relación al manejo de energías. Lo semejante atrae a lo semejante y si no se tiene el campo bien cerrado, o si hay miedo, dudas o falta de fe, uno puede ser presa fácil de estos seres. Además, debemos saber qué hacer en caso de emergencia.

7.2 Terapia de desposesión espiritual

La Terapia de desposesión espiritual es un método espiritual para retirar entidades con un nivel de inserción 3 o 4 mediante la persuasión. La entidad habla a través del afectado o éste es un interlocutor de comunicación.

En la terapia de desposesión se habla con el espíritu que está poseyendo al paciente persuadiéndolo de pasar al otro lado según sean sus creencias y contexto; por ello, es importante tener un **amplio conocimiento** acerca de tanatología, religiones, historia y geografía en general, y además sobre ritos mortuorios o de paso al más allá de diferentes tradiciones.

Las preguntas específicas para saber si hay posesión de entidad en general (ente, muerto o demonio) a hacer con apoyo del péndulo son:

- Hay posesión: Sí   No
- La posesión de: Muerto Entidad Demonio
- Fue mandado o está por su propia voluntad:
-                                    Por propia voluntad Fue mandado
- El paciente necesita una **desposesión**: Sí   No
- Es el momento adecuado: Sí   No
- Yo puedo realizarla   Sí   No

Una vez respondidas estas preguntas, se procede a la desposesión que no sólo consiste en despojar a la entidad limpiando el campo energético del paciente, es una labor de convencimiento total y necesidad de fuerza para elevarlo a la luz o a su lugar de origen. Yo sigo la metodología de Cabouli, quien llama a esta terapia "**Meditación de Isis**".

Pasos de desposesión espiritual

Ya que se ha identificado que es una entidad, ahora se procede a extraerla. En este paso vamos a hablar directamente con el espíritu para que se salga. Tomemos en cuenta que para esto el paciente debe tener la suficiente apertura y el analizador la suficiente experiencia y fe, y ni una sola pizca de miedo de parte del terapeuta debe existir ya que esto pondrá en riesgo la sesión. El analizador debe estar preparado para cualquier contingencia y debe saber qué hacer si se tratara de un espíritu agresivo o que quisiera atacar.

En general, es importante tener en consideración los siguientes puntos:

- El **limpiador debe estar en sintonía con la luz** que será la fuerza que transformará a la entidad.

- El limpiador debe estar sano física, energética y emocionalmente, de ninguna forma puede estar enfermo, débil, triste o emocional.
- Se debe **invocar por ayuda** a un guía, ángel o divinidad. El limpiador llama a los guías y abre la Gran Luz sobre la cabeza. Se dice que cualquier tipo de entes, llámense desencarnados, elementales, demonios, extraterrestres, todos responden al nombre de la Gran Fuerza o de Jesús o Jeheshua, cual sea la creencia y siempre se debe invocar al Arcángel Miguel, a las valkiryas, a Hécate, a Lilith y a los espíritus protectores o ángeles celestiales.
- Se debe llevar a cabo en un **cuarto cerrado.**
- **No animales, no plantas empotradas.**
- **Encender una vela.**
- El **cliente debe estar acostado**, con los ojos cerrados.
- Se deben **emitir algunos sonidos** para incrementar el nivel vibratorio del aura del cliente. Como música celestial o de meditación.
- Se permanece unos minutos en **la luz.**
- Al terminar se llama al cliente de regreso, se le pide que se haga consciente de su cuerpo y que abra los ojos.

Un punto importante a considerar que es parte de los pasos es la **obtención del nombre.** Normalmente **los entes lo darán,** se les tiene que orillar a que lo proporcionen. Al poseer el nombre de la entidad, tenemos poder sobre él. Así que, ésta es una tarea fundamental por realizar: **conseguir el nombre.**

En el caso de que se **trate de un demonio** y estemos seguros de ello, no hablaremos con él y se requiere otro método: el **exorcismo de entidades demoniacas.** Pero ¿cómo saber que se trata de un demonio? No todos los casos de posesión espiritual son por demonios, de hecho, son pocos los casos en los que esto realmente sucede. La persona posesa debe ser realmente muy especial para generar el interés de los demonios. Debemos reconocer que se trata realmente de uno. Las posesiones demoniacas siempre van acompañadas de fenómenos poltergeist, la persona habla en otras lenguas, gruñe, tiene una fuerza extraordinaria, extrema maldad y sabe sobre la vida de los que intentan extraer al demonio del cuerpo que posee.

A continuación, presentaré los pasos detallados que servirán como base para llevar a cabo la desposesión espiritual:

PASO 1

1. Trazar círculo y realizar las protecciones, llamada a los cuartos y trazar el círculo de protección, como en la Vieja tradición (Wicca), Witchcraft o en las escuelas de misterios —véase el Tomo II donde se explican los pasos del trazado del círculo—.

PASO 2

2. Invocar a los seres que nos van a ayudar: Guías, espíritus y guardianes, maestros y ancestros; así como a la Diosa y al Dios. Siempre pedir la ayuda de Hécate, Lilith, la Fuerza Creadora o Gran Espíritu y al Arcángel Miguel.

PASO 3

3. Relajación. Se hace que la persona entre en un estado de **absoluta relajación.** Se le pide que vaya pasando por cada parte de su cuerpo, visualizando que se relaja y distiende, guiándolo hacia una respiración profunda. Comenzando por los pies.

Cabe señalar que los entes están esperando cualquier momento en el que su vehículo no esté en alerta y completamente relajado y diríamos, fuera de su propio control, para poder entrar.

PASO 4

4. Llenarse de Luz. Se le pide que visualice una luz que entra del centro de la Tierra por sus pies y lo llena de luz. En la siguiente inhalación se solicita que visualice una luz que entra por su coronilla procedente del centro del Universo, esta luz llena todo su cuerpo. Se le pide que visualice cómo esa luz entra por arriba y por abajo y lo va llenando de luz cada vez más, que se sienta completamente iluminado.

PASO 5

5. Esfera de luz. Se pide que visualice una esfera de luz que baja por el tubo pránico (un tubo de luz que desciende del cielo), esta luz se divide en dos y comienza a entrar por cada uno de sus pies. Se le solicita llenar cada pequeña parte de su cuerpo de luz, lentamente.

PASO 6

6. Identificación. Se le pide que desde su **tercer ojo ilumine** todo su cuerpo y trate de identificar si hay alguna parte que no esté iluminada. Se le pide que comience desde los pies. El terapeuta puede identificar a través de la respuesta muscular, videncia o péndulo qué parte está contaminada o no está iluminada y verificará también con péndulo o respuesta muscular lo que dice el paciente. Estas entidades siempre tienen una puerta de entrada en una parte del cuerpo.

PASO 7

7. Diálogo. Una vez **identificada la parte oscura** o no tan ilumi-nada, se le dan al paciente las siguientes **instrucciones**:

- Hazte consciente de tu ______________(parte del cuerpo). Siente tu ________ desde el entrecejo.

Después de un minuto:

-Enfócate ahora en el lugar del tercer ojo, y desde este punto diríge-te a esta área más oscura, densa... (se pueden usar los adjetivos que el cliente haya usado).

- ¿Qué tan grande se siente?

En este momento el terapeuta ha hecho contacto con el cliente, puede ser que vea cómo es la presencia.

- ¿Qué emociones o sentimientos negativos están relacionados con esta área oscura o pesada?

- ¿Qué pasa cuando tú experimentas estas emociones?, ¿Qué le pasa a esta entidad o cosa?

- ¿Tiene alguna forma?

- ¿A qué se parece? ¿Cómo es?

- ¿La cosa se mueve o siempre permanece en el mismo lugar?

- ¿Qué pasa cuando se mueve?

- ¿La cosa está relacionada con alguno de tus órganos?

- ¿Se siente como algo que te pertenece, como una parte de ti o como algo extraño?

- No pienses, sólo siente.

- ¿La habías visto antes? ¿Puedes sentir algo como una presencia atada a ello? Es decir ¿Hay algún ser que esté ligado con este ente o mancha que estamos viendo?

**El paciente tiene que contestar que la oscuridad detectada no es parte de él para proceder a los siguientes pasos.

Entrar en contacto con la entidad. A partir de este momento se va a entrar en contacto con la entidad, si el paciente está muy bloqueado se le van haciendo las preguntas a él como en la opción B. Si está abierto y ha llevado a cabo con éxito el paso 7, entonces se procede a la opción A:

A. Entablar comunicación a través de las cuerdas bucales del paciente.

1) Instalación de respuesta muscular. Se le dice al paciente.

- *Si levantas tu dedo índice es un "sí", si levantas un pulgar es un "no".*

2) Se hace la **pregunta** al sistema de la persona:

- *¿Hay alguna entidad vinculada con esa oscuridad en el cuerpo de: (nombre del paciente)?*

Se espera que la persona mueva el dedo, debe mover el índice.

3) **Presentación e indicaciones.** Si la respuesta es sí entonces se le dice:

- *Quiero decirte que estoy aquí para ayudarte, en este lugar eres amado y respetado, _________________ (decir el nombre del paciente) te prestará sus cuerdas bucales para que te comuniques a través de ellas. No serás juzgado ni criticado, lo único que queremos es hablar contigo para ayudarte.*

Se le dice al paciente por su nombre:

- *_________________ (Nombre del paciente) tú permanecerás pasivo, quieto y permitirás que este ser se comunique a través de tus cuerdas bucales, quiero decirte que estás seguro* *y a salvo. Te pido que cualquier cosa que te venga a la cabeza, tú permitas que salga, no juzgues, sólo deja que fluya.*

- *Estamos aquí para escucharte (dirigiéndose al ente), a la cuenta de tres podrás comunicarte con nosotros: 1...2...3. ADELANTE.*

4) **Diálogo.** A partir de aquí se establece el diálogo, esto requiere mucho entrenamiento y recomiendo ampliamente el libro de Cabouli, ***Terapia de la posesión espiritual.*** No recomiendo que se practique esto sin estar equilibrado o ser un iniciado.

Las preguntas son las siguientes. Las que tienen asterisco son imprescindibles:

- *¿Cómo te llamas?* ** **Insistir hasta que dé su nombre, se puede hacer la pregunta decenas de veces y de diferente manera.**

- *Bienvenid@ _______________ (el nombre que haya dado)*

- *¿Cuántos años tienes? ***

- *¿Cuántos años tienes en el cuerpo de_______(decir el nombre del paciente)? ***

O

B. Se le pregunta al paciente sobre la entidad

- *¿Sientes como si la cosa hubiera estado contigo desde hace mucho tiempo?*

- *¿Cuándo vino hacia ti?*

- *¿Dónde estaba la cosa antes de llegar a ti?*

- *¿Si la cosa te dejara a dónde iría?*

NOTA: Si el ente no quiere contestar, se le hacen las preguntas al paciente diciéndole que conteste lo que se imagine. Las preguntas vienen aquí para el caso B, pero si es la opción A, se preguntan en 2ª persona, es decir: ¿Por qué estás con _______?

Continuación (dirigiéndose al ente):

- *¿Por qué estás con _____________ (nombre del paciente)? ¿Qué te atrajo de él/ella? ¿Qué quieres?*

- *¿Qué emoción negativa provocas en _________?*

- *Cuando te sientes _____________ a ti (él/ella) qué te pasa?*

- *¿Podría ser que te guste algún tipo de comida, algo que disfrutes?*

Las siguientes preguntas no están en segunda persona, sino utilizando al paciente como interlocutor, si se ha logrado entablar comunicación directa a través de las cuerdas bucales, se cambiará la persona de tercera a segunda, es decir, en lugar de decir la cosa, le diremos tú.

Si la respuesta es afirmativa entonces:
- ¿Cuando comes eso, a la cosa qué le pasa?
- ¿La cosa te genera antojos algunas veces?

- ¿Qué le gusta?
- ¿Qué le pasa a la cosa cuando haces lo que le gusta?
- ¿Pudiera ser que la cosa algunas veces te orille a tomar y a fumar?
- ¿La cosa llega a interferir con tus actividades sexuales y deseos? ¿Cómo?
- ¿Qué más le gusta a la cosa?
- ¿Qué le pasa a la cosa cuando tú lo haces?
- ¿Le desagradan algunas cosas que haces?
- ¿Le agradan o desagradan algunas personas que se encuentran a tu alrededor?
- ¿Cómo reacciona ante tu padre/madre/esposo(a)/hijos?
- ¿Qué gana la cosa con estar dentro de ti?
- ¿Cómo vive? ¿De dónde toma su energía?
- ¿Tienes algunas veces la sensación de que la cosa te mira?
- ¿Algunas veces la cosa genera voces, o pensamientos en tu cabeza?
- ¿Qué dicen esas voces o pensamientos?
- ¿Cómo reacciona la cosa mientras estamos hablando de ella?
- ¿Si la cosa pudiera hablar a través de ti, qué diría?
- ¿Si la cosa se fuera qué pasaría?
- ¿Qué tipo de beneficio obtienes debido a la presencia de la cosa?
- ¿Preferiría ir a la tierra, o al agua o al fuego o a el espacio?
- ¿Además de a ti, la cosa esta atada a alguien más al mismo tiempo?

PASO 8

8. Opción de liberarse. Una vez que hemos detectado qué es lo que está provocando en el paciente, vamos a continuar dándole la opción de liberarse.

- *¿Te/Le gustaría?*

- *Tener un propio cuerpo.*
- *Tomar sus propias decisiones.*
- *Si desea ayudar, desde otro punto de vista*
- *Preguntarle si no está fastidiado de estar dependiendo de alguien más.*
- *Decirle que puede volver a nacer y elegir su vida.*
- *Puede volver a tener familia si así lo desea.*
- *Que puede llegar a un lugar maravilloso.*
- *Es importante siempre señalarle que será perdonado por cualquier daño que haya hecho.*
- *Preguntarle si quiere que lo ayudemos a llegar a la luz y tener la oportunidad de recomenzar liberado.*

PASO 9

9. Sí desea irse. Una vez que está convencido de que quiere irse, vamos a llevarlo al momento en el que estaba encarnado y su última muerte, vamos paso a paso haciendo preguntas específicas ya sea en tercera o segunda persona, dependiendo de la opción A) o B) en paso 7:

- *¿Dónde estás? ¿Cuántos años tienes? ¿A qué te dedicas? ¿Tienes familia? ¿Eres feliz?*

Una vez analizado esto, se le pide que vaya al momento de su muerte:

- *Vamos al momento de tu muerte en esa vida, cuando yo cuente tres: uno, dos, tres...*

Se le preguntan por las circunstancias, cómo se sentía y se le dice que visualice cómo va saliendo su alma del cuerpo. Se procede al paso 11.

Si no desea irse, se procede al paso 10.

PASO 10

10. No desea irse. Se debe obligarlo a irse solicitando ayuda a todos los seres guardianes y guías y se apoya con el athame visualizando y arrojándolo al tubo de luz, hasta que ya no se vea nada (con el tercer ojo) y preguntando con el péndulo o respuesta muscular.

Si **no se pudo hablar** con el espíritu, se le pide al paciente que visualice una columna de luz y con toda su fuerza y la voluntad lleve a la entidad a esa **columna** para que pueda ser transmutada. El terapeuta hace lo mismo, toma a la entidad y la lanza a la luz.

En ambos casos se procede al **paso 15.**

Si se trata de una entidad muy oscura y maligna se procede al exorcismo o dependiendo del grado de maldad, se hacen oraciones.

PASO 11

11. Guiarlo hacia la luz y pedir la apertura de puertas celestiales. En el momento en el que salga de su cuerpo lo vamos a guiar hacia a la luz. Le decimos:

- *Debido a que estabas tan consternado por tu muerte no esperada, no viste que había una luz.*

Inmediatamente después de esta frase, se pide permiso para abrir las puertas diciendo:

> ***Humildemente Fuerza Creadora te pido que abras las puertas de tu reino para recibir al alma de _______. Te pido que envíes un rayo de luz y a tus ángeles protectores para que vengan a buscarlo. En este día de liberación, te pedimos, Gran Fuerza Creadora. por obra de la Divina Gracia y de tu infinita misericordia que abras las puertas de la patria celestial para que_____________ pueda volver a tu seno y lo perdones por sus errores y que llegue en paz a la Luz.***

PASO 12

12. Partir hacia la luz: Se le indica al paciente:

- *Vas a visualizar cómo se abre el cielo para dar paso a una esplendorosa luz, mírala.*
- *¿La puedes ver?*

- *Mira ahora cómo de esa puerta salen familiares a recibirte (o seres de luz, guías o ángeles, dependiendo de las creencias de la persona o bien, le decimos que visualice un remolino violeta que viene por él/ella)*
- *Vé hacia la luz, siéntela, es una luz maravillosa, es plenitud total y paz infinita.*

PASO 13

13. Si la **entidad estaba trabajando para la oscuridad** se le solicita que mencione lo siguiente —también puede ser utilizada por nosotros mismos si sospechamos o sabemos que con anterioridad, en esta vida o en otra, hemos hecho pacto con la oscuridad—:

En el nombre de la Luz y con la fuerza de la Luz que en este momento me embarga y me llena todo y alimenta mi voluntad; con la fuerza y con toda esta dignidad, Yo _____________ rompo y anulo el pacto que hice con la oscuridad, el pacto que hice de estorbar e interrumpir el camino de_________ (o mi camino), me libero para siempre. Yo _____________ en el nombre de la Gran Fuerza Creadora, rompo y anulo el pacto que hice con la oscuridad y me libero para siempre. Yo _____________ rompo y anulo el pacto que hice con la oscuridad y me libero para siempre.

PASO 14

14. Despedida de la entidad. Se le va repitiendo al paciente que mire la luz durante todo el proceso.

- Te voy a pedir 3 favores, contestándome las siguientes preguntas:

1. ¿Hay alguien más en el cuerpo de ________ (nombre del paciente)?

2. ¿Hay algo que quieras decirle a ___________ (nombre del paciente) antes de irte?

3. Te pido que me digas "adiós" cuando ya te estés yendo por completo para que yo sepa que te has marchado. ¡Bendit@ seas!

Siempre nos vamos a dar cuenta físicamente a través del paciente cuando el ente o el muerto se ha ido, ya que emite un suspiro o se ve cómo un peso de encima se le ha ido, la cara le cambia y regresa a sí. Se le pregunta al paciente si ya se ha ido y se verifica con respuesta muscular.

PASO 15

15. Relleno de luz. Se le pregunta al paciente de qué color necesita una luz en el espacio que antes estaba ocupado por la entidad y se le dice que visualice que ese espacio se llena de luz.

PASO 16

16. ¿Más entidades? Se le pide al paciente que nuevamente desde su tercer ojo verifique si hay más entidades, es decir, si se mira desde su tercer ojo algún otro lugar ocupado. Si hay otra opacidad se regresa al **paso** 7. De lo contrario, se procede al paso 17.

PASO 17

17. Cierre y despedida de fuerzas. Al paciente se le solicita que repita tres veces:

> *Yo, _____________, soy yo, profundamente yo y en mi cuerpo mando yo.*

Al terminar se ponen **tres capas protectoras** de luz azul pastel. Se le da **reiki** o se visualiza que sale luz de las manos proporcionándosela al paciente en las zonas afectadas.

Se **despide** a las fuerzas a las que se llamó para que ayudaran y se dan las gracias.

Se le dice al paciente que poco a poco, a su ritmo y a su tiempo vaya regresando.

NOTAS:

- Algunos de estos seres pueden ser desencarnados, demonios o pueden ser extraterrestres, y aquí hay fuerzas que les son contrarias por naturaleza como: Ángeles, Jesucristo, Fuerza creadora o Dios, Jehová, Zeus, Hécate, Oyá, etc. Es decir, se toma una fuerza opositora de acuerdo con su naturaleza.

- El paso 11 puede variar dependiendo del tipo de entidad de que se trate.

- Si es una entidad con más fuerza, se usa el athame y se trabaja como en una desposesión demoniaca que veremos posteriormente.

CAPÍTULO 8. MALDICIONES FAMILIARES, NIÑOS Y PACTOS

8.1. El daño familiar

Después de que la vida le dio tantos aprendizajes a Samak, incluyendo que en una ocasión tuvo que cambiarse cuatro veces de casa en el transcurso de un año, llegó el momento en el que, como todos los oráculos y astros habían indicado, se convirtió en madre.

"Morgana" es el nombre mágico de su maravillosa hija. La historia sobre este evento está escrita en su libro ***Morgana, mi guía en nuestro viaje iniciático***, narra aquí el maravilloso suceso del nacimiento de Morgana, su hija, a la par de la práctica de la Vieja tradición, Astrología maya, Alquimia, Geometría sagrada y magia, entre otros temas, durante su proceso. Nos narra sobre puntos muy interesantes de diferentes disciplinas sobre las energías y el proceso de gestación hasta el nacimiento.

Ser madre es una gran tarea que sólo se aprende en experiencia propia, es inimaginable la oportunidad de amor y lecciones que se viven en la relación de amor incondicional madre-hijo. Samak logró comprender en este proceso que cada ser humano es completamente diferente en la educación y forma de hacer crecer a los hijos. Ningún manual puede ser seguido; la manera de educar es completamente individual. El andar de Samak se convirtió en tratar de compartirle lo mejor a su hija y guiarla en la experiencia de ser un habitante feliz de este planeta en proceso de evolución de su conciencia.

El hecho de que la energía de algún pariente debe sacrificarse o drenarse para dar vida a un nuevo ser, fue muy evidente en el proceso de nacimiento de Morgana, el padre de Samak sufrió un derrame cerebral muy grave, hasta el punto de verse en la necesidad de volver a aprender a hablar, comer, caminar y muchas cosas más, poco a poco recordó algunas cosas, pero otras ya nunca fueron igual. De hecho, Samak se enteró que una persona le había hecho brujería a su papá y se vio en la necesidad de hacer una serie de peripecias para contrarrestar el daño tan grave de tal atentado. Ahí entendió que la brujería es también para defenderse y que se vaya de regreso a su lugar de origen.

Continuando con el tema del equilibrio de las energías en las familias, cuando un nuevo miembro de la familia nace en el árbol, la **energía vital se resta** de alguno de los miembros. Cuántas historias hemos visto de personas que enferman o mueren al momento de nacer un nuevo integrante de la familia, principalmente cuando la energía del árbol se ha agotado y tiene que ser tomada de alguien vivo, en tal caso, el nuevo miembro de la familia se dice que carga con un **yaciente,** es decir, se convierte en una persona que carga simbólicamente con un muerto a sus espaldas, carga la energía, quiere ir a la muerte con él o sigue el destino de ese familiar que ha partido. Ahí Samak compendió que la energía de su pequeña había sido tomada en parte de su padre. No cabe duda que, la forma en la que se mueven las energías es impresionante y las normas de la justicia divina son otras.

Ya cuando la pequeña tenía aproximadamente 3 años, Samak se involucró más en el conocimiento **transgeneracional**. Comprendió que además de tener un alma personal, tenemos un alma familiar.

Y estas energías de la familia deben ser consideradas en todo momento, las historias y lealtades, por ejemplo, nosotros creemos que elegimos a la pareja libremente haciendo ejercicio de nuestro albedrío, creemos que elegimos nuestra carrera, pero mucho de lo que sucede tiene su causa en las historias de nuestros ancestros.

Un hijo se convierte en el último eslabón del árbol, es parte de una cadena de historias que continúan o no fueron resueltas. El hijo trae cargando, además de su karma personal, su impronta, su aprendizaje evolutivo, una serie de deudas transgeneracionales y karma familiar. Samak estudió el curso de **"Los cinco círculos"** con el Dr. Olivier Soulier por parte del Centro de Asesoría en Desarrollo Humano (CADHU) y una maestría en **"Astrogenealogía"** con Enzo de Paola. En este último se vincula la Astrología con la psicogenealogía. Fue una aventura espectacular para ella, se comprendió más, comprendió las cargas que se heredan a los hijos y las dinámicas energéticas familiares. Leyó decenas de libros del tema para profundizar.

Sumergirse en las historias de sus ancestros le hizo comprender que ahora era una bruja conocida públicamente porque le tocaba sacar todo eso oculto por generaciones, la magia negada, las facultades escondidas por temor a la persecución y desacreditación de sus ancestras. Venía a ser la oveja negra y sacar a la luz sin miedo y pena aquello que habían ocultado sus ancestras por peligrar su vida y por miedo a la crítica pública.

Y es importante comprender todo esto porque en ocasiones la causa de los problemas no se encuentra en esta vida ni en una vida pasada, se encuentra en las dinámicas del árbol, y muchas veces los problemas de los niños no son de ellos, en primera instancia son heredados de sus padres y después de algún integrante del árbol más atrás.

Incluso, hablando de daños por espíritus, algunas veces hay entes que trae colgando la madre transferidos al hijo al momento del nacimiento. Muchas veces los espíritus atacan a las mujeres estando embarazadas. Algunos entes se sienten especialmente atraídos por ellas ya que la energía de una mujer embarazada es abismal, traen una conexión directa con la fuente por estar generando vida que es el más sagrado milagro de este mundo, las atacan provocándoles visiones terroríficas, y paralizándolas, también con pesadillas.

Incluso hay maldiciones familiares que cuando llega un nuevo integrante a la familia, las portará si no han sido rotas.

En una carta astrológica se puede identificar el daño familiar en Lilith y Quirón.

8.2. Maldición sobre una familia

Hay ocasiones en las que se hacen maldiciones a una familia entera y su efecto negativo impacta en generaciones posteriores.

Cuando hay alguna maldición sobre la familia y se ha hecho con gran poder, esta va comúnmente acompañada de entidades negativas que colaboran para cumplir el maleficio lanzado, ya sea por temas de salud, amor, infelicidad, desgracia, desunión, dinero o cual sea la intensión del daño.

Hay **frases o situaciones comunes** usadas por integrantes de una familia que nos permiten identificar que existe una maldición. Hoy se conocen como frases usadas inconscientemente, pero su significado tiene un efecto que se manifiesta de forma negativa. Cada inciso corresponde a una 'maldición" diferente. Pueden existir una o varias en una misma familia:

1. Tendencia a **quebrantamientos** o **trastornos mentales** o emocionales en la familia.

    En este rubro se encuentran las familias cuyos integrantes usan frases como:

    "Esto me está sacando de quicio, ya no aguanto más".

    "Me enfurece cuando pienso".

    "Ésta es una familia de locos".

    "En esta familia todos están trastornados".

    "Me estoy volviendo loco".

    Para corregir estas expresiones y lo que pudiera resultar de sus vibraciones hay que repetir:

    En nombre de mis guías, espíritus y guardianes corto toda adherencia negativa que pudiera estar afectándome a mí y a mi familia. Cúbranme con sus bendiciones de salud mental, emocional y física. Llénenos de armonía, paciencia, tolerancia, paz y tranquilidad. Que sus divinos espíritus nos envuelvan en su luz de amor. Gracias. Así sea.

2. **Enfermedades** crónicas, congénitas o hereditarias.

    Son personas cuyas expresiones pueden ser:

    "Si hay un bicho por allí, a mí me tiene que picar".

    "Estoy enfermo y cansado de ".

    "Es mal de familia, así que seguramente sigo YO".

    "Me enferman tantas exigencias".

    "Todos en nuestra familia son psicóticos".

    "Siempre hay trastornos en la familia".

    "La depresión se da mucho en nuestra familia".

    "Tenemos mucha tendencia a enfermarnos".

    "Tal enfermedad es hereditaria, se da en nuestra familia".

    Para corregir estas expresiones y lo que pudiera resultar de sus vibraciones, hay que repetir:

En nombre de mis guías, espíritus y guardianes, Dios y Diosa, les pido cortar y retirar toda adherencia negativa que pueda estarme afectando a mí y a mi familia. Envíen su luz de curación que nos envuelva a todos. Llénenos de fe, confianza y seguridad con su divino amor, gracias. Así sea.

3. Propensión a la esterilidad, abortos o complicaciones relacionados con la **mujer**.

Las frases usadas son semejantes a:

"No creo tener la suerte de embarazarme jamás".

"Otra vez me cayó la maldición".

"Sé que también abortaré esta vez... ya estoy acostumbrada".

Para corregir estas expresiones y lo que pudiera resultar de sus vibraciones, hay que repetir:

Gran Fuerza Creadora, te pido que todos los miembros de mi familia sean fecundos en todos los sentidos positivos de la palabra. Gracias, que los divinos ministros de amor nos envuelvan con su luz de fertilidad, salud y armonía. Así sea.

4. Patrón de **desunión** en la historia familiar.

Algunas frases son:

"Ya me habían pronosticado que mi marido me dejaría".

"Siempre supe que mi marido me dejaría por otra mujer".

'En nuestra familia siempre hay pleitos".

"En nuestra familia siempre hay divorcios".

"Ya estoy harto de mi familia".

"En nuestra familia siempre ha habido separaciones".

"En nuestra familia, las mujeres estamos condenadas a estar solas".

"¿Para qué casarte, si de todas maneras te divorciarás?".

"Ésta es una familia de solterones".

Para corregir estas expresiones y lo que pudiera resultar de sus vibraciones, hay que repetir:

Gran Fuerza Creadora, te pido que siempre mantengas tu bendición de armonía, unión familiar, paz y mucho amor sobre mi

*familia. Gracias, que los divinos ministros de amor nos envuel-
van con sus emanaciones angelicales. Así sea.*

5. Complicaciones **financieras** persistentes.

Frases como:

"Nunca me alcanza el dinero. A mi padre le pasaba lo mismo".

"Tengo que vivir restringido. No me puedo dar ese lujo".

"Siempre ando en la miseria".

"Estoy en la vil inopia".

"Odio a los ricos que logran todo lo que quieren".

"En nuestra familia siempre hemos sido pobres".

"¡Pobres, pero honrados!".

Para corregir estas expresiones y lo que pudiera resultar de sus vibraciones, hay que repetir:

*Gran Fuerza Creadora te pido que todos los miembros de mi
familia sean productivos y que el resultado de su trabajo siempre sea fructífero y beneficie a muchos. Gracias, que los divinos
ministros de amor nos colmen de su luz de prosperidad y abundancia. Así sea.*

6. Predisposición a los **accidentes**.

Frases como:

"¿Por qué siempre a mí?".

"Ya sabía yo que esto iba a pasar".

"Soy torpe, por eso me pasan las cosas".

"Todo me sale mal".

"En nuestra familia existe cierta predisposición a tener accidentes".

Para corregir estas expresiones y lo que pudiera resultar de sus vibraciones, hay que repetir:

*En el nombre de la Gran Fuerza Creadora, que todos los miem-
bros de mi familia estén protegidos, que en nuestros viajes, pa-
seos, trabajo y gestiones en general, estemos siempre cubiertos
de bendiciones. Gracias, que los guías, espíritus y guardianes
estén guiándonos y protegiéndonos siempre. Así sea.*

7. Propensión en la familia a **suicidios** y **muertes** absurdas o súbitas. Frases como:

"No vale la pena vivir".

"¡Sobre mi cadáver!"

"Prefiero morir a seguir así".

"Que me den por muerto".

"Prefiero verte muerto a que hagas…"

"Todos somos enfermizos en esta familia".

"Sólo hay dos alternativas, encontrar la solución a esto o morir".

"En nuestra familia hay tendencias suicidas".

Para corregir estas expresiones y lo que pudiera resultar de sus vibraciones, hay que repetir:

En el nombre de la Gran Fuerza Creadora que todos los miembros de mi familia estén purificados y que siempre estén cubiertos con bendiciones de salud y protección. Que en nuestra familia siempre exista optimismo, armonía y mucha felicidad. Que siempre seamos bendecidos con la seguridad divina. Gracias que los divinos ministros de amor que nos defiendan y cubran con su resplandor de salud y armonía. Así sea".

En todos los casos, se sugiere que los integrantes de la familia se acostumbren a pronunciar pensamientos o expresiones nobles. Que los niños escuchen palabras positivas que incluyan a los integrantes de la familia.

Las bendiciones producen mucha más luz que la oscuridad originada en una maldición.

8.3. Vulnerabilidad infantil

Los niños están más en riesgo que los adultos. Muchos entes escogen a niños debido a que son más débiles a nivel mental y emocional que los adultos, por lo que son más delicados y sensitivos, ellos están extremadamente vulnerables a las interferencias invisibles.

La sensibilidad psíquica es un factor importante para atraer estos ataques, ya que las personas sensibles son más fáciles de influenciar y controlar. Debido a que los niños son muy sensibles, son más susceptibles a recibir ataques. Su campo está completamente abierto para recibir las impresiones y energías del entorno.

Algunas veces las entidades negativas aprovechan la presencia de los niños para desestabilizar al adulto, trayendo desarmonía y atmósferas negativas a través de problemas familiares. En este estado de vulnerabilidad, los entes entran en el campo del niño o entran al adulto más fácilmente. En ocasiones el niño los lleva cargando hasta la adultez.

Algunos entes atacan a los niños por ciertos periodos, luego se marchan por años y regresan en la edad adulta. Otros entes, una vez que los niños empiezan a madurar, se van porque sólo les gusta alimentarse de la energía de los infantes, no la de personas más grandes.

Debido a su vulnerabilidad, es muy fácil que los niños se **"ojeen"**, es decir que les dé mal de ojo. Si una persona trae mala energía o tiene envidia al bebé o a su familia, ésta puede provocarle mal de ojo con una risa, con tocarlo o simplemente mirarlo. Por ello muchas personas que saben que tienen una energía pesada, piden tocar al niño para evitarle el daño. Tener contacto por medio del tacto ayuda a recoger lo que se depositó.

8.4. Síntomas de niños atacados

Cuando un niño trae daño por mal de ojo o alguna entidad. Pueden presentar:

- **Egoísmo** y **necesidad de control** en los niños.
- Los niños se vuelven **emocionalmente demandantes**, es decir, todo el tiempo quieren atención de los padres y tratan de llamarla desde cualquier circunstancia.
- Otro síntoma son las **pesadillas nocturnas.** Debemos estar muy atentos a los sueños de los niños y ver si están teniendo pesadillas. Una vez que un niño es cachado por una entidad negativa, viene toda una campaña de ataques, esto es invasión. Poco a poco intentarán entrar, hasta que abran el campo y entonces viene la posesión.
- Las pesadillas son diferentes que los **terrores nocturnos**. En un terror nocturno el niño comienza a llorar y no se le pue-

de despertar, al despertar no se acuerda de nada. Las razones para esto son desconocidas y se dice que son hereditarias. Los niños no deben dormir solos cuando sufren de terrores nocturnos o pesadillas y siempre se debe **despertar al niño** cuando está sufriendo el ataque. Los padres deben dormir con los niños cuando el evento esté ocurriendo, lo cual beneficia porque las entidades negativas se pueden sentir intimidadas, si aun así tiene pesadillas, se trata de un problema más grande, estamos hablando de que la entidad tiene bastante fuerza. Con los terrores nocturnos, los niños no descansan y están irritables todo el tiempo.

• **Cambio de carácter**, comportamiento violento, ideas terribles que corresponden a un adulto, ausencias.

• **Problemas psicológicos**, duermen mucho durante el día y su comportamiento es anómalo y disfuncional.

• **Síntomas de niño abusado**, pero puede ser un abuso por parte de una entidad negativa.

• Para ver si un niño está **poseso**, veremos cómo se mueve, cómo camina, qué gestos hace, normalmente no corresponden a los que hace en su normalidad.

• A veces hacen cosas de las que después **no se acuerdan**.

• Puede tener alguna **enfermedad extraña, sin diagnóstico** o razón aparente.

Datos por considerar

• Los niños son **más vulnerables cuando duermen**, el momento más fértil de ataque es en la ensoñación —estado entre dormido y despierto—.

• Cuando los niños juegan con otros niños, se hace una **mente grupal**, ahí se vuelven vulnerables a ataques de entidades negativas provenientes de sus pares.

• Cuando los niños **están aburridos**, son muy susceptibles a los ataques, necesitan estar ocupados en algo.

• Debemos estar muy atentos, a veces nosotros traemos entidades o malas energías y las llevamos a nuestra casa y se les **pegan a los niños**.

- Si normalmente sufren de terrores nocturnos y si están con los **ojos abiertos**, se debe comprobar si están en REM o si están siendo atacados, si se mueven rápido están en REM, si no, se tratará de un ataque. Se le debe despertar y hacer pasar por agua o una fuente.

8.5. Amigos imaginarios

Cuando nacemos nuestros canales están completamente abiertos. El punto de encaje —visto en el Tratado Tomo I— se mueve sin control por todo nuestro cuerpo. Percibimos diferentes emanaciones de las fuerzas creadoras y de vida, por ello vemos diferentes planos, dimensiones y seres. Podemos ver la 4ª dimensión, somos muy sensibles y estamos abiertos.

Hay muchos seres y energías que los recién nacidos pueden ver, pero con el paso del tiempo y los condicionamientos de la vida actual, se van cerrando los canales y se va limitando su imaginación y percepción.

A varios niños se les presentan los "amigos imaginarios" que suelen ser espíritus reales, aunque en algunas ocasiones son proyecciones. Hay que tener cuidado con los amigos imaginarios, algunas veces son entidades que pretenden cuidarlos cuando no es cierto. Debemos observar si esos amigos imaginarios tienen influencias positivas o negativas en los niños.

SIEMPRE, SI LOS NIÑOS NOS CUENTAN ALGO, POR MÁS EXTRAÑO QUE PAREZCA, DEBEMOS CREERLES, Y PREGUNTARLES MÁS PARA SABER SI ES SU IMAGINACIÓN O REALMENTE ESTÁ SUCEDIENDO ALGO PARANORMAL. NO LOS DESACREDITEMOS POR ANTICIPADO.

Samak tiene un primo que durante toda su infancia era acompañado por un amigo imaginario. Este era un señor con barba blanca y larga, que siempre le decía que lo protegía de los entes sin rostro. Jugaba con él y lo acompañaba todo el tiempo. Su tía cuenta que en ocasiones lo dejaba acostado en su cama y de pronto al ir saliendo de la habitación escuchaba ruidos, regresaba y él estaba sentado con los juguetes acomodados, como si hubiera estado compartiendo con alguien más.

El hijo de este primo ve a los espíritus también. En una ocasión fue a la casa de Samak y se puso a platicar con "alguien", le dijo a su papá que había tres espíritus en ese lugar. Una mujer, un niño y un señor. Perseguía a la mujer hasta que esta desaparecía en las paredes o las puertas.

El esposo de Samak también tiene un amigo imaginario que lo acompañó en su infancia, también era el amigo imaginario de Natalia Matta llamada La Roja, su bisabuela. Él siempre le daba a Natalia consejos, le decía qué hacer y cómo precaverse de accidentes o problemas. Se trataba del mismo espíritu guía de Francisco I. Madero. Después, cuando Samak y su esposo estuvieron juntos, el espíritu se fue a vivir a su casa. Normalmente le gustaba cerrar las puertas con seguro o llave, para esconderlas posteriormente. En ocasiones dejaba todas las puertas abiertas, entiéndase TODAS, incluyendo refrigerador, alacenas y demás.

Estos son espíritus acompañantes; sin embargo, pueden existir algunos espíritus que no son buena influencia, como habíamos señalado. Es necesario determinar bien qué tipo de influencia está teniendo. Para esto recomendamos la tabla de hadas o el péndulo con tabla para descifrar qué quiere el espíritu, o bien, la clariaudiencia cuando ésta se ha desarrollado con éxito. Si el espíritu no es benéfico para el niño, hay que retirarlo de inmediato.

8.6. Defensa contra ataques de niños

Samak tuvo que aprender a hacer y efectuar todas las protecciones posibles porque Morgana se desprendía de su cuerpo y tenía que regresarla. Había muchos espíritus en la casa donde vivían. A veces veía al doble de Morgana flotando o miraba a Morgana quien tenía, aterrorizada, la mirada fija en un punto indeterminado; en ese momento Samak se dirigía a alejarlo.

Morgana es una niña muy sensible, en ocasiones, Samak sentía un escalofrío y era porque había alguna entidad, pero sabía que no era algo que le estaba afectando a ella directamente, sino a la niña. En ese momento lo que más le ayudaba era ordenarle a la entidad que se fuera con firmeza y poder.

Algunas de las alternativas que se pueden llevar a cabo como defensa de niños contra ataques son:

1. Ambiente armónico

Ambientes inarmónicos desequilibran y atraen a los entes y bajas vibraciones, por lo que hay, en primera instancia que tratar de tener siempre un **ambiente armónico** en el que se puedan desenvolver con tranquilidad los niños. Evitando discusiones, peleas, programas de televisión negativos, groserías y semejantes. Poniendo aceites esenciales, meditar, mantener limpio, abierto e iluminado.

2. Cerrar chakras

Cuando los niños o adolescentes están demasiado abiertos, se recomienda trazar taches en cada uno de los chakras, en la nuca y en la coronilla principalmente, con aceite de consagrar o con cascarilla, con el fin de cerrarlos.

3. Egregor

Crear un ente artificial de protección: Adquirir un peluche o muñeco que sea específicamente para su protección, darle un nombre. Hacer una meditación con el niño (si está en edad) donde se le diga que este ser lo va a proteger siempre, que imagine cada noche que crece cada vez más y más y que siempre está ahí para protegerlo con fiereza. Que todas las noches antes de dormir lo visualice presente y defendiéndolo. Si el bebé es muy pequeño, entonces lo hará la mamá, visualizando que es un gran protector y lo defiende. Esto va generando protección en el astral. Hay que repetirlo hasta que el niño deje la infancia; cabe señalar que, aunque ya no se haga, el ser creado es permanente en los otros planos.

4. Uso de cristales

El lapislázuli es una piedra que se utiliza para el cuidado de los niños, excelente protectora, lo pueden usar en collares o pulseras. Lo mismo hace el ámbar, se puede colocar en pulsera roja al niño en su manita izquierda.

5. Limpieza con huevo y ramo

Debido a la energía tan sutil de los niños, se le limpia con huevo y con un ramito de albahaca o con aceite esencial de albahaca y pimienta rosa.

Se puede usar alcohol con el huevo. El huevo se pasa haciendo cruces por todo el cuerpo, pidiendo que recoja el daño. Al final se deshecha de preferencia se deja ir el contenido por la taza del baño y el cascarón se tira a la basura.

6. Pirámide de cuarzos

Se pueden colocar 5 cuarzos maestros, uno en cada punto cardinal y otro en el centro. Limpiarlos y programarlos como ya se ha indicado en la sección de cristales —Tomo I—, esto generará una pirámide de protección.

7. Amuleto de protección

Puede traer colgada alguna piedra o amuleto en cadenita de alguna figura como la mano de Fátima, el pentagrama, la triqueta o un ojo; sin embargo, la mejor protección para los niños es el ámbar.

8. Atrapapesadillas

Para los niños sirve bastante utilizar un atrapasueños colgado sobre su cama dando a su cabeza.

9. Vaso con agua + sal

Colocar un vaso con agua debajo de la cama es excelente ayuda para un niño asustado o que está recibiendo ataques. El agua se debe reemplazar diariamente y hay que repetirlo mínimo durante mes. Si es de agua salada es mejor. Poner una pizca de sal en su cuna o cama también aporta.

10. Escudos de protección

Visualizar una cúpula dorada de protección sobre él. Sellarla 3 veces mientras se entona la nota La.

11. Habitación-altar

La **habitación** del niño debe convertirse en un **altar,** un lugar de protección y debe estar muy seguro. Se puede elaborar de la siguiente manera:

Poner imágenes en los 4 puntos cardinales que correspondan a los cuadrantes, elegir una de las que están enlistadas a continuación para cada punto cardinal:

- **Este:** Hadas, elfos, Pegaso, aves, color amarillo.
- **Sur:** Salamandras, centauro, elefante, león, color rojo.
- **Oeste:** Sirenas, ondinas, caballo de mar, peces, delfines, color azul.
- **Norte:** Gnomos, unicornio, perro, color verde.

Se colocan estas figuras en concordancia con los puntos cardinales, se cargan y consagran. También se consagra el lugar como templo de protección y resguardo diciendo la siguiente oración mientras se dirige a cada punto cardinal:

Benditos _____________ protejan el punto cardinal del _____________ acudan a mi llamado y protejan esta habitación. En perfecto amor y en perfecta armonía.

Al terminar pedir al centro:

Gran Espíritu, fuerzas divinas, hadas buenas, ancestros, guías y guardianes, protejan este lugar de todo daño y de todo mal. ¡Benditos sean!

12. Colocar símbolos y runas

Colocar símbolos y runas en el respaldo de la cama es una excelente solución. También se pueden cargar en amuletos.

13. Hierbas de protección

Hierbas de protección en la cuna colgadas, el romero es excelente. También se pueden colocar debajo de la cama. Se recomienda utilizar atados de hierbas (con varias de ellas) de protección colgados de la cama o techo.

Se puede colocar en difusor la **baya de enebro** y la **lavanda** que ahuyentan a los malos espíritus nocturnos. Se puede untar lavanda al niño en su crema o con aceite esencial de coco (5 gts por 10 ml), echar dos gotas de aceite en la lavadora cuando se laven sus sábanas y fundas. Poner en difusor en frío dos gotas de aceite esencial por las noches, lo que además le proporcionará un mejor descanso. Si se le añaden dos más de baya de enebro, las entidades no se acercarán.

14. Rezos

Siempre en la noche rezar para que su ángel guardián y protectores lo cubran y protejan. Se puede trabajar con alguna divinidad o arcángel protector.

Se puede decir la siguiente oración:

Santo Ángel de la guarda, guías espíritus y guardianes, háganse presentes y cuiden a ___________ Arcángel Miguel atiende a mi llamado, buenas hadas escúchenme, protejan este lugar y a est@ niñ@ de todo daño. Protejan y vigilen sus sueños, su cuerpo y su alma. Así sea.

El niño puede repetir la oración conocida

Ángel de mi guarda, mi dulce compañía, no me desampares ni de noche ni de día.

Si se trata de una entidad ordenarle que se vaya:

Te ordeno que regreses a tu lugar de origen, este lugar no te pertenece, vete ahora mismo en el nombre del Gran Espíritu. Arcángel Miguel llévate a esta entidad ahora.

15. Persignación

Antes de dormir persignarlo, la oración de persignación en la sección final del presente tratado puede ser útil. Se le pueden trazar pentagramas en la frente con aceite de consagrar o con el dedo y uno grande en todo el cuerpo.

16. Luces encendidas y música armoniosa

Si ha recibido ataques, dejar siempre una luz encendida, hay lámparas de cuarzo y sales del himalaya muy buenas que pueden permanecer encendidas toda la noche a media luz.

17. Aguarrás

Colocar aguarrás en las esquinas de la habitación del niño en un vaso lleno hasta la mitad. En pequeños vasos shot o de Tequila. Se deben dejar por 7 días y arrojarlos a la taza del baño una vez pasado ese tiempo.

18. Lechuga

Si persiste el mal, hay que esparcir lechugas alrededor del niño y alrededor de la cama o cuna. Hacerlo todas las noches por 7 días. Una vez terminado esto, poner tres bolas de naftalina en cada esquina de la habitación, colocar además un cuarzo o una pieza de alumbre en cada esquina.

19. Si se le presenta alguna crisis o ataque

- Si ya ha tenido síntomas, se debe dormir con él, ya que debe estar acompañado.
- Utilizar un athame y una vela, rezar. Con el athame atacar a la entidad y hacer cruces alrededor ordenando a la entidad que se vaya, invocar a divinidades y Arcángeles para que se lo lleven.
- Darle reiki, si no se sabe, imaginar que sale luz rosa de su corazón y dirigir esa energía con sus manos poniéndole un manto de luz y de protección.
- Ponerle cruces o pentagramas en la frente, nuca, pecho, palmas de las manos y palmas de los pies con aceite de protección o cascarilla.
- Pasarle un ramito de albahaca y un huevo con alcohol para recoger lo que le haya quedado.

Recomiendo que se le haga al niño mínimo unas tres sesiones de *Resonance Repatterning*, para ver qué es lo que está atrayendo a la entidad a nivel inconsciente.

20. Si hay una persona negativa

Una persona negativa o con malas vibras puede causar mal de ojo al niño. En este caso, como ya señalé, lo mejor es que toque al niño para recoger el daño. Pero también la madre o padre pueden decir lo siguiente mirando al niño:

"Que no se ojee".

21. Limpiar con incienso

Esto es en el caso de que haya visitas de personas que no traen muy buena energía o han generado envidias, hay que limpiar con incienso o con brisa de purificación hecha con plantas o aceites esenciales —Tomo II—.

22. Oración para antes de que nazca

Coloca mirto entre sus ropas. Coloca velas en la forma de un pentagrama alrededor de su ropa y recitar 5 veces:

Por Eleteia, por Era, aprende las palabras de tu madre desde su propia boca, bebé, ven aquí de tal manera que podamos escucharte llorar.

8.7. Romper pactos y contratos

Cuando se ha realizado un pacto con alguna entidad en esta vida o en vidas pasadas, o incluso cuando se ha hecho una promesa que debe ser cumplida, es necesario romperla o pagarla. En algunas ocasiones hay personas que hacen tratos o contratos para salvar a alguien más; por ejemplo, para que algún espíritu deje de molestar a un ser querido, se puede decir: *"llévame a mí y no a él".*

Tal vez uno fue brujo en vida anterior e hizo pacto con algún demonio o entidad maligna y no se le pagó, o es posible que se haya establecido alguna conexión con alguna entidad por convivencia, porque se le pidió algo o se hizo pacto con ella; entonces, la entidad o fuerzas buscan, a través de las vidas, al brujo o persona para cobrarse si no se hizo en tiempo y forma.

Los tratos y las promesas se deben cumplir, es como si se hubieran hecho con sangre. Algunos son con voluntad, otros pudieron haber sido efectivamente con sangre o se ofrece incluso la vida, o el alma.

Para romperlos se puede llevar a cabo lo siguiente:

Necesitará:

- Un cristal completamente transparente.
- Una aguja desinfectada con calor o alcohol para sacarte un poco de sangre del dedo (cualquiera).
- Las mujeres pueden obtener esta sangre de su propia menstruación, si aún la tienen.

Pasos:

1. Si se sabe, hay que trazar el círculo, de lo contrario hay que visualizar que el espacio donde se hace el ritual está rodeado de luz.

2. Hacer la oración de liberación de implantes vista en el presente tratado.

3. Repetir lo siguiente:

En el nombre de la Luz y con la fuerza de la Luz que en este momento me embarga y me llena todo y alimenta mi voluntad; con la fuerza y con toda esta dignidad, Yo (nombre)_____________ rompo y anulo el pacto que hice con la oscuridad, el pacto que hice de estorbar e interrumpir mi camino, me libero para siempre. Yo _____________ en el nombre de la Gran Fuerza Divina, rompo y anulo el pacto que hice con la oscuridad y me libero para siempre. Yo _____________ rompo y anulo el pacto que hice con la oscuridad y me libero para siempre.

4. Terminado lo anterior, se le coloca la sangre al cristal, con una gota es suficiente, que quede lo más esparcida posible y decir:

Yo hice este pacto con mi voluntad o alguna otra cosa, y ahora lo rompo con algo tan valioso y poderoso que es mi sangre.

5.   Ahora rompa el cristal y repita:

Aquí, ante mi presencia divina, y mis guías y guardianes, rompo con mi sangre el pacto que hice en el pasado. Rompo y anulo cualquier pacto. Rompo y anulo sus efectos; ya que no sirven más a mi proceso de evolución hacia el bien.

6.   Rompa completamente el vidrio hasta que quede en pequeñas partículas, tírelas a la basura.

7.   De las gracias.

CAPÍTULO 9. DEMONIOS

9.1. Lo demoniaco y la dualidad

Cuando Samak estuvo investigando sobre las entidades y el tipo de demonios que le atacaban noche tras noche y vio la película de 4º contacto, se dio cuenta que le pasaban cosas muy semejantes a la persona que estaba siendo atacada. Enorme fue su sorpresa al percatarse que algunos denominados "demonios" en realidad eran entes extraterrestres y de otras dimensiones y, pensándolo bien, es muy obvio que así es. Parece tenemos una concepción muy ilusoria y romántica acerca del cielo y, si lo queremos tomar de forma textual, el cielo es el espacio interestelar allá arriba de nosotros desde la situación geocéntrica.

La pregunta ahora es ¿por qué tenemos esta gran confusión?, tal vez es un problema de términos, por ello trataremos de aclararlos en el presente capítulo.

Así mismo, en el presente capítulo hablaremos de los ataques por este tipo de entidades consideradas "demonios" y sólo algunas clasificaciones, porque son demasiadas. Si nos ponemos a hablar sobre todos aquellos que son considerados como tales en la religión católica, nos vamos a encontrar con que muchos dioses y seres elementales son considerados "demonios"; es decir, todo aquel que no sea catalogado como un ángel, santo o humano, es considerado un "demonio"; por ende, aquí cabrían todas las categorías de espíritus no calificados como tales: hadas o seres feéricos, extraterrestres, muertos, seres mitológicos, entes y toda la gama de seres de otras dimensiones cuya clasificación, como he señalado, es infinita.

El tema de los demonios se hizo más popular durante la Edad Media.

Originalmente, los teólogos veían la magia como proveniente de la naturaleza (magia natural) o bien, era inspirada por el demonio (magia demoniaca); sin embargo, fue el teólogo Taciano quien rechaza todo tipo de magia en el s. II. afirmando que todo tipo de magia es demoniaca; así, toda inspiración, magia o información proveniente de seres de la naturaleza, hadas, espíritus en general o dioses, era demoniaca, es decir, originada por demonios.

De acuerdo con la cosmovisión de raíces judeocristianas, cuando se crearon todos los seres correspondientes a las diferentes categorías para organizar el Universo con el fin de generar armonía, siempre existió la otra parte que se da en respuesta natural a los órdenes de la existencia dualista en la que nos encontramos, así como, por naturaleza y de forma espontánea se van generando seres maravillosos, de igual forma el error va generando seres, es cuestión matemática en los universos donde existe la materialidad y por lo tanto la dualidad. El universo y los sistemas deben mantenerse en equilibrio, es decir, hay fuerzas de luz y oscuridad, todo es parte en la gran trama de los seres evolutivos. Estos seres infernales surgen entonces para mantener el equilibrio, para que se mire el orden; sin embargo, a lo largo del tiempo, los seres de oscuridad han ganado fuerza y, las emociones mal encaminadas de algunos mundos como la pasión, el poder y el conflicto han enfermado como un cáncer a los seres que evolucionan, reinando la naturaleza polar negativa. A veces, como una masa incandescente de escoria, recorren planetas completos que van conquistando, pero tarde o temprano el equilibrio se restablece, de forma voluntaria o no. Siempre la Fuerza Suprema atiende a casos de emergencia y dignidad, cuando no se atisba un segundo de luz y reina la oscuridad.

A estos seres de caos y oscuridad se les ha llamado "demonios"; otra forma en las que se les ha **llamado**, además de **demonios,** es los **oscuros, entidades negativas, entes** o **seres de oscuridad**.

Hay demonios de diferentes **jerarquías** y constelaciones, todos ellos fueron generados por el error y en esta línea se ven encaminados. El error es como una segunda fuerza creada que parece haber tomado independencia, sin embargo, en los confines de la identidad, la fuerza suprema Uno seguirá reinando siempre en esta octava de la que estamos hablando y es importante comprender lo anterior para encontrar el equilibrio.

Se dice que la **función** de estos llamados "demonios" es tentar y probar a la humanidad, también irritan y castigan a los que se contaminan espiritualmente. Esto es parte del plan diseñado para la evolución.

Estos seres a su vez son sacrificados y sirven para mantener la armonía, en altas esferas se sabe que tarde o temprano las conciencias pasan o han pasado por este nivel que, de acuerdo con la clasificación de Kardec es el de los espíritus imperfectos.

Estas entidades vienen de diferentes dimensiones, de diferentes planetas y sistemas, encuentran **afinidad** con semejantes, así como también los seres de luz encuentran afinidad. En el caso de los entes de oscuridad, es más fácil que se enemisten unos con otros debido a su peculiaridad conflictiva. Abrazan el mal porque de ello se alimentan. Ésta es su naturaleza.

Estas entidades circulan por un mundo y otro creyendo que son listos, algunas veces logran encarnar como en nuestro planeta donde las reglas han sido impuestas por seres influenciados por ellos. Circula la desidia y el error aquí, pero de igual forma surgen seres de luz. En mayor o menor grado ambas fuerzas, van invadiendo los sistemas, puede haber ocasiones en las que una célula del mal sea un planeta completo, pero de igual forma habrá un planeta completo del bien.

¿Y qué hacer con ellos? No podremos acabar con todas estas fuerzas, es una labor imposible y contra natural, lo que sí se puede hacer es mandarlas a su lugar de origen, a otro lugar, dispersarlas, pero no aniquilarlas, incluso, cuando se ha luchado contra ellos con la espada, esas partículas se reincorporan en otro tiempo o lugar. Cabe hacer la aclaración que estamos hablando de seres con conciencia, no de residuos o partículas a las que hemos ya nombrado como entidades, ni de seres que estuvieron encarnados como humanos o se han quedado atrapados en la Tierra a los que llamamos muertos o fantasmas.

Llevar a cabo esta labor sería como espantar a las moscas, no acabaremos con ellas; sin embargo, podremos ahuyentarlas y esa es la labor del mago. Los ventiladores para las moscas serían los movimientos energéticos en el humano, así como la malla protectora y algunos otros. Al llevar a cabo estas acciones y otras señaladas en los presentes tratados, estamos actuando correctamente, donde el error no tiene cabida fácil. Errores siempre cometeremos, no obstante, lo maravilloso está en la **corrección**.

Este planeta tiene que ver con el **experimento** de aprender a corregir, ellos creyeron que era una labor que no se podría lograr. Para ellos ha sido y sigue siendo un proyecto fantástico, a final de cuentas saben que hay reglas que no pueden ignorar. A veces se les olvidan los pactos hechos, pero siempre se los debemos recordar y les debemos recordar que a final de cuentas la fuerza máxima fue su creadora; sin embargo, también debemos reconocer que, en desequilibrio, nosotros nos convertimos en su alimento. Se seguirán nutriendo de nosotros mientras sigamos siendo su carnada, mientras sigamos haciéndonos vulnerables con negatividad; aun así, podrán mirar a otro lugar cuando ya no les generemos el suficiente alimento, si no se han desviado lo suficiente de sus autoridades, comprenderán que se acaba su comida en este mundo, pero siempre habrá alimento en otro por la ley del equilibrio y la sincronía. Nunca será opción para la Fuerza Creadora aniquilar a su creación, podrá siempre corregir y transformar, pero aniquilar nunca, esto indicaría que se aniquila a sí mismo.

9.2. Los ángeles caídos

Hay una categoría de demonios bien conocidos que podría corresponder a la naturaleza de Ángeles caídos.

Se dice en el contexto judeocristiano que los demonios son esto justamente: **Ángeles caídos,** pero no sólo ellos son ángeles caídos, los seres humanos también lo somos, ya que nuestro espíritu ha descendido hasta la materia y su función es llegar a tomar control de la misma para convertirse en un ser puro, es buscar el camino de regreso a casa.

De acuerdo con la doctrina cabalista, (Jorge Nájera):

El concepto del bien y el mal surge en el universo cuando los rayos de luz ilimitados provenientes del interior de Dios fueron demasiado poderosos para ser contenidos por los Sephiroth, siete de los cuales se fracturaron trayendo como consecuencia un período de desequilibrio y confusión entre la luz y la oscuridad. La Cábala también enseña que la misión del hombre es ayudar a restaurar el balance siguiendo los preceptos divinos o virtudes. La completa restauración del balance se logra por la ley de compensación o Tikkun, la cual es custodiada por cierto tipo de ángeles.

A los Arcángeles y huestes de ángeles encargados de probar a los hombres y mujeres a través de las tentaciones de los vicios, se les ha dado el nombre de ángeles caídos. Sin la ayuda de estos mensajeros no habría posibilidad de evolución para la humanidad. Estos Ángeles son creaciones divinas y realizan su voluntad, y no tienen que ver con los seres llamados demonios, los cuales son creaciones del hombre.

La caída del Hombre

Desde la perspectiva cabalista (Jorge Nájera), el hombre existió desde el principio de los tiempos. Adán Kadmón, el hombre cósmico.

En Adán Kadmón yace todo el conocimiento de que somos y todo aquello que necesitamos para retornar a la esencia divina, la conciencia de nuestra divinidad. El segundo Adán es la humanidad del Génesis creada el sexto día, esto lo hace diferente de los ángeles y arcángeles, este Adán de Briah fue el elegido como una imagen completa de Dios. De ahí los mitos que hablan de los celos y descontento entre las huestes de ángeles que provocaron la rebelión en los cielos antes de la caída de Adán y Eva. A estos ángeles "rebeldes" Dios les dio la labor de dirigir las fuerzas caóticas del universo y del hombre. La parte incompleta de los ángeles y arcángeles es el alma evolutiva, aquella parte del hombre que puede aprender y evolucionar a una parte de la experiencia. El alma es la fuente del deseo, con ella el hombre puede ejercer el libre albedrio.

Los primeros en "caer" fueron los ángeles rebeldes, incluso antes de los hombres. Fueron desterrados del mundo puramente divino ya que fungirían como administradores de fuerzas en desequilibrio, las cuales no existen en el mundo superior. El Adán de la creación permaneció en el mundo divino, unido a Dios, pero ahora diferenciado en una multitud de chispas divinas. Estas chispas divinas continuaron su descenso para habitar en el Jardín del Edén.

La caída del Hombre se da a partir de la tentación; esta fue la primera labor de los ángeles caídos. La caída permitió al hombre el conocimiento de la manifestación dual.

Con la caída el hombre tiene la posibilidad de experimentar todos los niveles de existencia, tanto al descender como al ascender.

Ésta sería la concepción cabalista de la caída; sin embargo, hay otras cosmologías que hablan de la caída como un despertar de la humanidad en realidad, que había sido esclavizada por los llamados dioses. En otros casos se habla de la mezcla de los dioses con los humanos.

Los Nefilim

Diversos son los conceptos que tenemos acerca de los ángeles caídos, incluso se señala que son los Nefilim de la Biblia, que vinieron a la Tierra y se mezclaron con los seres humanos, este aspecto sensual o sexual no gustaba a los patriarcas judíos ni a la iglesia católica, por lo que se les consideraba como ángeles de lujuria, ángeles caídos de los cuales surgieron seres abominables. Con el reciente descubrimiento de los rollos del Mar Muerto, la concepción de los Nefilim toma otra visión muy diferente. Al igual que en el Génesis, son llamados hijos de Dios (Beni Elohim) y declarados como hombres ilustres. Son ángeles que se presentaban en la tierra para vigilar y enseñar al hombre diversas ciencias y artes. De ello se habla en Zacarías, I;10 "Estos son quienes Dios ha enviado a recorrer la Tierra".

La idea de la mezcla de los dioses (ángeles) con las humanas tiene también otra justificación:

Los Dioses que bajaron de los cielos a guiar a la humanidad eran los Nefalim. Conforme los hombres entraban más profundamente en el mundo sensible, la percepción de lo sutil y la comunicación con los ángeles fue desapareciendo. Era necesario preservar la sabiduría de los mundos superiores y dejar sembrada la semilla para un nuevo orden que en el tiempo lograría realizar el gran cambio de conciencia de la humanidad. Las mujeres aún eran receptivas a estos ángeles, ellas fueron las últimas, junto con los niños, en perder el contacto con los ángeles. La tradición dice que las mujeres llamaron a los ángeles a descender y unirse a ellas, los ángeles vieron en esto una oportunidad para formar un linaje divino que llevase en su sangre la Sabiduría Eterna. De la unión de los hijos de Dios con las hijas del hombre surgieron los "gigantes", los primeros maestros de la humanidad. La unión de seres divinos con mujeres se presenta en otras mitologías, esto es algo muy común en los mitos griegos, Zeus tuvo muchos hijos con mortales y en su diálogo "Critias" para engendrar a los hijos de la Atlántida.

Observamos que en diferentes cosmologías se habla de seres divinos o más avanzados que los humanos y que se comenzaron a mezclar con la humanidad. A éstos se les llama los ángeles caídos, los Nefilim son los hijos producto de dicha mezcla.

9.3. ¿Qué es un demonio?

Es común encontrar en el hombre primitivo la idea aceptada de que los demonios (*shedim*) y los espíritus malignos (*mazzikim*) son los causantes de desastres, enfermedades y mala suerte. Sin embargo, debemos tomar en cuenta que a los demonios también se les identificó con las divinidades adoradas en los pueblos politeístas. Los pueblos monoteístas se han caracterizado por tratar de destruir los cultos de aquellos pueblos paganos; las más sanguinarias persecuciones religiosas han sido realizadas por culturas monoteístas.

Bajo esta premisa categórica de raíces judeocristianas de demonios, caen en esta ciertos espíritus de la naturaleza que en ocasiones entran en contacto con los hombres para comunicar ciertos secretos del mundo natural. Sin embargo, todos estos seres o dioses de la antigüedad no son malignos en sí mismos, ellos representan fuerzas naturales, su aspecto maligno surge a partir del uso y abuso que el hombre hace de dichas fuerzas.

No fueron creados como espíritus malignos, sin embargo, algunos espíritus están en fases muy primitivas de evolución (espíritus imperfectos) y otros que se han desconectado de la luz suprema han alcanzado un gran poder y una independencia de sus creadores utilizando una voluntad artificial. Una forma de combatir dichas fuerzas en desequilibrio es con la ayuda de los ángeles que son su contrincante natural.

Sin embargo, para no entrar en discusiones eternas sobre los conceptos, vamos a nombrar en este tratado como **demonio a cualquier entidad que busca el caos o desorden, que interrumpe el camino de los seres hacia la luz, son entes oscuros que buscan desorientar a las almas causando daño.**

Los demonios no sólo existen como metáfora o arquetipos, sino **como entes individualizados**, malignos y con un recalcitrante odio hacia la humanidad, no son el concepto de entidad contraria a Dios como el concepto judeocristiano las concibe, sino como cualquier entidad del caos. No sólo hablaríamos de que el "mal es la ausencia del bien", esto es demasiado subjetivo, se dice que en realidad estos entes son astutos instigadores, mentirosos, que se nutren con la energía que produce la crueldad, el derramamiento de sangre y algunos rituales de donde se sacrifica y se hace daño. Todo lo logran una vez que han depravado la conciencia de quien, consciente o inconscientemente lo permite.

Hay algunos considerados como almas oscuras muy antiguos que consideramos **demonios que alguna vez tuvieron espíritu inmortal** como los seres humanos y en algún momento de su evolución se separaron de la fuente divina, pero debido a que conocen la tecnología para mantener su conciencia individualizada, han podido permanecer más tiempo, no obstante, se desorganizarán las partículas de esa conciencia y desaparecerán cuando llegue su momento.

9.4. Características de los demonios

La naturaleza principal de estos entes que en su mayoría son extraterrestres en inarmonía es **generar el caos** por el caos mismo, o es una naturaleza parasitaria sin la más mínima consideración de la víctima. Se dice que se les invoca para promover las guerras y conflictos bélicos.

Un demonio puede contaminar a varias **personas de forma simultánea.** Cuando perturba a alguien se ve afectada la familia causando además conflictos a nivel mental, emocional, físico y social.

Algunos demonios **engañan y se presentan como ángeles** de luz para ocultar su verdadera naturaleza e intenciones.

Para no confundir a los demonios con algún otro tipo de ser, lo ideal es preguntar si en realidad se trata de un demonio y de qué categoría para saber a qué nos estamos enfrentando. Cabe repetir que los demonios no se pueden destruir, **sólo alejar** o **regresar a su lugar de origen** y que no lo hacemos nosotros, sino los seres que nos guían y nos acompañan. Para este tipo de fuerza sobrenatural, se necesita una voluntad firme ayudada de fuerzas sobrenaturales.

Según la tradición cristiana, los demonios poseen varios poderes sobrenaturales, entre los que se incluyen: Psicoquinesis, levitación, adivinación, posesión, telepatía, brujería, xenoglosia y capacidad para lanzar maldiciones, así como fuerza sobrehumana, el control de los cuatro elementos, control de animales y provocación, de acuerdo con nuestra experiencia, estamos de acuerdo en estas características. Los demonios utilizan varias combinaciones de estos poderes para hostigar, desmoralizar, confundir y desorientar a la víctima. Todos estos ataques, así como su efecto o alcance, puede ser anulada por espíritus guías, protectores y dioses, ya que los demonios se cree que tienen el poder de herir a las personas tanto física como mentalmente, pero sólo dentro de ciertos límites.

Según diversos grimorios medievales (*Malleus Maleficarum*, 1486), cada uno de los demonios tiene una firma o sello con el que firman pactos diabólicos. En cuanto a la simbología, la estrella de cinco puntas (pentagrama invertido), que ha sido utilizado con varios significados en muchas culturas, puede representar a los demonios si tiene dos de sus puntas hacia arriba y una hacia abajo. La figura de Satán o el diablo ha sido asociada a diversos animales como la serpiente, la cabra y el dragón. No todos los cristianos creen en la existencia de los demonios en un sentido literal, existe la opinión de que el lenguaje del Nuevo Testamento en cuanto a los exorcismos es un ejemplo del lenguaje de la época que se empleaba para describir las curaciones de lo que hoy se clasifica como epilepsia o enfermedades mentales.

Estas entidades **pueden entrar al cuerpo** de una persona; es decir, tomar posesión de él y lo usan como medio para actuar en el mundo físico. Algunas veces sólo se incrustan en su campo electromagnético.

Afortunadamente los demonios de altas categorías no atacarán a sus víctimas por azar, **atacan por pactos con magia negra y relaciones kármicas**. La afinidad debe ser especial y haberse hecho en otras dimensiones o tiempos.

Los demonios muchas veces **se atan** a las personas mediante imágenes o cierto tipo de cordones y hay diferentes tipos de posesión. Aunque en occidente no es muy aceptada, en India, Asia en general y África sí lo es.

A algunos demonios se les puede retirar con una limpia energética fuerte y profunda, que incluya círculos de fuego, sin embargo, cuando su nivel de inserción es 3 o 4, será necesario practicar un exorcismo al afectado, el cual deberá ser hecho por un experto.

9.5. ¿Existe el diablo como entidad máxima del mal?

De acuerdo con el contexto judeocristiano, hay una entidad máxima del bien; por ende, en este marco de energía dual es donde existe una entidad maligna máxima en contraparte del bien.

Si se cree en una entidad máxima del mal, es porque se cree en una entidad máxima del bien. En la tradición Wicca consideramos que **no existe** tal gran entidad del mal, existe la fuerza creadora, pero no como un ser separado o individualizado, esta fuerza se manifiesta en su creación, que son seres de diferentes naturalezas y jerarquías. La creación material es dual, por ende, así como hay seres benignos, los habrá malignos a los que estamos denominando de naturaleza demoniaca, organizados en jerarquías y habrá unos que son jefes de otros, pero no existe tal figura como "el maligno".

En algunos contextos se dice que esta figura del "Rey del mal", es un integrante de una raza de seres que caminan entre nosotros y habitan los planos interdimensionales; debido a las creencias imperantes en el momento, la gente lo creyó como la máxima entidad del mal.

Una de las interpretaciones de esta figura, señala que ha surgido debido a que, a lo largo de la historia, nuestra mente colectiva creó entidades como proyecciones de la sombra no reconocida en nosotros mismos, e incluso las ha llamado de otras dimensiones y partes del Universo para que puedan venir a cumplir con este papel.

9.6. Demonios en diferentes culturas

A los demonios se les llama de diversas formas y en los contextos donde se piensa que hay una figura máxima representante se le denomina como: el **diablo, Satanás, Belcebú, el demonio**, etc.

Daremos un paseo por las diferentes cosmovisiones acerca del mal y de la entidad que lo representaría. Esta información fue tomada del *Diccionario Espasa de Ciencias Ocultas*.

Comenzando con el estudioso Agusto Calmet en su obra *Dissertations sur les apparations des spirits el sur les vampires*, aparecida en 1746, señala:

Los orígenes del demonio son muy *antiguos* y nadie sabe ni cuando nació la idea del mal ni cuando se personalizó en un ser al que nosotros, por deformación occidental románica y romanizante, llamamos indistintamente demonio y diablo. Por mucho que nos remontemos en el tiempo hacia las culturas milenarias conocidas, y que rebusquemos entre las prácticamente desconocidas, nunca podremos decir que "a partir de este instante" circula la idea de la existencia real del maligno. Quizás hay que llegar hasta más allá del Paleolítico para comprobar, no ya su origen, sino su nacimiento para el ser humano, puesto que en la cultura capsiense existen ciertos hallazgos que recuerdan a figuras de aspecto demoníaco. Algunos autores piensan que nuestro personaje aparece con el propio hombre, unido intrínsecamente al mal en la dualidad bien-mal; mientras que otros intentan asignar un día, una hora e incluso un minuto y un segundo, para al final conformarse con una aproximación de cientos de miles de años. Así, por ejemplo, Abén Esra considera que aparece justo el segundo día de la Creación, reforzando las teorías de Menases Ben Israel defensor de la idea de que Dios, tras haber creado el infierno y a los demonios, colocó en las nubes su casa iniciando el tercer día de la Creación.

Por su parte Orígenes y algunos filósofos clásicos sostienen que los buenos y malos espíritus son más viejos que el Mundo, porque no es probable que Dios haya pensado en crearlos de golpe por primera vez. Siguiendo sus teorías, la Escuela de Alejandría afirmaba que los demonios eran inmortales y que habían sobrevivido a la ruina de los mundos que han precedido al nuestro. Tal y como lo consideramos en el momento actual, el demonio es el resultado a la personificación de todos los comentarios habidos sobre el mal en su más alto grado, pues si bien existe siempre una divinidad maléfica que se enfrenta al bien, también aparece junto a él un conjunto de seres servidores del mal. Por ello, si bien la palabra demonio proviene del griego *"daimon"*, denominación dada por los primeros habitantes de la Hélade a todas las deidades, nosotros tenemos que tomar como base el año 33 de Occidente y la palabra *"daemonium"* que era utilizada por los romanos para referirse a una serie de seres que se encontraban en un intermedio entre los dioses y los hombres. Recordemos que en la antigüedad se solía dar una triple acepción con la raíz «*daimon*», y que venía a indicar si la tendencia del espíritu era buena, neutra o mala, es decir, si era *eudaimon, cacodaimon* o *daimon*. respectivamente. En resumen, el desarrollo del mundo de las ideas y creencias a partir del año primero de nuestra era, con el nacimiento de Cristo y la posterior formación y expansión de la religión cristiana, permitirá que el término "*demonio*" quede unido al espíritu impuro, malo, al cual Dios castigó arrojándole al fuego abrasador del infierno, encargándose aquel desde entonces de alejar a los hombres del camino del bien su condenación eterna.

A continuación, se analiza brevemente la evolución de la figura del demonio desde la aparición del hombre sobre la Tierra y su relación con las principales culturas. El hombre primitivo se encontraba rodeado de fuerzas misteriosas que no alcanzaba a comprender, en las que se mezclaban los conceptos del bien y el mal, confundiéndose lo natural y lo divino; el conocimiento, lo espiritual y la materia. La idea de la existencia de seres malignos deriva, probablemente del miedo instintivo que siente el hombre ante lo desconocido, lo extraño, ante esa naturaleza lo que le es hostil. No obstante, conviene decir que puede darse la creencia en espíritus del mal sin necesidad de recurrir a la personificación de estos. Aunque hay en las culturas capsiense (propia del norte de África) algunas figuras que recuerdan a lo que entendemos actualmente por los relatos existentes de la figura demoníaca como provenientes de la literatura oriental fundamentalmente de Asiria y Babilonia, En la mística mesopotámica, mezcla de religión, magia y surperstición, tenía gran importancia la creencia en los demonios, que podían ser de tres tipos. Una **primera** clase demoníaca (el negrito es mío) estaba formada por las **almas de los muertos**; **la segunda** incluía a aquellos entes que eran medio humanos y medio demonios, resultado de las **uniones entre hombres y mujeres, y espíritus** (primera referencia sobre la existencia de íncubos y súcubus); la **tercera** estaría conformada directamente por los **espíritus malos (diablos)** que dominaban el entorno terrestre, y que afligían a la humanidad con plagas y pestilencias. Según el sacerdote y astrónomo Beroso, del siglo M a.C., los caldeos pensaban que cuando el mundo estaba presidido por las tinieblas y el agua, se engendraron animales monstruosos cuya creación cautica presidía la diosa del mar (agua salada). Tiamat, fuente del pecado y de todo mal, que utilizó a esos seres en su lucha contra los dioses. Tiamat combatió a Bel Marduk, uno de los principales dioses, que posteriormente fue reconocido como el jefe de todos para intentar alcanzar el poder supremo. Derrotada por Marduk fue condenada por este al infierno, donde viviría para siempre en unión de las formas que había creado (demonios). En gran número de tablillas aparecen textos cuneiformes y grabados que hablan de la existencia de los demonios babilónicos y de sus atribuciones, destacando entre otros Pazuzi o Pazuzu, protagonista de un relieve realizado aproximadamente 1800 años antes de Cristo. Pazuzi era uno de los demonios más temidos por los babilonios; hijo del dios Hanbi, personificación del rey de los demonios de los vientos malignos y las tormentas de arena, que llegaba del desierto causando enormes daños en las cosechas, así como enfermedades a las personas y animales. Se le representaba con cuatro alas en forma de aspa, con las que impulsaba la arena del desierto para impedir a los hombres cruzar por sus dominios. Aun cuando el rey del infierno era Utug, el malvado, que tenía poder para endemoniar a los hombres y volverles locos, existía un sin fin de demonios: Alal, que era considerado el destructor por excelencia; Telial, gran guerrero; Makin, el que tendía las emboscadas; Namtaru, el demonio la peste al que consideraba mensajero del Rey de las Sombras; Lilitu, súcubo que visitaba a hombres y de cuya unión nacían unos seres monstruosos, como Alú y Gallú o Sedú, Lamassu, demonios ambivalentes que lo mismo hacían el mal que el bien. La lucha la búsqueda de los favores que podían dar los millones de demonios vivientes en el cielo y el temor a la fuerza de los dioses, que prevaleció en la cultura caldero-asiria por influencia de anteriores culturas, fue decisivo en la mística de otros pueblos como el persa o el indio.

Por ejemplo, en el Irán prezoroástrico había probablemente dos tipos de divinidades afines a las consideradas por la cultura védica, hasta el punto de que Zoroastro asimila a los devas a una clase de demonios concebidos como seres espirituales que rondaban los lugares sucios y escondidos. En los estudios realizados sobre la dualidad Ormuz -Ahrimán, apreciamos la diferenciación existente entre el Rey de las Tinieblas, el depositario del mal, y el demonio, que sería un servidor suyo, pero nunca el mal en sí mismo, como quiere demostrar la religión cristiana.

Ahriman es el dios Iranio del mal, que emplea en su lucha contra Ormuz, el bien, a una serie de ayudantes con figuras variopintas como Angro Manyus, capitán de los ejércitos maléficos; Akomano, el mal pensamiento; Soru, inspirador de la tiranía y el robo: Nasihaitya productor de la enfermedad y el orgullo; Aechma, que se encargaba de fomentar la Ira; Nasu, corruptor de cadáveres, etc. Y por debajo de ellos, en una jerarquía inferior, se encontraban los diablos Peur o Pueri. En la India existe una amplia variedad de demonios, que se pueden reunir en estos tres amplios grupos, por un lado, los que aparecen en las epopeyas Ramavana y Mahabarta; en segundo lugar, los que estaban a las órdenes de Shiva; y, por último, aquellos que se juntaban con los espíritus de los muertos, es decir, los Bhutas. En el Ramayana aparecen como depositarios del mal los Rakshasas y los Auras, a cuyo frente se sitúa Ravana, un monstruo con 10 de cabezas que reinaba el Lanka (Ceilán), y que murió a manos del héroe de la historia. Por su parte, el Mahabarata nos refiere la lucha entre los Kaurava y los Pantava; ayudados por ciertas fuerzas misteriosas. La divinidad Shiva en su carácter destructor tenía unos ayudantes nocturnos que podían tomar las formas y tamaños más dispares y tan pronto podían ser muy hermosos como muy repugnantes. Uno de los principales era Hidimabi. Pero mucho más temibles que los demonios de Shiva, eran los Bhutas, espíritus de los muertos o espíritus de hombre cuya muerte había sido violenta. Los Pretas, espíritus de personas deformes y los Pisachas o demonios creados por los propios vicios de una persona. Por otra parte, en la corriente budista se consideraba a los demonios seres cuya condición maléfica se debía al Karma maligno producido por una acumulación durante una existencia anterior. Posteriormente se admitirán hasta **seis tipos diferentes de seres maléficos**: Los que padecen en el infierno, los que para castigo de sus culpas mueren y resucitan nuevamente, los que esperan en el infierno el juicio de los mortales, los que transformados en serpientes gigantescas y diabólicas acechan a los hombres y, por último, aquellos que se encuentran sujetos a Bali y contestan a sus encantamientos. No obstante, el demonio budista por excelencia es el Yakkha, conjunto de seres sobrenaturales y hostiles a los hombres que quieren una vida santa. Se dedican a distraer a los monjes en su meditación, para lo cual procuran producir ruidos sordos y terroríficos, o asumen formas de ave o de fiera. En el canon pali se habla de ellos como devoradores de carne de habitantes del desierto que producen enfermedades. De todas formas, el más conocido es Esmara "el malo", considerado el ser demoniaco por excelencia, que intentó tentar a Gautama para evitar que este alcanzase la iluminación. Protagonista de numerosos comentarios y textos pali, Mara queda asimilado como demonio maligno que nada puede hacer contra Buda pese a tentarle bajo diferentes formas, pues el maestro siempre lo descubre.

Para los chinos el mundo se encuentra lleno de innumerables espíritus que se mueven por todas partes y que generalmente son malignos, por lo que hay que respetarles y tener mucho cuidado con ellos. Se denomina genéricamente *"kuei"* al demonio, de acuerdo con las formas que puede tomar para seducir y engañar al hombre. Según una antigua tradición salen de los cadáveres después del enterramiento y buscan por los caminos a los vivos para llevarlos a la muerte.

Los aínos tienen sus «oni» o espíritus perversos que pueden tomar forma humana, con la adición de cuernos de toro y una piel arrollada a los lomos. A caballo entre Oriente y Occidente, encontramos la cultura islámica, a la que Mahoma adaptó ciertas creencias de la Arabia preislámica sobre el bien y el mal, incorporando la idea del demonio del desierto o yinn al misticismo coránico. Poseen tres categorías de espíritus: **ángeles, demonios** y **yinns**; los primeros son de luz, los otros, de fuego, aunque a lo largo del Corán se confunden a menudo los demonios con los yinns, entre los que se nombra como jefe supremo a Iblis. Otros demonios considerados por los musulmanes son Ifrit, Ghul y Si'lat. En las culturas mediterráneas orientales: Israel, Egipto y Fenicia, también existen alusiones al demonio; así aparecen, entre otros, Azazel, Lilith, Asmodeo, Belial, Beelzebud, Satán, Shet, Amm-mut, Bebón, Nebed y Baarut. Para los griegos, el *"daimon"* era una divinidad que podía ser buena o mala, pero no necesariamente negativa. La mitología griega cuenta con demonios terroríficos como Alastor, Eurinomo, Erinyas; por su parte, los romanos fijan ya la palabra *"daemonium"* como definitoria del significado que posteriormente se manejará en Europa. Su idea demoníaca arranca de las creencias etruscas, donde a pesar de no haberse podido descifrar claramente algunas tradiciones en torno a las figuras demoníacas, sí conocemos a dos demonios: Charun y Tucuhulcha. Posteriormente y con el desarrollo de lo que iba a convertirse en gran imperio, así como por el roce con las culturas subyugadas, aparecen demonios orientales en la propia Roma. Otras culturas occidentales, como la celta o la escandinava, también disponen de figuras maléficas, como el dios Cerunnos y Loki. En el resto de las culturas de África, América y Oceanía, también hay representaciones del maligno. Daremos una breve relación de los más importantes. Por ejemplo, los malgaches, de Madagascar, cuentan en sus tradiciones con Angat, principio del mal; mientras que los zulúes hablan de Tindoshe, los songhais del alto Níger, de Zin, que es un personaje muy semejante a los yinn islámicos. Las culturas de Oceanía tienen, entre otros, a Olafat, como representación del demonio. En cuanto a los habitantes de la América precolombina, cuentan con Yaolt, un demonio azteca; Ah Puuch, el maya; Chibchacum, el de los chibchas; Pillan, el de los araucanos, y Supai, el señor de la muerte de los Incas, entre otros. Dentro de las culturas de América del Norte, destacan los Kondatkonsana de los hurones y los Alaentzic de los iroqueses. No obstante, el demonio que más conocemos en la cultura occidental es el impulsado e implantado por la religión cristiana, que tomó como base el Antiguo Testamento de la Biblia hebrea. Así, se acepta la rebelión del demonio contra Dios y su caída al abismo, desde donde se dedica a tentar al hombre para apartarlo del Cielo y conducirlo al Infierno. De los diferentes tipos de demonios y de su importancia y participación en la sociedad europea, así como de las actuaciones de la Inquisición, de los aquelarres, de las acciones de las brujas, etc., damos cuenta en su lugar correspondiente.

En la antigua brujería italiana, se habla de algunos espíritus negativos que ayudan a hacer daño, pero se considera peligroso trabajar con ellos: Diavolo Zoppo (*the lame devil*), Lucibello, Lurdino, Lurdinino, Quisizio, Turbionne, Scartellato y Baldassare.

Hay algunos autores e incluso Jesús (cfr. Mc 7,14-23 y par.) que afirman que el hombre, y sólo él, es responsable del bien o del mal obrar, el mal brota de su corazón; sin embargo, en el contexto cristiano, por el contrario, se dice que el mal proviene del diablo —que seduce e incita al hombre—.

Tenemos también otro análisis sobre los demonios en diferentes culturas:

Oriente Medio: En la mitología de Caldea estaba extendida la creencia de los siete dioses del mal conocidos como **Shedu**, espíritus demoníacos de las tormentas que eran representados como híbridos de toro con alas y hombre, derivados de los **Lammasu** utilizados como entes protectores de los palacios reales en la antigua Babilonia. En la **mitología de Sumeria**, también se hablaba del demonio **Asag**, un ser tan terrible que hacía hervir a los peces de los ríos tan sólo con su presencia. En **Asiria y gran parte del resto de Mesopotamia** existía la creencia en **Pazuzu**, el rey de los demonios del viento y las tormentas, aquel que podía traer plagas y peste. Este demonio es muy conocido por ser mencionado durante la famosa película de El Exorcista.

Judaísmo: En el **Talmud** se menciona la existencia de **7.405.926 demonios**, divididos en 72 compañías. Mientras que muchas personas creen hoy que Lucifer y Satán son nombres diferentes para el mismo ser, no todos los estudiosos aceptan este punto de vista. Es sólo en tiempos posteriores al Nuevo Testamento, en donde la palabra latina *"lucifer"* empezó a utilizarse como un nombre para "el diablo", tanto en los escritos religiosos como en la ficción, especialmente cuando se refieren a él antes de su caída del cielo. **Los Grigori, Lilith y los Dybbuk**, son también considerados entidades demoníacas en la tradición judía.

Cristianismo: En el **Libro de Enoc** ya se menciona a los **Nefilim** como **ángeles caídos** que tuvieron relaciones sexuales con mujeres en la Tierra (Epístola de Judas). En la tradición cristiana, los demonios son como ángeles: Espirituales, inmutables e inmortales. Los demonios no son omniscientes, pero cada uno tiene un conocimiento específico (a veces en más de una asignatura) y su poder se limita a lo que su divinidad permite, así que no son omnipotentes, ni se ha comprobado su habilidad de omnipresencia. También se cree que los demonios atormentan a las personas durante su vida mediante la posesión (Mateo

17:15-16), o simplemente por mostrarse ante personas a quienes esto les asusta, o por visiones provocadoras que pudieran inducir a la gente a pecar o tener miedo. También se cree que los demonios tratan de tentar a las personas para que abandonen la fe y caigan en la herejía o apostasía, según los cristianos.

9.7. Una visión de equilibrio: Lucifer y Satanás

En la Cábala se dice que después de que Dios vio todo como bueno y perfecto, se preguntó acerca de lo que tendría que hacer para que sus hijos tuvieran el anhelo de retornar a él. Entonces les dijo a sus ángeles: *"Ellos deben encender el fuego de la aspiración en sus corazones y ser templados. Necesito que uno de ustedes se oponga a mí para que los hombres tengan un adversario y algo por qué luchar".*

Todos los ángeles se miraron unos a otros y bajaron la cabeza, no podían oponerse a la grandeza de Dios, hasta que uno entre ellos, Lucifer, la luz más bella, se aproximó y le dijo a Dios: ***Yo, Lucifer, príncipe de la luz, por el amor que te tengo hago tu voluntad y me opongo a ti".*** En ese momento fue arrojado de los cielos hacia la oscuridad, donde deberá fingir como "el portador de la luz" hasta el final de los tiempos.

Se dice que Lucifer es el ángel más brillante, el hijo de la luz. Se le conoce como "Hijo del amanecer" o "Estrella matutina" o "vespertina" aludiendo al planeta Venus.

Al oficio desempeñado por los **ángeles como adversarios** u **oponentes** se les conocía como **Ha.Satan**, no era el nombre de un ángel en particular sino un papel necesario de oposición y limitación que ciertos ángeles realizaban para la divinidad. No es sino hasta tiempos relativamente recientes que se le otorga a dicho nombre una connotación de mal, con una imagen y personalidad maligna definida. **De igual manera, a todos los dioses paganos y al resto de los ángeles caídos de la iglesia se les identificó como demonios.**

De acuerdo con Jorge Nájera en su libro "Un árbol de ángeles":

En el libro de Job se describe a Satán como el que prueba la sinceridad del carácter de los hombres. En el Talmud la función de Satán es fortalecer el sentido moral del hombre al conducirlo a las tentaciones.

Todo hombre tarde o temprano encuentra su hora de tentación. Satán se identifica con el impulso al mal, *yetser ha.ra*, las pasiones bajas, así como con el ángel de la muerte. Sus principales funciones son las de tentador, acusador y castigador. Únicamente actúa bajo permiso divino y aunque asume una voluntad propia se mantiene bajo los límites de la Ley divina.

En el nuevo testamento aparece Satán, con el nombre de "El dragón", como un ángel rebelde que junto con un tercio de los kokabim (estrellas) inicia la llamada guerra de los cielos para oponerse al Creador. Los ángeles adversarios surgieron de todas las órdenes de ángeles, a excepción de los Chaioth ha-Qadesh, el coro de ángeles de Kether, aunque algunos ocultistas mencionan que sólo se revelaron aquellos pertenecientes a las siete Sefiroth inferiores, en especial la de Malkuth. El lugar donde se dice que se encuentran los ángeles caídos es el segundo cielo, asociado con la esfera de Yesod, Esto nos habla de que son encontrados por el hombre en el plano astral y de que, al igual que todos los ángeles, no tienen un cuerpo físico.

Entre los ángeles caídos junto con Satán se menciona a Kokabel, Semyasa, Barakel, Arakiel, Azazel, Rumiel, Sariel y Turiel. Aun cuando permanecieron como ángeles caídos conservaron su rango. Los ángeles caídos se representaron como estrellas fugaces o meteoritos caídos a la tierra. Entre los muchos otros nombres dados a Satán encontramos Belial, Belcebú y Sammael.

En el Antiguo Testamento Satán es un gran ángel, uno de los más gloriosos, de ninguna manera maligno y sin muestras de haber caído.

De acuerdo con esta cosmovisión, la existencia de estos seres trasciende la concepción del mal, fungiendo como parte de un plan de equilibrio y perfeccionamiento del hombre.

Mientras llegamos a este poderoso y sublime sentido, estos seres nos están fastidiando y hay que alejarlos cuando la persona está tan abrumaba y pide ayuda.

9.8. El diablo personal

Denominado en la cábala como "el guardián del umbral", es el adversario personal que en realidad somos nosotros mismos en nuestro camino de elevación. Se le llama también "Señor de las mentiras", cuya más grande mentira es la separación, este adversario es nada menos que nuestra muy conocida "amiga" la ignorancia. Es no querer responsabilizarse de la propia vida, donde el individuo se cree separado sin comprender su poder. El ángel oculto en el diablo es Uriel, cuyo nombre significa "luz de Dios". En realidad, este guardián nos confronta con fuerzas enterradas profundamente en nuestro subconsciente que pueden ser peligrosas si no las comprendemos y aprendemos a usar adecuadamente. Para conocerse tal como son. Los maestros de la antigüedad definían al Diablo de la siguiente manera: "El Diablo es Dios visto por los ignorantes y perversos".

Yo coincido en que es la propia ignorancia y sombra proyectada en un ser maligno, que se mira, así como resultado de la ignorancia y no reconocimiento de la maldad interior.

Se dice que es el djin personal, con el cual nacemos cuando encarnamos en este mundo, y no es más que nuestra propia sombra caracterizada en un ser aparentemente independiente, sin embargo, como lo hemos señalado, éste es nuestro otro yo. Lo mismo pasa con nuestro dragón personal, que es nuestro *alter ego*, nuestra propia sombra.

9.9. El macho cabrío

La forma en la que se ha presentado al Diablo y a lo maligno ha sido la del macho cabrío. En la antigüedad su simbolismo no estaba distorsionado y tenía un sentido profundo. Actualmente, debido a la proyección del mal en este símbolo, trabajar con él puede traer serios problemas.

Se sacrificaba un macho cabrío en las Bacantes, fiestas de fertilidad del dios grecorromano Dionisos, dios del vino (sangre de sacrificio). El macho cabrío es un animal consagrado a Dionisos quien se une a este símbolo cuando huye a Egipto transformado en cabrón debido al ataque de Tifón al Olimpo. Además, llega a Grecia, donde se elevan santuarios a un dios al que llamaban Pan, el rito del cabrón sacrificado es el rito de asimilación de las fuerzas reproductoras de la naturaleza, el potente amor de impulso de amor a la vida. El cabrón también se asocia con Afrodita al ser un animal de naturaleza ardiente y prolífera.

Es parecido al dios astado "Cernunos", el dios de las brujas que representa de igual manera a las fuerzas de la fertilidad de la naturaleza.

El desconocimiento profundo del símbolo y la negación de la sexualidad por el cristianismo, así como la perversión del sentido de lo instintivo y natural hizo que se identificara al macho cabrío con la lujuria y los excesos.

En la búsqueda por algo que representara la abominación e impureza, en el cristianismo tomó a esta figura del macho cabrío o astado como animal satánico. Hizo de él "el secreto de la noche", a lo que el hombre más teme y que, sin embargo, es la fuerza que al final lo salva.

Jorge Nájera señala que:

En la India el macho cabrío es divinizado, es el animal del sacrificio védico, símbolo del fuego genésico, del fuego del sacrificio donde nace la vida, la vida nueva y santa. Para el pueblo del antiguo Israel también es el animal para sacrificar, de hecho, gedi (*GDI*), palabra para designar al macho cabrío, y zabach (*zBch*), que significa sacrificio, tienen el mismo valor numérico de 17. La sangre (vino) del macho cabrío purifica al santuario de las impurezas del pueblo de Israel, de sus transgresiones y de todo pecado, o, como ellos lo llaman, "vergüenza", gashenah (*GShNH)*, palabra que tiene el mismo valor que *mahkodesh*, (renovar).

En la fiesta de expiación eran ofrecidos en sacrificio dos machos cabríos. Uno es presentado ante IHVH como sacrificio por el pecado; es degollado y su sangre rociada sobre el altar para purificarlo; el segundo es puesto en libertad, pero es cargado con toda la "vergüenza" del pueblo y es abandonado en el desierto, como ofrenda al ángel caído Azazel. Este segundo cabrón es lo que conocemos actualmente como el **chivo expiatorio**; el desierto representa el lugar del castigo. El sacrificio es un rito de transferencia expiatoria, así se renueva el pueblo. Un macho cabrío se sacrifica a Dios para salvar al pueblo del pecado y el otro, cargado de la vergüenza del pueblo, sufre la prueba del destierro, es el emisario proscrito y rechazado, que en el hombre representa la tendencia profunda a ser responsable de su propia culpabilidad o a cargar la de otros, donde un castigo y una víctima son necesarios. En Egipto antiguo la víctima era Osiris y el castigado Set, en el cristianismo vemos el mismo modelo con Jesús y Judas.

Es probable que con lo anterior se aclare un poco el por qué el Diablo es considerado tanto el tentador como el salvador. La parte del Diablo a la que nadie gusta enfrentarse es, por supuesto, aquella cargada con nuestra vergüenza. Lo que nunca debemos olvidar es que debemos ser compasivos con nosotros mismos; estamos en camino a la perfección y es lógico que en esta etapa cometamos errores. El juzgarnos o juzgar a otros hará que una parte de nosotros se aleje y oculte en las profundidades de la oscuridad y tendremos que salir al desierto a buscarla si es que deseamos ingresar a la luz del Ser interno.

9.10. Probar la presencia de un ángel o demonio

Cuando uno ingresa en los mundos interiores existe la posibilidad de encontrarse con dichas fuerzas corrompidas por el hombre. En ocasiones el encuentro es reconocido fácilmente, ya que asumen las formas de nuestros temores, formas monstruosas o grotescas que nos impiden el paso; sin embargo, hay momentos en los que asumen formas más atractivas y bellas, haciéndose pasar por ángeles o mensajeros de luz.

Lo primero que debemos considerar es el mensaje que el supuesto ángel o ser de luz nos transmite. Un verdadero ángel o guía nunca trata de imponer su voluntad, solo sugiere líneas de acción o muestra una serie de alternativas, la elección siempre es del hombre. Se considera un emisario divino y nunca alaba o ensalza el ego de la persona que lo contacta, aunque en ciertas ocasiones puede llamarle la atención por acciones erróneas y en este acaso actúa como catalizador para la conciencia del individuo. La segunda forma de probar si nos encontramos con un ángel es bendiciéndolo y enviándole un símbolo luminoso, por ejemplo, si creemos estar ante el Arcángel Rafael podríamos proyectar de nuestro chakra cardiaco el símbolo del caduceo en una luz dorada brillante. Si el ángel es un impostor se desvanecerá y desaparecerá completamente; por el contrario, si es verdaderamente Rafael tomará el símbolo con gratitud. El símbolo mágico generalmente utilizado para probar a cualquier ser en el plano astral es el pentagrama o estrella de cinco puntas, el cual representa el dominio del espíritu sobre la materia. La estrella es proyectada en flamas azules hacia el ser ante nosotros, la proyección debe ser amorosa y no agresiva.

CAPÍTULO 10. DEMONOLOGÍA

10.1. Terminología

Además de llamárseles **demonios** (denominación principal), se les llama, **diablos, chamucos, oscuros, fuerzas demoniacas, fuerzas satánicas, entidades de oscuridad, entes infernales** (de inferno= inferior), **fuerza oscura**, en inglés **DFE** (*Dark Force Entity*).

Para resumir, viven una existencia artificial perecedera, no tienen espíritu inmortal, pero aprendieron a prolongar su conciencia por medio de absorber la fuerza de vida de los seres humanos. Debido al cambio que están teniendo los seres humanos, estos entes saben que deben almacenar cuanta más energía puedan, por ello están teniendo más actividad y se están dando tantas apariciones de seres de luz buenos para ayudarnos en la lucha contra estas entidades infernales. Debemos elegir y seleccionar correctamente en cada uno de nuestros actos.

Hay entidades infernales de diferentes categorías, en primera instancia vamos a entender y diferenciar los términos:

Demonio

La palabra demonio o *daemon* procede del griego «*demon*» (genio), un ser sobrenatural descrito como algo que no es humano, eran un tipo de dioses o podrían considerarse simplemente espíritus. Observamos, por ejemplo, en **Sócrates** que él llama a su espíritu guía *daimon*. En términos mundanos, se dice tenemos al *daimon* bueno o "angelito", que apoya con bondad y el malo o "diablito" que nos orienta hacia el camino del mal. En la época de Salomón estos eran los **djins**, entidades que podían ayudar a los humanos en sus tareas.

En la tradición católica a los demonios se les considera malévolos, tal connotación negativa fue algo que distintas religiones de Oriente Medio fueron añadiendo al concepto de *daemon* con el paso de los siglos.

Con la traducción al latín y después al español, fueron llamados demonios, aquellos seres malignos y opositores.

Encontramos referencias de estos espíritus en las ***Clavículas de Salomón***, los cuales se pueden invocar para el apoyo en diversas tareas mágicas. Todos estos son los mismos espíritus, sólo que dependiendo del objetivo (más o menos mundano) se van catalogando como ángeles o demonios; así, los demonios son aquellos que ayudan con cuestiones materiales o mundanas son los más bajos y los ángeles son los que ayudan en la evolución siendo los más elevados. Los vemos como opuestos, sin embargo, son de la misma naturaleza, incluso se ha dicho que los demonios son los que se unieron a la rebelión y son los ángeles caídos.

Estrictamente son espíritus, pero el uso común es de entidades malignas que interfieren en el camino de los seres humanos, cualquiera que sea su especie. Debido a la popularización del concepto en la actualidad, como ya he señalado, tomamos este concepto de "demonio" para describir a estas entidades obstructoras y generadoras de caos.

Diablo

En el nuevo testamento es el enemigo de Dios, teniendo el poder de afligir a los hombres con enfermedad y contaminación espiritual. Es la traducción al griego de adversario *"diabolos"*, que proviene de la raíz *dia-ballo*, que significa "dividir". La traducción al hebreo es *satán*, por lo que en este caso sí podríamos decir que **son equivalentes los términos diablo = satán;** en ambos casos se refieren al **ADVERSARIO**, que no necesariamente era una entidad. Se definió como tal, resultado de tesis teológicas. Incluso se ha dicho que, en la Iglesia católica, se sostiene que existe como un ser el Diablo, en tal caso, entonces se vendría abajo la doctrina, ya que esta es monoteísta. Sólo hay un Dios.

El Nuevo Ritual de los exorcismos promulgado en 1998 incluye un resumen de la doctrina sobre Satanás de la Iglesia católica que explica que entre las criaturas angélicales al servicio del plan divino aparecen «algunas caídas, llamadas también diabólicas, las cuales, opuestas a Dios y a su obra y voluntad salvíficas cumplidas en Cristo, intentan asociar al hombre a su propia rebeldía contra Dios». El objetivo del Diablo es seducir con mentiras a todo el mundo y «hacer la guerra a aquellos que guardan los mandamientos de Dios. Su fuerza se manifiesta como «'poder de las tinieblas', puesto que odia la Luz, que es

Cristo, y arrastra a los hombres hacia sus propias tinieblas». El intento del Maligno es impedir que «vivamos para Dios» (Rom 14, 8). De acuerdo con César Cerbera.

Jung habla acerca de que a veces no reconocemos nuestra propia maldad, entonces la proyectamos en un ser externo. Tal es el caso de atribuirle al Diablo personalidad, pero en realidad, como hemos coincidido, es la sombra, la parte oscura no reconocida en uno mismo y proyectada en un ser al que se le ha dado personalidad y existencia.

Los wiccanos no creemos en el diablo, ya que estaríamos entonces creyendo en Dios como todopoderoso, en esta cosmovisión dual; en cambio creemos en una gran fuerza en la dualidad femenina y masculina, no el bien y el mal.

Satanás

En el Antiguo Testamento Satán es la traducción al hebreo de adversario o *diabolos*, como hemos señalado; así, al adversario de Dios se le llama «Satán», que significa literalmente enemigo, opositor, adversario. Paradójicamente, el Satán reflejado en los estratos más antiguos de la Biblia nada tiene que ver con ángeles caídos, ni con demonios corrientes, ni con el origen del mal... simplemente se le consideraba como un ángel a las órdenes de Yahvé encargado de ciertas tareas desagradables. Es más adelante cuando Satán ocupa en la narración el puesto del antipoder frente al Dios Creador, aunque la existencia de este antipoder se intuye ya en el Génesis.

Plantea el Cuaderno Humanitas número 22, revista de **Antropología y Cultura cristianas**, dedicado a Satanás y su obra que «el Demonio y los demonios no son males absolutos sino seres que tienen una raíz de bien recibida de Dios, pero radicalmente distorsionada por un acto libre que los colocó irrevocablemente en una posición de rebelión contra Dios». Satanás no es más que una criatura, poderosa por el hecho de ser un espíritu puro, pero solo una criatura: «no puede impedir la edificación del Reino de Dios». En este sentido, este mismo texto aclara que para los cristianos «el hecho de que Dios permita la actividad diabólica es un gran misterio, pero nosotros sabemos que en todas las cosas interviene Dios para el bien de los que aman».

Para los musulmanes, Satanás es otro nombre que se le da a **Iblis**, jefe supremo de los djins, de quienes hemos ya hablado.

Esta palabra que en griego es ***diabolos*** o *diaballo,* también se traduce como acusar. Se dice que es el calumniador, el enemigo, el maligno y se le da personalidad posteriormente.

Para otros, Satanás es una entidad completamente diferente, es un ser que viene de otra dimensión o planeta: "Satania", y es el jefe de todos estos espíritus imperfectos que tienen la tarea de obstaculizar el camino de los seres humanos y tentarlos hacia el mal para pulir su personalidad a través del esfuerzo por lograr que reine su razón y virtud sobre sus pasiones.

Se considera que reina sobre la ira, la brujería y la oposición.

La simplista vinculación de Satanás con el **macho cabrío**, cuernos y rabo incluidos, deriva probablemente de que la cabra solía ser un símbolo de fertilidad en la Antigüedad, la fertilidad y lujuria eran vistas con malos ojos, como hemos señalado en capítulos anteriores.

Se relaciona a Satanás también con una deidad adorada en la antigua Babilonia llamada **Baphomet** que era representada con una cabeza barbada y con pequeños cuernos. Y lo mismo ocurre con el **dios Pan** de la mitología griega o con los faunos en la mitología romana. Asimismo, la cabra es una forma de confrontación con la idea del «Cordero de Dios» (el que quita los pecados del mundo).

Originalmente no había una entidad como tal. Cuando los romanos católicos miraron al astado, que se convirtió más tarde en el macho cabrío, el Cernunnos de las brujas; éstos le atribuyeron tal imagen al maligno:

Ilustración 18. Dios Cernunos

Siendo que no tiene nada que ver uno con otro, este es el dios de la fertilidad, el dios de los bosques, el dios protector del paganismo.

Lucifer

Lucifer en la traducción latina es «*lux-ferre*», que significa «*Portador de Luz*». La mayoría de las veces representaba al espíritu del aire y está asociado con el conocimiento. Es el que trae la luz a la oscuridad. La luz interior del conocimiento, de la sabiduría y el despertar.

Lucifer, tal cual, como el portador de la luz, o «estrella de la mañana» o «el que lleva la luz», no está mencionado en el Antiguo Testamento, no al menos directamente.

Sin embargo, en el mito católico, Lucifer era considerado el ángel más bello y tenía el rango de jefe de la milicia celestial. También se asimila a **Heylel**, palabra hebrea que significa «Estrella de la mañana» según la vulgata, que sería la primera traducción de la Biblia al latín por San Jerónimo. Para los grecorromanos se consideraba un ángel caído.

A pesar de que la mitología hebrea consideraba a Lucifer y a Satanás como dos entidades separadas, el cristianismo fundió ambos conceptos para identificarlos, sin más, con el Diablo.

Según otros mitos se dice que era un querubín que por soberbia se rebeló contra Dios y como castigo fue expulsado del cielo por el Arcángel Miguel. Se le considera juez del infierno.

Se dice que su orgullo y su deseo de adquirir poder, de ser igual a Dios, fue lo que le empujó a rebelarse contra él, especialmente según los gnósticos, porque se le acusaba de querer ocultar a los hombres la búsqueda del conocimiento. Cuando realmente fue lo contrario. De hecho, tiene que ver con el mito del que habla Zecharia Zitchin sobre Enlil y Enki, uno de ellos quería traer el conocimiento, la conciencia y el despertar al ser humano.

Fue expulsado del cielo, perdió su rango como líder de la milicia celestial y fue enviado al infierno, según el mito católico. Fue a partir de ese momento que Lucifer se convirtió o equiparó con **Satanás**, el líder de los demonios para los seguidores de la Biblia.

Sin embargo, a pesar del hecho de que Lucifer es reconocido como una criatura demoníaca por la tradición cristiana, fue sólo a partir de la Edad Media temprana que su término fue utilizado para designar a

Satanás, así como también fueron utilizados otros vocablos. Encontramos entonces que para el Cristianismo, Satanás y Lucifer son la misma cosa en la actualidad.

Se dice que Lucifer es uno de los cuatro príncipes del Infierno si seguimos la jerarquía demoníaca establecida por Abramelin el Sabio. Según los textos del renombrado exorcista P. Gabriele Amorth, Lucifer sería el nombre propio del **segundo demonio en importancia** en la jerarquía demoníaca.

El ***Diccionario Infernal*** de Collin de Plancy provee una descripción más detallada de Lucifer equiparado a Satanás. En efecto, el cabello de este ángel caído habría sido reemplazado por serpientes vivientes, todavía llevaría la marca de un relámpago divino en su cuerpo, pero este último estaría oculto por alas negras de murciélago que doblarían sobre su pecho. Lucifer también tenía en sus manos: por un lado, un pergamino y por el otro una pluma de hierro que le gustaría usar para derribar el paraíso. Este último no duda en tentar a los hombres con el orgullo, que es también parte de los 7 pecados capitales según el Papa Gregorio, y el orgullo sería el mayor de todos los vicios. Para algunos, Satanás no es el líder supremo del Imperio infernal o al menos habría sido destronado por **Beelzebú** (fundador de la orden de la mosca), y se habría convertido al mismo tiempo en el líder del partido de la oposición. Bueno, en lo personal, me da un poco de risa esta descripción.

Jesús es mencionado en varios versículos como la estrella o el lucero de la mañana, como así sucede en Apocalipsis 22:16: «Yo, Jesús, [...] soy la raíz y el linaje de David, la estrella resplandeciente de la mañana». Pero todo se debe a una reinterpretación posterior. En opinión de Antonio Piñero, cuando los autores cristianos de finales del siglo I (Apocalipsis) o del primer cuarto del siglo II emplearon «lucero de la mañana» aún no se había asociado ese sintagma con el Diablo/Belial. «No hay el menor motivo de asombro o de desdoro al leer esos textos cristianos, porque los autores del Nuevo Testamento jamás comparaban el lucero de la mañana con Lucifer/Diablo, que el fin y al cabo sólo significa el "portador de la luz"». Muy curioso porque en la Qabalah mística, al vocablo YHVH se le añade Shin que es la llama, dando como resultado Jeheshuah = Jesús.

En general, en cuanto al concepto de Lucifer, me parece que es una campaña de desprestigio por haber ayudado a los seres humanos en su camino a la iluminación propia.

Si ahora preguntamos a los psicólogos qué significa Lucifer para ellos, entonces aquí está su respuesta: él representa al hombre mismo y todo lo que contiene como una perversión que puede conducirlo a su caída.

Hay otra versión que dice que hay dos caminos para llegar a la divinización (Matia Di Stefano), uno es el de la misericordia, el del Arcángel Miguel y el otro es el del conocimiento, el de Lucifer. Se trata de dar luz a la oscuridad de las profundidades. La luz ilumina el interior, al infierno y una vez iluminada esta parte interior o inconsciente del ser humano, se convierte en sabiduría.

Se dice que la estatua de la libertad que porta la luz es Lucifer mismo portando la llama. También se le asimila al dios **Dianus.**

Luzbel

Luzbel significa también portador de luz. Se equipararía a Lucifer, pero en este caso se pone énfasis en el mito de la rebelión.

En el mito Católico se señala que fue el ángel favorito de Dios hasta antes de revelarse e instigar a otros ángeles a revelarse ... dice la escritura "era hermoso en toda su creación hasta que un día fue hallada maldad en su corazón y se dijo: "haré mi trono al norte de Dios y seré igual que el Altísimo".

En un pasaje de Ezequiel (28:12-16) se escribe de esta manera:

En Edén, en el huerto de Dios estuviste; de toda piedra preciosa era tu vestidura; de cornerina, topacio, jaspe, crisólito, berilo y ónice; de zafiro, carbunclo, esmeralda y oro; los primores de tus tamboriles y flautas estuvieron preparados para ti en el día de tu creación. Tú, querubín grande, protector, yo te puse en el santo monte de Dios, allí estuviste; en medio de las piedras de fuego te paseabas. Perfecto eras en todos tus caminos desde el día que fuiste creado, hasta que se halló en ti maldad. A causa de la multitud de tus contrataciones fuiste lleno de iniquidad, y pecaste; por lo que yo te eché del monte de Dios, y te arrojé de entre las piedras del fuego, oh querubín protector.

En consonancia con el pensamiento de Santo Tomás, el pecado de soberbia consistió en pretender obtener la bienaventuranza sobrenatural no como un don gratuito de Dios, es decir, por su gracia, sino por sus propias fuerzas.

Antes de rebelarse, él estaba primeramente de todas las categorías de los ángeles... hasta que deseó por orgullo y soberbia ser igual que Dios. En su rebeldía arrastró a un tercio de ángeles del cielo (Apocalipsis 12:4); desde allí ya no sería llamado Portador De Luz sino adversario SATANÁS, el enemigo de Dios (Martínez, 1984).

El designar a Luzbel como Lucifer y Satanás es un invento cristiano procedente –en opinión de Antonio Piñero, catedrático de filología griega en la Universidad Complutense– de «una exégesis particular por parte de los Padres de la Iglesia de un pasaje de Isaías, concretamente el 14,12 5».

¿Es lo mismo Lucifer, el Diablo, el Demonio y Satanás?

Según César Cerbera, el Demonio de la tradición cristiana se ha terminado convirtiendo en una forma casi parodiable, que no corresponde con lo que dice de él la Biblia (el texto cita a Satanás unas 36 veces y al Diablo 33 veces) ni con el mito del ángel caído que desafió a Dios. La propia Iglesia considera estos temas poco agradables y no suele detenerse mucho en ellos. Fuego, cuernos y tridente son sus símbolos.

Retomando los términos y, en resumen, **"demonio"** que viene del griego "genio" es un genio o ser sobrenatural. **"Satanás** nombrado como **"diablo"** es el opositor o acusador que nada tiene que ver con ángeles caídos, estos términos son equivalentes en diferentes lenguas. Lucifer representa al **ángel caído**, ejemplo de belleza y sabiduría, **a quien la soberbia le condujo a la oscuridad**; en escuelas ocultistas, es el sacrificado para ayudar a los hombres en su evolución, el encargado de ciertas tareas sucias, calumniado y rechazado. Es el dios **Set** en los egipcios.

En el cristianismo los conceptos de **Lucifer** y **Satanás** son hoy similares, con la diferenciación generalizada de que Lucifer es el nombre del «Príncipe de los demonios» antes de su caída; y el nombre de «Satán» es el que adoptó tras su caída.

Tenemos así, que se confunden los nombres o se asemejan en el contexto del cristianismo. Según el libro del Apocalipsis, Cristo vencerá a Satanás y lo enviará a una prisión (el infierno) «para que no engañe más a las naciones» y no pueda acceder más al Cielo ni la Tierra. Para la mayoría de autores, la suposición de que Satanás gobierna o habita como Rey del infierno carece de base bíblica. Cuando vaya lo hará como prisionero, no como rey. La imagen del Diablo como monarca infernal se basa en gran medida en los escritos literarios, en especial de Dante y Milton, quien pone en su boca la frase en «El Paraíso perdido» de que «es mejor reinar en el infierno que servir en el cielo».

Otros apelativos que recibe **Satanás** son **Legión, Príncipe de los demonios, Beelzebub, Mentiroso, Padre de la mentira, Pecador desde el principio, Tentador, Maligno, Espíritu maligno, Espíritu inmundo o impuro, Homicida desde el principio, Señor de la muerte, Dragón, Serpiente antigua, Belial, Dios de este mundo, Poder de las tinieblas, Príncipe de las tinieblas, Maestro del infierno, Seductor del mundo entero, Ángel de Satanás o Acusador.**

Algunas veces se confunde a **Satán** con la **serpiente que tentó a Eva**, sin embargo, en el relato del Génesis 3, un ser maligno y seductor, encarnado en la serpiente, intervino de modo decisivo para que la pareja desobedeciera a Dios y tuvieran que abandonar el Paraíso. La serpiente antigua es relacionada con la tentación a los primeros padres en el Paraíso, en la que **el Demonio** se presenta bajo la apariencia de una serpiente. No obstante, a este poder malvado no se le llama en ningún momento Satán ni Diablo. Otros dicen que este es **Samael.**

10.2. El Infierno

Pero, ¿qué es el infierno para los cristianos? El vocablo infierno proviene del latín *infernun* que significa «inferior» y que, en la mayoría de las religiones monoteístas, representa el lugar en el que las almas de los muertos son torturadas como castigo por los pecados que cometieron en vida. En este mismo libro hay referencias a la condenación con imágenes de los caídos «arrojados al estanque (o lago) de fuego que arde con azufre. El azufre se relaciona con la destrucción y el castigo, a la vez que con la purificación del alma.

En el contexto de Old Witchcraft, las tradiciones feéricas, los nórdicos, así como en diferentes culturas se habla de los 3 planos: el inferior, medio y superior. El inferior es el lugar donde residen las almas que ya trascendieron y algunas fuerzas, puede ser incluso el bajo astral, hablando del otro mundo que tiene estos tres reinos también.

En inglés se llama "Hell", y si lo comparamos con el contexto teutónico, hay un reino llamado "Hellheim" gobernado por la Diosa de la muerte, Hella.

Para algunos teóricos que hablan de aliens, este inframundo es en realidad un lugar intraterreno donde habitan seres, se señala incluso que algunas de estas razas se alimentan de niños y seres humanos.

10.3. El falso número de la bestia 666

Para los católicos el número 666 se suele identificar con el Diablo o con el Anticristo porque el último libro de la Biblia habla de una bestia de siete cabezas y diez cuernos que sale del mar y que lleva un nombre en forma de número: 666 (Revelación [Apocalipsis] 13:1, 17, 18). Hay que recordar aquí que el significado en la antigüedad del número 6 es de imperfección (por faltarle una unidad para la perfección del número 7), de modo que el número 666 representaría la imperfección llevada hasta el extremo.

Algunas investigaciones han sugerido que el número 666 es erróneo, ya que existen versiones del libro que datan del siglo II o III y que tienen como número de la Bestia al 616.

Para la numerología el 666 se relaciona con vibraciones positivas y contiene un mensaje optimista de los guías. El número 6 está relacionado con el equilibrio, la armonía, la tranquilidad y la paz, de modo que, si alguien lo ve en su vida, es una invitación de los espíritus para que las personas en medio de las distracciones que le desvían de las obligaciones y responsabilidades, se animen a descubrir lo que verdaderamente los hace felices y realizados. Es el arcano 6 del Tarot repetido 3 veces y nos habla de unión y es la segunda perfección multiplicada en los 3 planos de existencia.

10.4. Demonología

La Demonología (del griego δαίμων, Daimon) es la rama de la teología y de la mitología que se encarga del estudio sistemático de los demonios y sus relaciones, haciendo alusión a sus orígenes y naturaleza.

Tomemos en cuenta que esta es una visión judeocristiana. Muchos de los demonios que se enunciarán a continuación, son genios, espíritus, dioses o seres en general, no aceptados por la religión y que entonces se consideraron demonios. Incluso algunos son del mundo de las hadas o ayudan a tareas maravillosas como enseñar sobre los astros o la piedra filosofal; sin embargo, se les llama demonios en esta doctrina, lo que me parece ridículo.

El lector encontrará muchas definiciones de corte religioso judeocristiano que no tienen que ver con mis creencias.

10.5. Tipos de demonios y jerarquías

Los demonios, cuando se les considera como espíritus, pueden pertenecer a cualquiera de las clases de espíritus reconocidos por el animismo primitivo, es decir, pueden ser humanos o no humanos, almas o espíritus separables desencarnados que nunca han vivido en un cuerpo. A este respecto podríamos distinguir varios tipos de demonios:

- Ángeles caídos en desgracia según la tradición judeocristiana.
- Almas humanas consideradas como genios o familiares.
- Aquellos que reciben un culto o adoración-respecto (culto a los antepasados).
- Fantasmas y otros aparecidos de carácter maligno.

En la Biblia los demonios adoptan diferentes formas de animal: langostas, osos, escorpiones, dragones, leones... A lo que se suma la larga lista de animales tenidos por demoniacos a lo largo de los siglos: gatos, serpientes, moscas, cabras, búhos, ratas, gallos, etc.

Dentro de los demonios o *daimons*, ya en su connotación más religiosa (católica) hay jerarquías. Una de las clasificaciones es: **Reyes, duques, príncipes** y **prelados (ministros), marqueses, presidentes, condes, caballeros** y debajo de ellos hay varios a los que se les llama **legionarios.** Otra de las clasificaciones son las mismas que se utilizan para los ángeles.

Cuántos demonios existen

La creencia en los demonios se remonta muchos milenios. Ya desde el **Zoroastrismo**, se enseña que hay 3,333 demonios, algunos de ellos con responsabilidades específicas en asuntos oscuros como la guerra, el hambre, las enfermedades, etc. La mayoría de las grandes religiones de la humanidad hacen referencia en mayor o menor medida de la existencia de los demonios, como hemos señalado.

En el **Talmud** se menciona la existencia de **7,405,926 demonios**, divididos en 1,111 legiones, con 6,666 demonios cada una.

10.6. Demonios más conocidos

Asmodeo

También conocido como **Asmodai, Sydonai, Chammadai, Asmodeus** y **Asmodaeus):** Demonio persa de la religión mazdiana (zoroastriana). En el Libro de Tobit, Asmodeo se enamora de Sara, hija de Raquel, y cada vez que aquella contrae matrimonio, mata al marido la noche de bodas. Así llega a matar a siete hombres, impidiendo que consumen el matrimonio.

Identificado a veces con **Samael**, la serpiente que sedujo a Eva se le considera Príncipe o Rey de los infiernos con tres cabezas: de toro, de hombre coronado con aliento de fuego y de carnero con boca y cola de serpiente. Cabalga un dragón y manda 72 legiones infernales. Superintendente de las casas de juego, siembra el error y la disipación. Él es quien poseyó a la joven Sarah, hija de Raquel, de la que estaba enamorado y le ahogo a los siete maridos antes de que se casase con su primo Tobías, hasta que ella le pidió ayuda a Dios, y este mando al Arcángel Rafael a derrotar al poderoso demonio. Los rabinos cuentan que destrono a Salomón, pero que pronto este, le cargó de hierros obligándole a que le ayudase a construir el Templo de Jerusalén. Este demonio aparece por primera vez en el libro apócrifo de Tobit. Se le adjudica el pecado de la sensualidad, de la lujuria, la venganza y el juego.

Llámese también **Osmodai, Chamadai** o **Siodai**, nombre de un rey fuerte y poderoso que tiene tres cabezas, cuando se exorciza a Asmodeo conviene estar a pie, firme y llamarle por su nombre.

Este demonio da a los hombres anillos astrológicos y les enseña a hacerse invisibles, enseñándoles además la geometría, la aritmética, la astronomía y las ciencias mecánicas, como también algunos tesoros que les puede ayudar a descubrir.

Astaroth

Astaroth es el nombre otorgado a un varón, por la encarnación medieval de una poderosa Diosa-Demonio, de nombre Astoreth o Astarté; sin embargo, en otras ocasiones se dice que es su esposo. Sus principales ayudantes son tres demonios llamados Aamon, Pruslas y Barbatos.

Archiduque del occidente de los infiernos, otros dicen que es duque infernal, o tesorero. Representado como un ángel coronado, desnudo enclenque sosteniendo una víbora en la mano izquierda y cabalgando a lomos de un dragón. Tesorero infernal, ve el pasado, el presente y el porvenir; detecta los deseos secretos y concede protección a los grandes. Adora hablar acerca de la gran caída de los ángeles, y dice haber sido castigado injustamente, alegando que un día recuperará su lugar entre los ángeles del cielo, como el príncipe de los Tronos que solía ser. De acuerdo con el Grimorium Verum, Astaroth reside ahora en América.

Astarté (a quien se dice asimiló) es también conocida como **Baalit**, **Astartea**, **Estarot** y **Diana**: Reina de los espíritus de la muerte; preside los placeres del amor, su figura tiene cabeza de ternero con cuernos, y una cruz en la mano. Tuvo dos hijos: el Deseo y el Amor.

También se asimila a la Diosa fenicia de la lascivia equivalente a la **Ishtar** de Babilonia.

Azael

También llamado **Araziel** o **Azazel** es uno de los ángeles que sostuvo relaciones prohibidas con las hijas de los hombres. Demonio atractivo y seductor, que enseñó a las mujeres el arte de maquillarse y la cosmética en general. Fue uno de los ángeles que se rebelaron contra Dios, bajo el mando de Azazel y Samyaza. Se dice que está encadenado sobre piedras puntiagudas en un lugar oscuro del desierto, esperando el Juicio Final. Curiosamente a veces se dice que son el mismo él y Azael, y en otras son diferentes.

Es uno de los jefes de los doscientos ángeles caídos, según el primer libro de Enoch.

En el libro, el Apocalipsis de Abraham, se describe a Azazel como un demonio terrible con 7 cabezas de serpiente, catorce caras y doce alas. Antes de su caída, pertenecía al Coro de los Ángeles. Se le considera 'cabra de emisario' o 'chivo expiatorio'.

Demonio hebreo, enseñó al hombre a fabricar armas para la guerra e introdujo los cosméticos.

Baal

También conocido como **Beel** y **Bel.** Divinidad (probablemente del Sol) de varios pueblos situados en Asia Menor y su influencia: fenicios, caldeos, babilonios, sidonios e israelitas. Tiene el poder de hacer invisible a quienes lo convocan y puede volver a un hombre en un sabio. Divinidad principal de los babilonios, de los caldeos, de los fenicios, sidonianos, israelitas y de otros pueblos orientales. Se dice que no le dan sexo determinado. Transformado en un demonio cuya voz tiene un sonido retumbante muy particular.

En el catolicismo lo convirtieron en el Gran Duque del infierno, otros dicen que es General del infierno. Reina en la parte oriental, manda 66 legiones, tienes tres cabezas: gato, hombre coronado y sapo. Su torso lomudo termina en patas de araña. Hace invisibles y astutos a aquellos que le invocan. Se le sacrificaban terneras y bueyes, y las mujeres se prostituían en su honor. El Dios Jehová lo destronó y mandó al infierno. Gran duque que domina una basta extensión de los infiernos, algunos denominados demonomaníacos, le designan como el general en jefe de los ejércitos infernales.

Belcebú

También llamado **Señor de las moscas, Baalzebub, Beelzebub, Ba'al Zebûb** y **Baal Zabut:** Dios fenicio de los oráculos; demonio de segunda categoría.

En la mitología hebrea se empleó para designar a Satán o a algún demonio menor, de acuerdo con la costumbre de representar como malignas a las deidades ajenas (el dios creador **Baal**, en este caso).

Diablo hebreo tomado del simbolismo del escarabajo. Se le adjudica el pecado de la gula.

Grigori

Del cristianismo viene el concepto de ángeles caídos que son **aquellos que han sido expulsados del cielo por desobedecer** o rebelarse contra los mandados de Dios. El más conocido de todos ellos es Lucifer, pero no menos importantes dentro de este mito son los **Grigori** (observadores o vigilantes en griego, egrē´goroi), también conocidos como Hijos de Elohim (םיהלאה ינב). Los **Grigori** serían un grupo de ángeles caídos mencionados en el Génesis (6:1-4) y en otros textos apócrifos bíblicos (Libro de los Jubileos) y que se habrían apareado con "las hijas del hombre", dando como resultado de dicha unión a los **Nefilim** o **Nephilim** (םיִלְפָנ), una raza de gigantes. Los Grigori más conocidos según el Libro de Enoc serían: **Samyaza**, que era su líder, **Urakabarameel, Akibeel, Tamiel, Ramuel, Dan'el, Azkeel, Saraknyal, Asael, Armers, Batraal, Anane, Zavebe, Samsaveel, Ertael, Turel, Yomyael** y **Azazyel (**también conocido como **Azazel). Estos** serían los más importantes de un grupo de doscientos ángeles.

Algunos grupos de teólogos postulan que todos estos textos se refieren en general a estos seres como un grupo de ángeles castigados por Yahvé (ángeles caídos) por haberse enamorado y copulado con las mujeres de la Tierra, y por haber enseñado a los hombres la creación de armas y el arte de la guerra principalmente, entre otros conocimientos, trayendo un desequilibrio entre los hombres. Cabe destacar que en la religión católica desde la interpretación de **San Agustín de Hipona se dejó de lado esta antigua definición como ángeles**, indicándose desde entonces que la expresión hijos de Dios se refiere a los descendientes de Set; y serían llamados así por su amor de Dios.

En la tradición de la streguería, los **grigori** son los vigilantes de los puntos cardinales a quienes se les llama para proteger las puertas.

Leviatán

En el Génesis se describe al ser representante del antipoder como un **Leviatán** (enrollado), esto es, una bestia marina del Antiguo Testamento creada por Dios. Y en el Apocalipsis, **Satanás** tiene forma de Dragón rojo. Se le considera el "dragón del caos", demonio femenino enroscado, con las aletas que irradian una luz refulgente que eclipsa los rayos del

Sol. Se le asocia también con Satán. Demonio almirante de la marina, causante de los celos, la envidia y la religión. Reposa en el mar mientras no se le moleste. También aparece en la cosmogonía babilónica. Posee como ayudante a **Rahab** "el viento", quien fue originalmente un príncipe del océano. El término Leviatán ha sido reutilizado en numerosas ocasiones como sinónimo hoy en día de "gran monstruo" o "criatura".

Lilith

«Y de la costilla que Dios tomó del hombre, hizo una mujer, y la trajo al hombre. Dijo entonces a Adán: Esto es ahora hueso de mis huesos y carne de mi carne; ésta será llamada Varona, porque del varón fue tomada», relata el libro del Génesis sobre la creación bíblica de la primera mujer en la faz de la tierra: Eva. No en vano, una extendida interpretación rabínica considera que la referencia, en un versículo anterior, a que *«Dios creó varón y hembra los creó»* significa que hubo otra mujer antes. Según esta tradición judía, Lilith es la mujer que precedió a Eva, y que, una vez abandonó a Adán. Debido a sus cualidades de rebelarse en contra de la autoridad, se le redujo a demonio inmundo, se le convirtió en un demonio que rapta a los niños en sus cunas por la noche y una encarnación de la belleza maligna, la madre del adulterio y de la fornicación pasional, se dice que encarna a la belleza maligna.

En la Biblia se menciona a Lilith, pero se tradujo por Lamia: *«Los gatos salvajes se juntarán con hienas y un sátiro llamará al otro; también allí reposará Lamia y en él encontrará descanso»*.

Sin embargo, aunque hay una serie de demonios sexuales, también llamados *incubus* y *sucubus*, denominados Liliths, en la vieja tradición es una Diosa muy adorada. Es la primera mujer divina emancipada, libre, diosa de las brujas. Cuida y protege a las mujeres. Se dice que su hija primogénita fue Alouqua.

Los hijos de Lilith se llaman **lilim** que, según la mitología hebrea, son demonios femeninos (*sucubus*) hijos de Lilith, quien dio a luz a infinidad de vampiros y demonios.

Algunos de estos demonios lilim, como Lilu, eran espíritus errantes, de sexo femenino, equivalentes a la figura del vampiro y el súcubo. A la misma clase de demonios pertenecen **Idlu Lilu** y **Artad Lili**, existentes también en la mitología acadia y sumeria.

Los lilim son descritos como "seres cubiertos de pelo" que mataban a todos los niños menores de ocho días aún incircuncisos, por lo que eran muy temidos. Según la leyenda, esto es consecuencia de la venganza de Lilith, por haberle asesinado a 100 hijos al día a manos de los arcángeles de Yahvé.

Existen otras descendencias de Lilith llamados **shedim** los cuales se encargaban de atrapar el alma de su padre —de quien obtuvo el semen desperdiciado Lilith— en su propia tumba. Para prevenir esto, la tradición judía marca que un rabino debe dar siete vueltas alrededor de la tumba para que el cadáver no sea poseído por un shedim.

Más de las liliths

Tiamat

Tiamat también es tomada como una gran demonio, aunque hay algunas interpretaciones que dicen que en los mitos se refiere al planeta que fue destruido y ahora es el cinturón de asteroides.

10.7. Diccionario de demonios

A continuación, enuncio bastantes otros, cabe señalar que a muchos se les denomina demonios por el simple hecho de ser dioses o ángeles a los que se les solicitan resultados en situaciones materiales. Muchos de ellos son en realidad Dioses antiguos, pero al ser insertados en la religión o conceptos católicos, se les clasifica como demonios. Las definiciones las obtuve del catálogo de demonios, sólo la transcribí, no es que esté de acuerdo con ellas.

Aamon: (Amón, Ammón, Mammon) Uno de los tres demonios al servicio de Satachia. Como Mammon. Su nombre significa riquezas, por ende, le es adjudicado el pecado de la avaricia. Se le adjudica también el pecado de la ira.

Se dice que es regente de Inglaterra. Es Marqués de los Infiernos. Manda 40 legiones de demonios. Cabeza de lobo vomitando llamas, cola de serpiente que arroja fuego. A veces aparece con cabeza de búho, cuerpo humano y dientes de perro o simplemente como un hombre con cabeza de cuervo. Conoce el pasado y el futuro, además de reconciliar a los amigos en disputa. Dios egipcio de la vida y de la reproducción con cabeza de carnero. Es uno de los ayudantes de Astaroth. Conoce y vigila a las personas que han pactado con Satán. También ostenta el título de "príncipe".

Abaddon: (Abadón, Abbadón, Addadomna, Apollyn, Apollyon). Jefe (El Destructor) en el libro de *las Revelaciones*, es el ángel o estrella del abismo sin fondo que encadena a Satán por mil años. Se dice que fue el ángel invocado por Moisés para que enviara las terribles lluvias que arrasaron Egipto. En muchos libros apócrifos, Abaddon es considerado una entidad demoniaca, el destructor jefe de los demonios de la 7ª jerarquía. Como en Ángel de la Muerte, como un demonio del Abismo, ya que tal es el nombre que da San Juan en su Apocalipsis al rey de las langostas, algunos le miraban como el ángel exterminador. Saltamontes simbólicos que salen de los pozos del Abismo con cabeza humana, cabellos de mujer, dientes de león, cola de escorpión, armados con corazas de hierro y coronas de oro. Algunos demonógrafos le consideraban el causante de las guerras, conflagraciones y cataclismos. Su nombre proviene de la palabra hebrea equivalente a 'pérdida, ruina, muerte'; en griego deriva de *apolyon*, que el vulgo traduce por *exterminans*, es decir, 'exterminador'.

Abaddona: (El Arrepentido) Uno de los Serafines rebeldes, más tarde se arrepintió de su pecado contra Dios.

Abalám: (Abalán) Príncipe del infierno, poco conocido y perteneciente a la corte y séquito del rey Paymón. Presenta la figura de una mujer coronada de una diadema centelleante de piedras preciosas. Comanda doscientas legiones de ángeles rebeldes y de fuerzas infernales.

Abducius: Demonio que desarraigaba árboles enormes y aplastaba a los hombres con ellos.

Abduxuel: Uno de los demonios gobernantes de las mansiones lunares, de acuerdo con la tradición de Enoch.

Abezi-Thibod: Uno de los príncipes infernales que rigen Egipto, quien luchó contra Moisés y endureció el corazón del Faraón contra este. De acuerdo con el *Testamento de Salomón*, era hijo de Beelzebub.

Abigor: Demonio Superior, duque de los infiernos, hermoso caballero que lleva lanza de estandarte o cetro, y cabalga sobre un monstruo alado. Manda 60 o 70 legiones infernales. Conoce el porvenir, los secretos de la guerra y el arte de hacerse amar por sus soldados.

Abrahel: Demonio que se dedica a seducir a los pobres de espíritu, especialmente campesinos y gente de escasa instrucción, tomando siempre la apariencia de una bellísima y dispuesta mujer; su fin es reclutar adoradores del Diablo en la Tierra.

Abraxas: (Abrasax, Abracax). Dios griego que se cree representaba el bien y el mal en una única entidad.

El más antiguo de los dioses, según ciertos sirios y persas, su nombre está compuesto de las 7 letras griegas cuyo valor numérico es igual a 365. Los Basilidianos, herejes del siglo II, le hacían el jefe de 365 genios que regían los días del año. Había enviado a Cristo a la tierra como un "espectro benévolo". Su nombre ha dado al **Abracadabra** mágico llevado como filacteria. En demonología, ha pasado a ser un demonio coronado, con cabeza de gallo, grueso vientre, pies de serpiente y cola raquítica, que lleva un látigo.

Abyssus: Su nombre significa 'desesperado'.

Acatriel: Uno de los tres príncipes de los buenos demonios (en la cábala hebrea, que admite demonios de dos clases).

Acham: Demonio de orden inferior, que se conjura el día jueves y al que le gusta el pan.

Aclahayir: Genio y espíritu de la cuarta hora del Nuctemeron.

Adirael: Uno de los ángeles caídos, al servicio de Beelzebub.

Adonis: (Adón, Dumuzi, Tammuz). 'señor', 'amo': Demonio fenicio piromaníaco que preside los incendios.

Demonio quemador que cumple algunas funciones en los incendios, algunos sabios dicen de él, que es el mismo demonio Thamuzde los hebreos. Originalmente era un dios sumerio.

Addu: (Adad). El Dios Babilonio de la Tormenta, también llamado.

Adramelech: (Samaria). Presidente del alto consejo de los diablos, algunos lo consideran gran canciller, intendente del guardarropa de Satán. Se le representa bajo forma de mula con torso humano y cola de pavo real. En Sefarvaïm, en Asiria, se le consideraba el **Dios Sol** y se quemaban niños en sus altares, en honor a esta Deidad. De acuerdo con otros textos, a Adramelech, en la jerarquía infernal, le corresponde el octavo sitio en los diez Sephitots malignos del Árbol de la vida.

Adriel: Uno de los demonios de las mansiones de la Luna, de acuerdo con la tradición enochiana.

Af: Demonio menor en la mitología hebrea, con cabeza de carnero; es originario de Nubia y Abisinia.

Agalariept: (Agagliareth, Agliaret). Gran general del infierno, comandante de la segunda legión, tiene el poder de descubrir todos los secretos, y domina en Europa y en Asia Menor. Manda sobre Buer, Gusoyn y Botis.

Agares: Gran Duque de las regiones del este del infierno. Comanda 31 legiones. El otorga propiedades, poder, títulos, incita al baile y enseña todos los lenguajes. Perteneciente al Orden de las Virtudes, se muestra bajo la forma de un Lord Benevolente, montando un cocodrilo y llevando un halcón en su puño.

Agatión: (Agathión, Agazión). Demonio familiar que sólo se deja ver al mediodía, apareciendo en forma de hombre o bestia, algunas veces se deja encerrar en un talismán, en una botella, en un anillo mágico.

Agnan: (Agnián, Añá, Añán). Demonio que atormenta a los americanos con apariciones y maldades, se muestra sobre todo en Brasil, en los Tupinambos, apareciéndose bajo todas las formas de madera, quienes descan verlo pueden hallarlo en todas partes. Espíritu malvado de los tupinambás, en Brasil; se le atribuía el poder de sacar a los muertos de la sepultura, si los parientes no dejaban ofrendas. Torturaba a los humanos y se le podía ver en cualquier lugar bajo diferentes formas.

Agramainio: El gran espíritu de la maldad, orado por Guiosue Carducci en su himno a Satán (*Inno a Satana* 1863)

Agramon: Demonio del miedo.

Agrat-Bat-Mahlaht: Demonio de la mitología hebrea. Era una de las esposas de Satán y la demonio de las prostitutas.

Ahharu: En demonología asiria, se trata de malvados vampiros.

Ahazu: El Aferrador. Demonio babilónico que provocaba las enfermedades; espíritu de la noche.

Ahpuch: (Ah Puch, Yum-Cimil, Mitnal, Hunhau) Demonio maya. Tenebroso dios de la muerte, representado en forma de cadáver parcialmente putrefacto, con el esqueleto y el cráneo visibles; en otras ocasiones, se lo ve en forma de hombre con cabeza de búho. Preside el Mitnal (noveno y más profundo de los mundos inferiores); los mayas creen que viajaba por las casas de las personas enfermas, buscando nuevas víctimas.

Antuch: Demonio maya.

Ahriman: Diablo del mazdeísmo.

Aini: Poderoso Duque infernal que se representa como un hombre hermoso, con tres cabezas, la primera como de serpiente, la segunda de hombre con dos estrellas en la frente, y la tercer cabeza, como de gato. Monta una serpiente y carga un atizador flameante con el que causa destrucción. Suele dar la respuesta verdadera en cuanto a temas de importancia.

Akibel: (Akikel) Uno de los 200 ángeles que, bajo el mando de Azazel, corrompió y enseñó a los humanos los signos de la Cábala.

Al Rinach: (Alrinach, Albinach, Aldinach) Demonio de Occidente (Egipto) que preside las tormentas, los terremotos, las lluvias, las granizadas y los maremotos; a menudo hunde los navíos, y se deja ver en figura de mujer.

Alastor: Genio malhechor para los antiguos. Demonio severo, que encarna la némesis y la felicidad. Se considera **ejecutor de la justicia**. Algunos lo confunden con **Azazel**, otros con el ángel exterminador y otros con **Raum**. Los antiguos le llamaban alastores a los genios malévolos. Plutarco dice que Cicerón, por odio contra Augusto había ideado matarse junto al hogar de este emperador para ser su alastor.

Alecto: Una de las tres azotantes furias (Euménides o Erinias) griegas del Tártaro.

Algol: Demonio de los astrólogos árabes.

Allatou: Demonio femenino, de la corte de Satán, esposa de Nergal; tentaba a las personas a realizar actos inmorales. A menudo poseía a humanos.

Alocer: Gran Duque de los infiernos, representado en caballero cornudo con cabeza de león. Manda 36 legiones. Su caballo con patas de dragón es enorme. Enseña los secretos del cielo, como la astronomía y las artes liberales.

Alpiel: Demonio de poca categoría, de carácter indolente y bucólico; se especializa en proteger los árboles frutales.

Alricaus: Demonio que se conjura el sábado; es el jefe de guerra que manda sobre 22 legiones de diablos. Enseña lógica y psicología a quienes le sirven.

Aluca: (Alouqua) Es la primogénita de Lilith. Un demonio femenino, que también es un **súcubo** y un **vampiro**, que cansa a los hombres y los conduce al suicidio. Esta vampiresa es una verdadera experta en el arte amatorio, operación que normalmente lleva hasta las últimas consecuencias, transformándose en el icono por excelencia de los placeres prohibidos. Dándole el sobrenombre de Diosa de los Íncubos y Súcubos. Alouqua creció enamorándose de Aym, un Gran Duque del infierno que los comandos veintiséis legiones de demonios, el cual ayudó a escapar a su madre y a ella misma cuando la desdicha se apoderó de sus vidas. De este amor nació Nadine, transformándose esta, en la primera nieta de Lilith.

Alukah: Ente infernal de la mitología hebrea, de origen babilónico. Chupa la sangre de las personas mientras duermen.

Alyssa: (Alyssa *Dei Sanguinum*) Es una semidiosa demoniaca creada por el ángel caído Lucifer al buscar concebir con una humana dando origen a este ángel guerrero manipulador de la sangre, protector de los hombres y del linaje de todos aquellos que le rindan culto a su espíritu.

Amane: Uno de los 200 ángeles que —bajo el mando de Samyaza— se rebelaron contra Dios al descender a la Tierra y unirse a los hombres y enseñarles las ciencias prohibidas.

Amazarac: Uno de los 200 ángeles rebeldes que descendió del cielo y enseñó a los humanos todos los secretos de la hechicería y los encantamientos.

Amducias: Gran Duque infernal. Manda 29 legiones. Tiene cabeza de unicornio, pero aparece bajo forma humana y da conciertos invisibles. Los árboles se inclinan a su voz.

Amón: (Véase Aamón).

Amoymon: (Amaimón, Amoimon) Rey infernal. Uno de los cuatro magos que miraban para presidir las 4 direcciones del Universo, él gobernaba la parte oriental; se le evoca por la mañana, desde las 9 a las 12, y por la tarde de 15 a 18 horas; aparece rodeado de llamas, enseña Astrología y artes liberales, descubre a sus amigos los tesoros guardados por los demonios. Comanda a los ángeles caídos y a las Potencias, y ordena 36 legiones; su lugarteniente es Asmoda (o Asmodeo), el primer príncipe de sus Estados.

Amudiel: Un ángel caído.

Amy: Uno de los ángeles caídos, en un tiempo perteneciente al Coro de los Ángeles y al Coro de los Poderes. Esta entidad enseña los secretos de la Astrología y las artes y, le reveló a Salomón que volverá a su gloria en el cielo dentro de 1200 años.

Anamelech: (Anamalech) Su nombre significa 'buen rey'. Es un demonio oscuro, portador de malas noticias; cuando se hace visible, adopta la forma de una perdiz, suele mostrar su presencia arrojando objetos como balines de plata o monedas. Se le puede oír susurrar por las noches las malas nuevas que lleva. Es augurio de castigo divino por ofensas o mentiras para beneficio propio. Era adorado en Sefaraim (Asiria). Algunos estudiosos de demonología sostienen que este diablo es **la Luna**, como Adramelek es el Sol.

Ananel: Perteneciente al Orden de los Arcángeles, enseñó a pecar a los seres humanos.

Anazareth: (Anazarel) Demonio encargado de la custodia de los tesoros subterráneos; junto a Gaziel y Fecor, conmueve los cimientos de las casas, provoca las tempestades, toca las campanas a medianoche, hace aparecer espectros e inspira terrores nocturnos. Su estigma es que no puede conocer el amor.

Andras: Marqués de los infiernos. Manda 30 legiones. Cabeza de mochuelo, cuerpo desnudo de ángel alado, cabalga sobre un lobo negro y blande una espada.

Andromalius: Conde infernal que puede devolver tanto al ladrón como los bienes robados, castigar a los ladrones y otras personas malvadas y descubrir tesoros ocultos.

Aneberg: (Anabergo, Anneberg) Demonio de las minas, un día mató de un soplo a 12 trabajadores que abrían una mina de plata, cuya guarda estaba confiada a él. Es un demonio malo y terrible y se muestra principalmente en Alemania. Se dice que tiene la figura de un caballo con un inmenso cuello y terribles ojos. Con aspecto de macho cabrío con cuernos de oro, o bien como un gigantesco caballo con un gran cuello que vive bajo tierra y carece de todo rasgo amable.

Anubis: Dios egipcio de la muerte y amo del infierno (V dinastía), hijo de Set y Nephtys, con cabeza de chacal o de gavilán. Patrón de los embalsamadores, conducía las almas para ser sentenciadas en juicio respecto de su futuro.

Any: Demonio que preside el infierno.

Angat: Nombre que se da al diablo en Madagascar, donde es mirado como un genio sanguinario y cruel. Dicen que tiene la figura de una serpiente.

Aqueronte: Demonio-río griego de los infiernos. Nadie podía atravesar dos veces el Aqueronte.

Aquiel: Demonio que se evoca los domingos a la medianoche en un lugar desierto, el rito del conjuro debe hacerse con Luna nueva o con el cielo tapado con nubarrones, y el cual pide a cambio un pelo de la cabeza.

Araxiel: Uno de los ángeles caídos.

Arachula: Espíritu maligno del aire.

Araco, Arakho: Demonio que arrebataba el vino de la inmortalidad y lucha contra el Sol y la Luna.

Ardad: Demonio que conduce a los viajeros extraviados.

Ariel: En la mitología hebrea, espíritu demoníaco del aire (más específicamente de los vientos). En el del islamismo, arcángel de Dios, identificado como un hombre con cara de león.

Arioc: Demonio de la venganza.

Arioch: Uno de los ángeles caídos que fue castigado por seguir la rebelión de Satanás.

Arfaxat: Brujo persa que murió por un rayo (si hemos de creer a Abdias de Babilonia), a la misma hora de los matrimonios de San Simón y San Judas Tadeo, se convirtió después en demonio; en una posesión de las monjas del Louviers, se encontró un demonio llamado Arfaxat que se había apoderado del cuerpo de Lutde Pinterville.

Arioch: Demonio de la venganza, diferente de Alastor. Únicamente es vengativo cuando es contratado para hacerlo.

Asbeel: Uno de los ángeles caídos.

Ascaroth: Nombre que dan los demonógrafos a un demonio poco conocido que protege a los espías y delatores y depende de la divinidad satánica Nergal.

Ascicikpasa: (Asic-Pachá, Ascik-Pacha) Demonio turco, relacionado con el amor y el erotismo. Favorece las intrigas secretas, facilita los partos y los medios para romper encantamientos.

Asderel: Uno de los ángeles caídos, que le enseñó a los seres humanos, el misterio de la Luna.

Asima: Demonio que ríe cuando se hace el mal, fue adorado en Emath en la tribu de Neftaliantes, antes de que los habitantes de esta ciudad fuesen trasportados a Samaria. Dios macho cabrío de Siria.

Asmodeo: (Ver la sección anterior).

Asmoug, Aschmog: Demonio de Persia, que siembra las disensiones, querellas y pleitos, bajo las órdenes de Ahrimán; se representaba como una serpiente infernal con dos patas, que produce todos los animales venenosos.

Astaroth: (Ver en sección anterior).

Até: Divinidad maléfica griega, hija de Zeus y Eris (la discordia); personificaba la venganza, la injusticia, la perversidad, la fatalidad, el mal como condición humana o el arrebato y el extravío de la irreflexión. Habitaba en el Olimpo, pero fue expulsada por sembrar la discordia; sutil y voladora, no tocaba el suelo, vagando siempre a la altura de las cabezas de los hombres para inspirarles el mal, y su carácter abstracto y vengativo recuerda el de Erinys y Némesis.

Athatriel: Ángel caído, condenado por no estar de acuerdo ni con Dios ni con Luzbel.

Atollyón: Sinónimo griego para Satán, el archidemonio.

Átropos: La mayor de las tres Parcas (o Moiras) griegas, hijas de Zeus y Temis, las cuales regían el destino de los mortales. Átropos se encargaba de cortar el hilo de la vida.

Avang Dhu: Su nombre significa 'castor negro'. Es un demonio celta, destructor de la obra del demiurgo (Poder creador universal), representado en la forma de un dragón.

Ayperos: Príncipe de los infiernos, comanda 36 legiones. Se representa como un buitre o como un águila.

Azael: (Ver apartado anterior).

Azaradel: Uno de los demonios bajo el mando de Samael, Azazel y Samyaza, que ilustró a los seres humanos sobre el conocimiento de la Luna y su influencia sobre la Creación.

Azazel (Ver apartado anterior como Azael).

Azebel: Demonio de segundo orden de la mitología hebrea.

Azhi Dahaka: (Azi Dahaka, Azi Dahak, Dahaka,Dahak) Figura demoníaca de la Persia zoroástrica.

Azlat: Demonio de la mitología hebrea.

Azrael: (Ezrael, Izra'il, Izrafil, Abu-Jahia, Abou-Jaria) En el islamismo, el ángel de la muerte; demonio hebreo cuya categoría es de Arcángel. Fue el lugarteniente de Lucifer durante la rebelión; está cubierto con un millón de velos, es más grande que los cielos, y el mundo se encuentra en sus manos como un plato, del que puede comer cuanto quiere. Tiene cuatro caras: una adelante, otra arriba de la cabeza, otra detrás, y la última debajo de los pies, posee cuatro alas y su cuerpo está cubierto de innumerables ojos: cada vez que cierra uno, muere un ser humano.

Ax'eriva Is'sa: Después de su Hijo ´Mammón´, Lucifer acogió a una mujer del nuevo siglo, a la cual le otorgó poderes para que infundiera terror al mundo en su forma humana, es un demonio que carga con la responsabilidad de proteger a su padre cuando llegue el día del juicio final.

Baalberith: Demonio del segundo Orden. Jefe secretario y activista del infierno. Se le ubica entre los más poderosos príncipes del infierno. Originalmente era un Dios Fenicio (Caananita). Fue el demonio que poseyó a una monja Ursulina en Provenza en 1610. Los fenicios que le adoraban le tomaban por testigo de sus juramentos. Se señala que es dios del asesinato y de las alianzas.

Baalderith: Señor cananeo de la alianza que más tarde fue convertido en un demonio.

Baalcefón: (Baalzephon, Balcefón, Baal-Sefón) Capitán de los guardias y centinelas del infierno, le adoraban los egipcios y le atribuían el poder de impedir la fuga de sus esclavos; sin embargo, mientras el faraón hacia un sacrifico a este ídolo, pasaron los hebreos el mar rojo, se lee en el Targún, que habiendo el Ángel exterminador hecho trozos las estatuas de todos los dioses, sólo Baalcefón le pudo resistir y permaneció en pie.

Baco: (Iacco) Su nombre procede del término indoeuropeo que originó al sánscrito *baksha* ('devorar'); del griego *bakchos*, por ser el símbolo del fuego que devora los sacrificios. Es el dios grecorromano de la vid, el baño y el vino, identificado con Dionysos, y que presidía sobre todos los árboles frutales. En Roma le estaban igualmente consagrados el toro, el asno, la cabra, la pantera, el lince, el cerdo, el caballo, la liebre, el delfín, el jabalí, la zorra, la abeja, la serpiente y el perro; entre los vegetales, se le dedicaban la viña, la hiedra, la encina, el mirto, el pino, el laurel, el granado, la higuera, el rosal, etc. En Demonología figura como príncipe de los sátiros y los silenos; es alegre y gozador y cuando asume el aspecto humano, uno de sus pies presenta algún defecto, y su pene es sobredimensionado. Suele presidir el Sabbath.

Bacon: Se le conoce como el demonio de los celos; de mal natural y carácter resentido, es el que siembra la discordia entre amantes.

Bad: Genio de los vientos y tempestades entre los persas que preside el día 22 de la luna, de su ciclo de 28 días.

Badariel: Uno de los ángeles caídos.

Bäel: (Bael) Demonio citado en el Gran Grimorio y la gramática del diablo al principio de las potencias infernales, así Vierio, empezó por mediación de él, el catálogo de su famosa *Pseudomonarchia demoniun*, le llamaba el primer rey de los infiernos, cuyo estado está en la parte oriental, y que se presenta con tres cabezas, de las cuales una tiene forma de sapo, la otra de hombre y la tercera, de un gato; o bien, de humano, de cangrejo y de gato. Su voz es ronca, se bate muy bien y a los que les invocan, se dice, que los torna hábiles, sutiles y astutos y los enseña a hacerse invisibles. Tiene a sus órdenes 76 legiones infernales (otros dicen que 66).

Baphomet: (Baphomet, Bafometo, Baffometo) Su nombre procede de la fusión de dos términos griegos cuyo significado aproximado es el de 'bautismo de sabiduría'. Ídolo venerado por los templarios. De origen desconocido. Su culto era secreto e inmoral. Estaría representado sobre el cofrecillo árabe de Essaruas como andrógino blagro. En la historia de los templarios, no existe un mayor enigma, que el que encierra el misterioso personaje conocido como Baphomet. Se le figura de diferentes maneras, incluso con barba, sin barba, con dos rostros, con la cabeza de un macho cabrío, el cuerpo de un hombre, alas y dos carbunclos por ojos.

Bahaman: Demonio que apacigua la cólera.

Baltazo: Demonio íncubo de gran seducción, sólo se sabe de él que posee a las mujeres para tener relaciones sexuales, pues no se le conoce otra ocupación.

Balan: (Balam, Baalam, Balemm) Es un ángel caído perteneciente al Orden de las Nominaciones, es muy fácil de invocar y prácticamente inofensivo. Como muchos de su especie, responde preguntas acerca del pasado y el futuro. Enseña la astucia y la fineza a aquellos que se lo piden. Se representa como un ser de tres cabezas: toro, hombre con ojos de fuego y carnero. Más a menudo, desnudo y cornudo, con un gavilán en el puño y montando un oso. Demonio hebreo de la avaricia y la codicia.

Balbán: Demonio del engaño.

Bali: Príncipe de los demonios y rey de los infiernos, según las creencias hindúes se batió antiguamente con Wishnou que le precipitó al abismo, de donde sale una vez cada año para hacer mal a los hombres, pero Wishnou lo repara.

Barbelo: Demonio de gran poderío. Disfruta dominando a los hombres y explota sus debilidades, como la lujuria y los celos.

Barbudo: (Barqu, Barbu) Se le llama al demonio que enseña el secreto de la **piedra filosofal**, es muy conocido, su nombre parecería indicar que es el mismo Barbatos, pero no tiene nada de un demonio filósofo, más se parece a Barbas, que se llama también Marbas y cuida de curaciones y de Bellas Artes, se dice sin embargo que el demonio barbudo es denominado de esta manera a causa de su barba.

Barkai: Demonio de jerarquía menor; conoce los secretos de los astros: fue el maestro de los astrólogos.

Barón: Su nombre deriva del celta *baran* o *barwn*, 'Señor'. Es un demonio al que se le ofrendaban las manos y los corazones de los niños sacrificados. Gilles de Rais era un adepto al demonio, del que obtendría la receta para la **piedra filosofal**.

Barrabam: (Barrabás) Demonio de categoría que era frecuente grabar su nombre en anillos mágicos y amuletos ¿Habrá sido tomado del personaje católico?

Barbatos: Uno de los tres demonios ayudantes de Astaroth. Es el conde-duque del infierno.

Bast: Diosa egipcia del placer, está representada por una gata.

Bathonet: Adorado por los templarios como un símbolo de Satán.

Batín: (Martín) Duque de los infiernos, grande y fuerte, tiene la apariencia de un hombre robusto, lleva una cola de serpiente, monta un caballo de lívida blancura, conoce las virtudes de las hierbas y piedras preciosas, transporta a los hombres de un país a otro con una ligereza increíble, le obedecen 30 legiones infernales.

Batscumbasa: (Batscun, Bassa, Batscum-Pacha) Demonio turco que se invoca para atraer el buen tiempo o las lluvias; le gusta mucho el pan, que no consigue en el infierno, por lo que hay que ofrecerle buenas cantidades para atraerse su voluntad.

Bayemón: Rey en Occidente, cuyo nombre aparece en ciertos grimorios; tiene poder sobre Passiel y Rosus.

Bebal: (Babeal, Babael) Demonio que ostenta el grado de príncipe, y se desempeña como el guardián de las tumbas.

Becha: (Bechard) Demonio designado en las *Claviculas de Salomón*, como a quien tiene sumo poder sobre los vientos y tempestades, de hacer llover, granizar y tronar, por medio de un maleficio que compuso con sapos machacados y otras drogas.

Bechet: Demonio del viernes, cuya predilección son las nueces; es un espíritu nocturno.

Behemot: Demonio de la mitología hebrea, enemigo de Leviatán con quien se enfrentó al principio de los tiempos y han de ser destruidos por Dios antes de que acaben con su Creación. También se dice que batallarán el día del Juicio Final.

Bel: (Véase apartado anterior).

Behemoth: Personificación hebrea de Satán en forma de elefante.

Beherit: Nombre sirio para Satán.

Belfegor: Es un demonio que ayuda la gente a hacer descubrimientos. La seduce a través de inventos ingeniosos que supuestamente les proporcionarán riquezas. Su poder es más fuerte en abril y en el signo Aries. Busca personas jóvenes principalmente, se encuentra en cosas que más se usan y es muy inteligente para esconderse. Se le adjudica el pecado de la pereza y se le considera demonio embajador de Francia.

Belial: (Belhor, Baalial, Beliar, Beliall, Beliel) Rey infernal, demonio que estaba constantemente al acecho para apoderarse de las almas de los que practicaban una sexualidad libre, es un poderoso demonio que representa al elemento tierra (norte), complementándose con Satanás, Lucifer y Leviatán. Se le atribuye el pecado de la arrogancia y el fraude. También se le considera embajador de Italia.

Belias: Demonio de gran poderío, es el príncipe de las virtudes.

Beng: (Bheng) Su nombre deriva del término indoeuropeo que originó al sánscrito *bheka*, 'rana'. Es el demonio de los gitanos, cuyos adeptos son adoradores de las serpientes, teniendo, en general, gran respeto por los reptiles.

Bentameleón: Diablo posesivo, aunque dócil y educado, que llegó a pedir permiso y ofrecerse para entrar en un cuerpo.

Bilé: Dios celta del infierno.

Bifronte: Demonio que aparece bajo la figura de un monstruo y que cuando toma la forma humana, hace al hombre admirable en astrología y le enseña a conocer todas las influencias de los planetas, sobresale en la geometría, conoce las virtudes de las hierbas, de las piedras preciosas y de las plantas, transporta los cadáveres de un lugar a otro, se le ha visto encender antorchas en los sepulcros de los muertos, tiene 26 legiones a sus órdenes.

Bilios: Los maldecasios designan bajo este nombre a ciertos demonios a quienes también llaman ángeles del séptimo orden.

Boogieman: Quinto jinete del apocalipsis. Representa todo lo malo en este mundo.

Boquet: Demonio bufón.

Botadios: Demonio rojo que tubo comercio carnal con Claudia Rollet, después de que ella le hubo dado seis mujeres blancas para hacer misas negras.

Bohinum: Su nombre deriva del hebreo *bohu*, 'desolación'. En la mitología hebrea es el demonio del mal. También se conoce así a un ídolo armenio del metal negro, símbolo de la noche.

Braathwaate: Demonio de la ignorancia.

Brifault: (Brifot, Briffaut y Biffant) Demonio de gran poderío, que suele ser partícipe en actos de posesión; poco conocido, no obstante, jefe de legión.

Brulefer: Así llaman las verdaderas *Claviculas de Salomón*, a un demonio o espíritu que se invoca, y lo aplican cuando se quiere inspirar amor y hacerse amar por las mujeres a las que tiene bajo su orden.

Bucón: Demonio del odio, de la peor especie, citado en las *Claviculas de Salomón*.

Budú: (Vudú, Vodú, Voodoo) Dios africano de la hechicería; ídolo de la isla de Ceilán, representado bajo la forma de un gigante. Enseñó el arte de su mismo nombre a los grandes hechiceros de las tribus de Ceilán.

Buer: Demonio de 2ª clase de los infiernos, que forma una rueda o estrella de 5 rayos la cual avanza rodeando sobre sí misma, enseña la filosofía, lógica, las virtudes de hierbas medicinales, da buenos cuidados y salud a los enfermos, manda 50 legiones de demonios.

Cali: (Kali) Reina de los demonios y sultana del infierno, se la representa toda negra con un collar de granos de oro, antiguamente se le ofrecía víctimas humanas. En realidad, es una diosa hindú, después considerada como demonio, hija de Shiva, suma sacerdotisa de los Thug.

Camadai: Lo mismo **Asmodeo**.

Camal: Demonio de la lujuria.

Carbón de impureza: Demonio de la orden de los ángeles, uno de los que poseyeron a Isabel Blanchard en Lodún.

Catabólicos: Tienen el poder de llevarse consigo a los hombres y matarlos y de hacerlos pedazos. De estos demonios cuenta Fulgencio que un tal Campester había escrito un libro particular que no existe y que pese a la verdad, nos serviría de mucho para saber fijamente cómo trataban los Catabólicos a sus subalternos, los magos y las brujas.

Cieguecillo: Pequeño diablo que habitaba el fuego como elemento propio; se lo identifica con la salamandra. Nació de una chispa que voló de la fragua de Vulcano al seno de Prenesta.

Cimejes: (Kimaris, Cimeies, Cimedies, Cimeries) Marqués infernal. Es un guerrero grande que monta un caballo negro, y tiene la capacidad de localizar tesoros perdidos u ocultos, de enseñar el *trivium* y de hacer a un hombre en un guerrero de su propia semejanza y rige África

Cimerio: Grande y poderoso demonio marqués del imperio infernal, manda en los Países Africanos y enseña perfectamente la gramática, la lógica, la retórica, descubre los tesoros y revela las cosas ocultas, da ligereza y concede a los campesinos el poder que distingue a los militares, el marqués Simerio capitán de 20 legiones, va siempre montado en un corcel negro, tal es la tradición conservada por los autores demoníacos.

Clavel: Demonio de la avaricia.

Cocito: Demonio-río griego de los infiernos. El Cocito, de aguas cenagosas, estaba formado por las lágrimas de los condenados.

Coep: Nombre con referencia demoniaca a la cruza de varios seres vivos, cabeza de animal salvaje como un lobo, tronco de ser humano y parte baja con patas grandes y negras (como la cola) de un jaguar. Da referencia y encabeza a los demonios latinos.

Cobolios: Genios o demonios respetados por los antiguos, Sármatas creía que estos espíritus habitaban los lugares más secretos de las casas y las hendiduras de los árboles y les ofrecían los más delicados manjares. Cuando tenían la intención de fijarse en una habitación prevenían de este modo al padre de familia por la noche, montaban un montón de virutas de carpintero y después mezclaban el estiércol de varios animales en vasos de leche, si al día siguiente el dueño de la casa dejaba las virutas y arrojaba la leche se iban a buscar otra morada.

Coyote: Demonio indio.

Cupai: Espíritu maligno que, según los Floridianos, es el presidente de los lugares en que los malhechores espían sus crímenes después de morir, estos lugares son los que en otras lenguas llaman al infierno.

Chaigidiei: Archidemonio cabalístico, que se opone a la influencia de "Dios".

Chamgaz: Demonio menor de la mitología hebrea.

Chamoos: Demonio chambelán. Divinidad solar adorada por los ammomitas y los mobitas.

Chamuco: (Quigen, Kuijen) Referencia demoníaca burlesca inspirada por las iglesias cristianas evangélicas no católicas. En América, es el representativo de Satán.

Chassi: Demonio a quien los habitantes de las Islas Marianas atribuyeron el poder de atormentar a los que caen en sus manos, de suerte que para ellos el infierno, es la casa de Chassi.

Chcota: Ave de las Islas de Tonga, que tiene la costumbre de bajar de los aires dando agudos gritos, los naturales creen que tienen el don de predecir el futuro, que cuando se para cerca de un caminante es para anunciarle una desgracia.

Cheitan: Demonio nacido del humo.

Chemosh: Dios nacional de los Moabitas, más tarde un demonio.

Chiridireyes: (Chirinrilles) Demonio que socorre a los viajeros en sus necesidades, y que les enseña el camino cuando se han extraviado, se dice que se muestra a los que le invocan en la forma de un viajero a caballo.

Chodar: Demonio a quien los nigrománticos llaman también **Belial**, tiene por distrito el Oriente y manda a los demonios de los prestigios.

Choun: Divinidad adorada entre los paganos, dicen que vino de las partes septentrionales del mundo un hombre que tenía el cuerpo sin huesos y sin músculos, allanaba las montañas, llenaba los valles, se habría caminos en los lugares más inaccesibles, este hombre añaden, crio los primeros habitantes del Perú y les enseñó a mantenerse de hierbas y de frutos salvajes, pero indignado un día con los peruanos convirtió en arena un terreno antes muy fértil, detuvo la lluvia, seco las plantas y enseguida movido a piedad abrió las fuentes e hizo correr los ríos para reparar el mal que había hecho.

Chu-Chiang: Dios infernal del taoísmo chino; preside la Segunda Sala de los Horrores.

Chupador de sangre: Especie de mochuelos que Torquemada, Se dice es ave nocturna muy ruidosa que procuraba introducirse donde había algún niño, le chupaba la sangre y se la bebía, los demonógrafos han dado el mismo nombre a algunos brujos, porque semejantes a aquel pájaro, chupan la sangre a cuantos pueden, principalmente a los niños, esta es sin duda la misma idea que se ha formado de los vampiros. Los brujos que chupan la sangre tienen también alguna analogía con los Golos de los árabes.

Dagón: Demonio de segundo orden, vengador, gran hornero en la corte infernal, los filisteos le adoraban en la forma de un monstruo con cabeza de hombre y cola de pescado, le atribuían la invención de la agricultura, que a tantos otros se les ha atribuido. También se le considera de la categoría de panadero.

Dahaka: Demonio persa de la muerte, demonio del engaño y la mentira; es descrito con tres cabezas, y con escorpiones y lagartijas cubriendo su cuerpo.

Dambalia: (Damballah Wédo) Dios serpiente en el vudú.

Dantalian: (Dantalion) Duque infernal, con figura de hombre con varias caras (de hombres y mujeres), con un libro en su mano derecha. Enseña Artes y Ciencias; tenía el poder de obrar magia sobre el pensamiento de los hombres, y volver lo bueno en malo.

Darojui: Nombre que dan los persas a la tercera clase de sus genios del mal.

Deber: Salomón, teólogo hebreo, dice que Deber significa el demonio que ofende a la noche y Chatel o Cherel el que hace de noche en mitad del día.

Decarabia: (Darabia) Duende del infierno con el título de rey, se muestra en figuras de una estrella con cinco puntas, conoce la virtud de las hierbas y de las piedras preciosas, y da el talento de servirse de ellas. Marqués infernal, 30 legiones de demonios obedecen sus órdenes.

Demogorgón: Genio de la tierra, que era un anciano demacrado, mugriento y cubierto de musgo que vivía en el centro del planeta; era el experto mago que tenía el poder de dominar los fantasmas y los espíritus del aire. Es el sinónimo griego del demonio 'desconocido de los hombres', se dice que los mortales no debían conocerlo.

Diábolus: Diablo griego, el que fluye hacia abajo.

Drácula: Nombre rumano del diablo.

Drugia: (Druj, Drug, Drauga) Lugarteniente de Ahrimán, llamado 'la Peste'; su toque provocaba toda enfermedad, conocida o no. Demonio de sexo femenino con tres cabezas, tres bocas, seis ojos y mil sentidos.

Dumah: Ángel del silencio y de la muerte según la Cábala; comandante de los demonios del Gehenna.

Éaco: (Aiacos) Uno de los tres jueces griegos de los infiernos. Se encargaba de juzgar a los europeos.

Efelios: Nombre que daban los celianos a una especie de demonio íncubos, que otros demonógrafos llamaban **Esialtos**.

Egipanos: Demonios que según decían los paganos, habitaban en los bosques y en los montes, los cuales se representaban como enanos velludos con cuernos y patas de cabra.

Eligor: (Eligos, Abigor) Gran duque de los infiernos, aparece bajo la forma de un gallardo soldado con un cetro en la diestra y una lanza en la izquierda, enseña el modo de combatir y concilia a los jefes con la tropa, tiene 70 legiones de demonios. También atrae favores de señores, caballeros y otras personas importantes.

Eblis: Nombre que los mahometanos dan al diablo, dicen que, en momento de la concepción de su profeta, el trono de Ebil fue precipitado a lo más profundo del abismo y que cayeron todos los ídolos de los gentiles.

Emolo: Genio que los Baldianos invocan en sus ceremonias mágicas.

Emma-o: (Yemma Ten, Yemma Dai O, Emma) Rey de los infiernos en el budismo japonés, encargado de juzgar las almas de los condenados y fijar el castigo a que se hayan hecho acreedores por sus pecados en la Tierra. Posee un rostro torvo, de color rojo, con larguísimos colmillos.

Empusa: Demonio que se manifiesta siempre al mediodía; se lo describe como una joven y bella mujer con su pie izquierdo de bronce, o con forma de casco de asno. Aparecía en Rusia durante las cosechas donde, bajo la apariencia de mujer viuda, fracturaba los miembros de los segadores. Se decía también que era una enviada de Hécate y tenía figura espantosa.

Enarco: Vino del otro mundo, después de haber estado algunos días en los infiernos y recibió al mismo Plutarco, y le dijo cuanto concernía a Plutón, Minos, Caco y las Parcas.

Erlik: (Erlik-Khan) Espíritu maligno de Siberia; dios turco-mongol de los muertos. Se le representa con cabeza de toro, o bien cabalgando un toro; otras veces con cara de búfalo, cabeza con cuernos rodeada de llamas, o también con dos cabezas y cuatro manos; asimismo se lo ve con un collar de cráneos al cuello; en su mano derecha, un cetro rematado con una calavera; en la izquierda, una espada. Se le ofrecen sacrificios para aplacarle; no obstante, no se le tiene demasiado respeto. Las ofrendas son animales de color negro.

Eurinome: (Euronymuos, Eurínomo) Príncipe de la muerte, diablo principal según algunos demonómanos, tiene unos colmillos muy grandes y agudos, un cuerpo deforme, lleno de llagas y cubre sus fealdades con una piel de zorro. Se le alimenta de cadáveres y demás cuerpos muertos. Príncipe de la muerte en Grecia. En realidad, era un Dios griego.

Exael: Según Enoch, fue el ángel 10° que enseñó a los hombres el arte de fabricar las armas y máquinas de guerra, las obras de oro y plata que tanto gustan a las mujeres, el uso de las piedras preciosas y también el de los aceites.

Fantasma volador: En la baja Bretaña va por los aires cuando hay una tempestad, se le acusa de arrancar los árboles y destrozar las cabañas.

Fecor: Uno de los tres demonios encargados de la custodia de los tesoros ocultos.

Fngriz: Hijo de Loki (Dios nórdico), representado como un lobo.

Fénix: Gran marqués de los infiernos, que aparece como la forma del ave fénix, en la voz de un niño antes de comparecer delante del exorcista, saca de su boca sonidos melodiosos, es preciso taparse los oídos; cuando se le manda que tome forma humana responde sobre todas las ciencias y es muy buen poeta, pues satisface en verso a todas las preguntas, espera al cabo de 1000 años volver al 7° orden de los tronos, 20 legiones le obedecen. En realidad, es un animal místico.

Filotano: (Philotanus) Demonio de 2° orden, teniente de Belial, seduce por medio de la sodomía y la pederastia, pero a diferencia de su amo, no participa de estos actos, sino que los favorece. Tiene predilección por las obras de brujería, y protege a los hechiceros contra sus perseguidores.

Flaga IV: Hada maléfica de los escandinavos, algunos dicen que sólo era una maga que iba montada en un águila.

Fleuretty: Según la literatura cristiana teniente general de Belcebú, que dominaría en África. Era experto en plantas "venenosas" (psicotrópicas). Demonio nocturno, fomentaba el deseo sexual, y causaba guerras siempre entre los hombres.

Florón: Demonio familiar de la orden de los Querubines condenados.

Forcas: (Furcas, Forras) Gran presidente de los infiernos, que se presenta bajo la forma de un hombre vigoroso o como un viejo cruel con barba y cabello largo, que monta un caballo. Conoce las virtudes de las hierbas y piedras preciosas, enseña lógica y ética, hace invisible al hombre ingenioso y bien hablado, da medios para hallar las cosas perdidas, descubre los tesoros y tiene a sus órdenes 29 legiones de demonios. Caballero infernal que enseñó la piromancia, quiromancia, lógica, retórica, astronomía y filosofía.

Forneo: Gran marqués infernal, parecido a un monstruo marino, instruye al hombre en los más graves asuntos, hace bien a sus amigos y mal a sus enemigos.

Furcas: Demonio, caballero de los infiernos, que se muestra bajo la figura de un hombre con una larga barba y los cabellos blancos, monta un enorme caballo, lleva en la mano un agudo dardo, enseña la filosofía, la lógica, la retórica, la quiromancia, la astronomía y la piromancia, y manda en 20 legiones de diablos.

Furias: Divinidades infernales entre los antiguos reputados, están también entre los ministros de las venganzas de los dioses, actúan también, contra los malos encargados de ejecutar la sentencia de los jueces del infierno.

Gadrel: Demonio de gran jerarquía según la mitología hebrea.

Gamaliel: Archidiablo cabalístico, promotor de la obscenidad.

Gamchicoth: Archidiablo cabalístico, que embrolla y enreda todas las cosas.

Gaziel: (Goziel) Demonio custodio de los tesoros subterráneos, que suele trasladar de un sitio cuando están a punto de ser descubiertos; asusta con fantasmales repiques de campanas, y posee la facultad de revivir a los muertos. Su demonio de compañía se llama **Almuden**, es el rey de la mentira y la fantasía. Se puede convertir en perro, pero se dice que esa es su forma original.

Gamulios: Espíritus que según los habitantes Kamtskhatka, forman los rayos y se arrojan unos a otros en sus contiendas. Los tizones medio quemados son con lo que calientan sus grutas, y cuando llueve, dicen que los Gamulios orinan.

Goab: (Goap, Gob, Golab) Es el rey de los elementales de Tierra. Se le considera demonio de la tierra y Rey de los demonios de mediodía, se le puede evocar desde las 9:00 hasta el mediodía. Hay algunas fuentes que dicen se evoca de 3:00 a 12:00, y de 21:00 a 24:00 hrs domina también las cosas subterráneas, y promueve los hundimientos, los movimientos sísmicos, la expansión de los gases asfixiantes y deletéreos; da sus propiedades mortales a las substancias venenosas, preside el desarrollo y propagación de la peste y otras epidemias e interviene en los sucesos desgraciados de la vida humana, fomentando las pasiones de la avaricia, el orgullo y la crueldad. Su pasión es, precisamente, la avaricia. Rey del infierno de la parte occidental, Archidiablo cabalístico que provoca los incendios.

Goleo Binban: (Beenban) Demonio del desierto. Hostiga a los melancólicos, y se la conoce como "el espíritu de la soledad".

Gorgo: Diminutivo de Demogorgón, nombre griego del diablo.

Gresil: Demonio de la impureza.

Guayota: Demonio de la mitología guanche, que habita en el interior del Teide (Tenerife, España).

Gusoino: Gran duque de los infiernos que se aparece bajo la figura de un camello; contesta exactamente sobre el presente, el pasado y el futuro, y descubre las cosas ocultas, aumenta las dignidades y afirma los honores.

Guta: Demonio húngaro que golpea a sus víctimas hasta la muerte.

Habondia: Reina de las hadas, de las mujeres blancas, de las amas de las brujas, de las larvas, de las furias y de las harpías.

Habotín: Sinónimo griego para **Satán**.

Hades: Dios griego del inframundo y de los muertos.

Häel: Diablo poderoso e influyente en el infierno, del cual dependen muchos otros espíritus.

Halfas: Gran conde de los infiernos que se aparece bajo la forma de una cigüeña, con una voz estrepitosa, construye grandes ciudades, ordena guerras y manda 26 legiones.

Hallulaya: Demonio babilónico que atormenta a los hombres en los caminos.

Hanna: Nombre de demonio.

Harab Serap: Archidiablo cabalístico, promotor de los fracasos.

Hécate: Diosa griega del mundo subterráneo y de la brujería. Triforme que ilumina el camino a las brujas. Las religiones posteriores la demonizaron.

Heatscar: Hijo de la furia y el Dolor. Pasa de contenedor a contenedor para su supervivencia en esta dimensión. Ofrece su fuerza a aquellos quienes deseen venganza a cambio de su estancia en un cuerpo, alimentándose de energía.

Herodías: (Noctiluca) Reina de la noche, que presidía los Aquelarres y exigía el sacrificio de seres humanos; fue adorada en el siglo XII.

Hiranya Kaśipu (Oro-colchón, Hiranyāksha, oro-ojos) En el hinduismo, hermanos demonios de forma humana. Para matar a cada uno, el dios Vishnú encarnó en dos oportunidades, como Varāha (jabalí) y como Narasinja (un ser mitad hombre y mitad león).

Hombre Rojo: Demonio de las tempestades, por las noches en los horribles desiertos de las costas de Bretaña, cerca de Saint Pol de León, recorre las playas en forma de fantasma horrible y furioso, el Hombre Rojo manda a los elementos y precipita a las olas al viajero que turba sus secretos y la soledad que aprecia.

Hugón: Especie de fantasma en cuya existencia cree mucho el pueblo de Touri, servía de espantajo a los niños.

Humania: Genio hembra, que gobierna el cielo y la región de los astros entre los orientales.

Humtaba: Demonio de origen babilonio, de aspecto horrible, con una boca que vomita llamas y un aliento mortal.

Hutgin: Demonio embajador de Turquía.

Iblís: (Iblis al-Quadim, Eblís, Al-Harith, Azail, Sheitán, Satán) En el islamismo es un archidemonio y jefe supremo de los demonios yinas (djinns). Se lo asocia al pavo real y, por lo tanto, al dios **Melek Tawus**. Suele representársele como un espíritu estúpido, adornado con plumas de pavo real y con cabeza de mulo. Iblis es andrógino, con un sexo en cada pierna, pudiendo autofecundarse, y como consecuencia, poniendo diez huevos diarios, de los cuales nacen 70 demonios masculinos (shaytán), o femeninos (shaytana). A su lado todo es venenoso. Probablemente el nombre Iblis sea una alteración fonética árabe del vocablo griego *diávolos*, "fluye hacia abajo".

Íncubo: (Popo Bawa, Trauco de Chiloé, Liderc, Mara) Demonio masculino medieval que busca, al igual que su versión femenina, Súcubo, tener relaciones sexuales con los humanos, en su caso las mujeres. Las víctimas viven la experiencia como en un sueño sin poder despertar de éste. Ya hemos hablado de él en capítulos anteriores.

Ipes: (Aiperos) Príncipe y conde del infierno, que aparece bajo la forma de un ángel y algunas veces bajo la forma de un león, con la cabeza y las patas de un ganso y la cola de liebre, conoce el pasado y el futuro, da talento y audacia a los hombres y manda 36 legiones.

Isabô: Demonio inferior, cuya figura está provista con alas largas y puños robustos.

Ishtar: (Istar, Isthar, Zarpanith, Belit, Attar, Sarpanit, Astarté, Terpanit, Milita, Ashtar) Diosa caldea del amor, adorada también en Babilonia y Asiria; se la identificaba con los ritos de fertilidad. Regía la belleza, el amor, la guerra, la victoria, entre otros. Las religiones posteriores la demonizaron.

Ivannus: Demonio de nivel superior a medio, su figura es de una prolongada altitud y unos cuernos largos y anchos con dos tatuajes de pentagramas en la espalda, popularmente conocido en el habla hispana y en parte europea como Ivann.

Jacusias: Espíritus malignos desparramados por los aires en el Japón, se celebran allí fiestas para obtener sus favores.

Jana: Demonio de gran poder, integrante de los espíritus Divi, junto a Saracil, Sathiel y Aamón, entre otros.

Jezbeth: Demonio de los prodigios imaginarios, de los cuentos maravillosos, y de las mentiras imposibles, es lo que le contaba a sus discípulos.

Josefa: Demonio femenino, fue considerada una de los demonios más poderosos de la existencia por los ideales que tenía. Tomaba forma humana para seducir a todas las personas que quisiera y que no la pudieran olvidar.

Junier: Poderosísimo demonio, príncipe de los ángeles.

Juvart: Demonio del engaño.

Kali: (Véase Cali).

Karo: Demonio de la seducción.

Kaypora: Espíritu de los bosques en cuya existencia creen aún los aborígenes americanos y dicen que este espíritu arrebata a los chiquillos y los oculta en los huecos de los árboles para alimentarse.

Kelby: (Kelpy) Espíritu maligno de las aguas, con apariencia de caballo, y que a veces empuña una antorcha.

Kellen: (Kelen) Junto a Nisroc, preside los amores ilícitos, los desórdenes y las orgías.

Kerobal: (Túrban Querobal) Demonio turco, invocado por las brujas en muchos de sus maleficios.

Kisín: Advocación de Ah-puch, dios maya de la muerte. Se lo representa descarnado. Es equivalente al Satán de la cultura semítica.

Kobal: (Kabal, Robals) Demonio pérfido que muerde riendo, es director general de los teatros del infierno y patrón de los comediantes. Es un demonio pérfido, que muerde y daña mientras ríe.

Kumbhákarna: ('orejas [como] ollas') En el hinduismo, gigantesco monstruo ceilandés de 420 km de altura, que —según el capítulo 6 del Rāmāyana— sólo podía estar despierto un día cada seis meses. Fue matado por el dios Rāma.

Kupal: (Cupal)Nombre que los peruvianos daban al diablo, escupían en la tierra en señal de execración, es el nombre que en Florida se da al soberano del infierno.

Labasú: Su nombre significa 'el que derriba'. Es un demonio babilónico que solía traer la desdicha a los hogares; era identificado como un ladrón detestable.

Lagasse: Demonio de la hipocresía.

Lamashtu: (Lamastu, Labartu) Divinidad asirio-babilónica, hija de Anu. Es un demonio de sexo femenino, negro, estéril e insaciable, con figura de monstruo con torso de mujer y cabeza y garras de león, orejas y dientes de asno, provisto de alas, y en posición de amamantar a dos cachorros sentado en un asno. Era muy temido por las mujeres parturientas y las madres lactantes. Adopta siete formas diferentes, y es uno de los siete demonios de Babilonia.

Lamias: Reina de Libia, que espachurraba a las mujeres embarazadas para comérselas, de los fetos de estas, se deriva el nombre de Lamias, también demonios que se encuentran en los desiertos bajo la figura de mujeres con cabeza de dragón en la punta de los pies.

Lanithro: Demonio del aire.

Larvas: Almas de las personas que fueron malignas, que van divagando para espantar a los vivos, se las cofunden con los Lémures, pero las Larvas son peores.

Leonardo: Demonio del Sabbat.

Leraje: (Leraie, Leraikha, Leraye, Loray, Oray) Gran marqués infernal causante de grandes batallas y disputas. Es descrito como un apuesto arquero vestido de verde que carga un arco.

Leshy: (Ljeschie, Lieschi) Demonio eslavo que nació de la relación carnal de un diablo con una mujer. Tiene forma humana, pero con piernas, orejas y cuernos de cabra, semejante a un sátiro griego; posee la facultad de adquirir la altura del medio donde se mueve.

Lete: (Leteo) Demonio-río griego de los infiernos. Sus aguas hacían olvidar todo lo pasado a quienes las bebían.

Leviatán: (Liwyatan) Es uno de los cuatro príncipes del infierno. Véase apartado anterior.

Licas: (Lycas, Alybas) Demonio del Támesis (Inglaterra). Era sumamente negro, con cuerpo hediondo y cubierto de una piel de lobo; se le propiciaban sacrificios humanos anuales.

Lilith: (Lilitu, Lilit, Lamia) Véase apartado anterior. En demonología se dice que es una diabla hebrea que le enseñó a mentir a Adán. Uno de los tres demonios de la noche mesopotámicos, junto con Lilu y Ardat Lili. Es un demonio de rango Principado, encargado de las huestes de súcubos o mujeres-demonio creadas para extraer el semen a sus víctimas y procrear demonios por la chispa divina de vida puesta en ello, comanda ese rango de inmundicia para secar a los hombres por medio de sueños húmedos, lascivia, sexo ocasional, etc. Todo acto sexual que dependa de inmundicia le rinde tributo a este demonio.

Lilu: (Lilla) Uno de los tres demonios de la noche mesopotámicos, junto con Lilith y Ardat Lili. Es un espíritu errante de sexo masculino, existente en la mitología acadia. Equivale a la figura del vampiro.

Lucifer: (Luzbel, Heósforo, Héspero) Véase apartado anterior.

Lul: Demonio de orden inferior, según la mitología hebrea.

Loki: Dios teutónico del engaño que después fue considerado demonio.

Magistelo: Demonio colaborador de brujos, en forma de súcubo o íncubo.

Magoa: Uno de los demonios más poderosos, rey del Oriente, se le evocan con una petición pronunciada en medio de un círculo, puede servir para todos los días y a cualquier hora. Rey de la zona que responde a las preguntas que se le formulan.

Mahonin: Demonio menor, proviene de la tercera jerarquía y la segunda orden de arcángeles; vive en el agua.

Maimón: Jefe de la 9ª jerarquía de los demonios, capitán de los tentadores, insidiosos, y embaucadores, los cuales se enroscan alrededor del hombre para contrarrestar al ángel bueno.

Malfaga: Gran Presidente de los infiernos que aparece bajo la forma de un cuervo, cuando se muestra bajo una forma humana, su voz es ronca, edifica ciudades y torres inexpugnables, derriba las murallas enemigas, hace encontrar a los buenos obreros, recibe sacrificios y engaña a los sacrificadores.

Mamnon: (Mammón) Dios arameo que da la riqueza y la prosperidad. Demonio de la avaricia, seductor y embajador de Inglaterra.

Mania: (Muta, Larunda, Lara, Tácita, Locura, Lalaria) Diosa etrusca del infierno. Antigua divinidad que se veneraba en las fiestas compitales en compañía de los Lares; era considerada como la madre o la abuela de los Manes y la diosa del silencio. Se le ofrecían en sacrificio adormideras, perros y víctimas humanas; se la representaba con figura aterradora.

Mantor: Demonio caldeo que personificaba la fiebre.

Mantus: Dios etrusco del infierno, soberano del mundo infernal; era un ser deforme y espantable, armado con un sable o un mazo, y con alas y corona.

Marbas o Barbas: Gran presidente de los infiernos que se muestra bajo la forma de un León furioso, en presencia de exorcistas se muestra con la figura de un hombre y responde sobre todas las cosas ocultas.

Marduk: Dios de la ciudad de Babilonia.

Mastema: Sinónimo hebreo para Satán. Su nombre deriva del hebreo *mastim*, "hostil". Es el príncipe y jefe de los espíritus malignos que nacieron de la unión entre los ángeles caídos y las mujeres.

Mautinat: Demonio embajador de Suiza.

Medusa: Una de las tres gorgonas de la mitología griega, las cuales convertían en piedra a todo aquel que las mirase directamente a los ojos. Perseo le cortó la cabeza. Religiones posteriores la demonizaron.

Mefistófenes: (Mefisto) Diablo griego, el que huye de la luz. Príncipe del infierno, subordinado a Lucifer. En muchas ocasiones también se toma como sinónimo del Diablo mismo.

Megera: Una de las tres azotantes Furias (Euménides o Erinias) griegas del Tártaro.

Melanisalcayuto: Demonio considerado muy poderoso.

Melchom: Demonio tesorero pagador.

Mlek Taus: (Melek Tawus, Melek Ta'ûs, "ángel-pavo real") Es un demonio mesopotámico, de la religión yazidí, para la que no es considerado demonio, sino el líder de los arcángeles. Tenía forma de pavo real, o de gallo, o bien un híbrido entre los dos.

Merigaz: Demonio menor de la mitología hebrea.

Merihim: (Meruhem) Espíritu infernal, príncipe del aire y de los demonios de la pestilencia.

Metztli: Dios azteca de la noche.

Midgard: Hijo de Loki, representado como una serpiente. Pero en realidad es el mundo medio donde habitan los hombres según los Escandinavos.

Milcón: Demonio Amonita.

Minos: Uno de los tres jueces griegos de los infiernos. Se encargaba de juzgar a aquellos que Éaco y Radamanto no habían sabido juzgar.

Minosón: Demonio que hace ganar en todos los juegos, depende de Hael, uno de los más poderosos diablos del infierno.

Moloch: Demonio fenicio y canaíta de la tristeza.

Morail: Demonio que tiene el poder de hacer invisible a cualquiera.

Mormón: Demonio griego, rey de los demonios, se le considera consorte de Hécate.

Mullin: Demonio que ayuda en la cámara.

Munkir: (Munchir) Ángel negro musulmán, maligno, compañero de Nékir, que habitaba el Adhab Algab (purgatorio), y atormentaba a los malvados.

Murmur: Demonio de la música.

Muzuco: Nombre que los habitantes de Monopotapa dan al Diablo.

Naamah: (Nayla', Nahama) Súcubo y madre original de los diablos, una de las cuatro según el Talmud, diablesa de la seducción, es la hermana de Tubalcaín.

Nabam: Espíritu maligno del sábado, muy irascible, y al cual le complace el pan quemado.

Nargal: Demonio jefe policía.

Nabero: Marqués del imperio de las sombras que aparece bajo la figura de un cuervo, su voz es bronca, da la elocuencia, y enseña las artes liberales, tiene bajo sus órdenes 19 legiones de diablos.

Nebiros: (el Señor de los muertos) Líder de los nigromantes infernales. Es la mano derecha del ángel caído Lucifer, quien le dio el poder sobre toda la milicia infernal, nombrándolo Mariscal de las milicias infernales. Se dice que tiene el poder de ver el futuro y crear el mal sobre quien él quiera. También conoce las propiedades mágicas de los metales, vegetales y minerales.

Nejustán: Demonio de orden menor, citado en la Biblia.

Nékir: (Nechir) Ángel negro del purgatorio musulmán (Adhab Algab/ Adab-el-Kabr), que atormentaba a los malvados, junto a su compañero Munkir.

Nembroth: (Mambroth, Naimbroth) Demonio al cual los magos consultan los martes, y al cual, para despedirle, le arrojan una pequeña piedra.

Némesis: Diosa griega de la venganza y de la justicia distributiva.

Nergal: (Nirgal) Dios sumerio-babilónico del inframundo y señor de los muertos, siendo considerado como el aspecto siniestro del dios solar Shamash. Gobierna el inframundo junto a su consorte, Ereshkigal. Nergal es el portador de la pestilencia, la fiebre y la devastación, y sus atributos son la hoz y la porra.

Nibbas: (Nibes) Demonio de orden inferior confiere pequeños placeres a la corte infernal, también reina en las visiones, sueños, profecías y éxtasis, se tiene poco miramiento en el infierno por él, pues lo tienen por un charlatán, astuto y profeta; se le considera demonio de los farsantes.

Nibján: Demonio de la mitología hebrea, hallado en pasajes de la Biblia.

Nigrum: Demonio principalmente europeo, muchas veces mostrado en forma de gato negro o cuervo y muy pocas veces como un hombre con cabeza de ciervo. Engaña a los humanos haciéndoles creer que tienen poder sobre él, pero al final tomará sus almas para ofrecérselas a Belial. Se dice que desde el siglo X se ha aparecido como un hombre de muy buena apariencia.

Nihasa: Demonio indio.

Nija: Dios polaco del inframundo.

Nina: Diosa babilónica; diablesa con forma de serpiente.

Nirudo: Rey de los demonios maléficos entre los indios, se le representa, llevado sobre las espaldas de un gigante con un sable en mano.

Nisroch: Ángel caído del orden de los principados asociado a Belphegor. También se le considera el dios asirio de la agricultura y demonio jede de la cocina.

Nornas: Hadas entre los escandinavos que dispensaban las edades a los hombres, son vigentes y se llaman Urdas (La pasada) Verandi (La presente) y Skalda (La venidera).

Ocioneo: Jefe de los demonios o malos genios que se rebelaron contra Júpiter, según Jerecides el asirio.

Olivier: Demonio de la ferocidad.

Orias: Espíritus de los astrólogos, adivinos, gran marqués del imperio infernal que se muestra bajo la forma de un león furioso montado en un enorme caballo con cola de serpiente y lleva en cada mano una víbora, conoce la Astronomía y enseña Astrología, trasforma a los hombres y a su voluntad, los hace obtener dignidades y títulos y manda 340 legiones.

Ovadiche: Genios o demonios del que los juglares se creen inspirados, son quienes les revelan las cosas futuras.

Oze: Gran Presidente de los infiernos que se presenta bajo la forma de un leopardo, o bajo la forma de un hombre. Hace a sus adeptos hábiles en las artes liberales, responde sobre las cosas divinas y abstractas, transforma al hombre y le hace insensato, hasta el punto de hacerle creer que es un rey o el Papa, Oze trae corona, pero su reinado no dura más que una hora por día.

O-yama: Nombre japonés para Satán.

Paimón: Uno de los reyes del infierno que si se muestra a los exorcistas lo hace bajo la forma de un dromedario, lleva en sus sienes una diadema brillante de perlas con cara de mujer, si Paimón es evocado para algunos sacrificios o libaciones, aparece acompañado de los dos grandes príncipes Bebal y Abalan.

Pan: Dios griego de la lujuria, posteriormente relegado al reino de los demonios y se le consideró un súcubo.

Pitio: Demonio de la mentira.

Pluto: (Plutón) Dios romano del inframundo, de las profundidades o mundo inferior y de la riqueza, las riquezas que se sacan del seno de la tierra son por los sacrificios que se hacen en su honor. Demonio de fuego.

Pocel: Rey del infierno entre los prusianos al que también, es al jefe de las hordas de los espíritus aéreos.

Prosepina: Reina griega del submundo. Se le considera Archidiablesa.

Pursán: Gran rey del infierno que se aparece bajo forma humana con cabeza de león, llevando una culebra siempre furiosa, va montado en un oso, dando continuamente el sonido de una trompeta, conoce a fondo lo presente, lo pasado, lo futuro, descubre las cosas ocultas y los tesoros, cuando toma la forma humana, esta es aérea, es padre de los buenos espíritus diabólicos familiares y manda 22 legiones.

Pwkka: Nombre Galés para Satán.

Queis: Genios malévolos de los chinos.

Ob: Demonio de los sirios; era ventrílocuo y podía expresarse por cualquier orificio del cuerpo.

Oiellet: (Oilette, Oeillet) Príncipe de los Dominios; tentaba a los hombres para que rompieran el voto de la pobreza, por lo tanto, es el demonio de la riqueza; es invocado en las letanías del Sabbat.

Orthon: Demonio de origen desconocido, que aparece en actos de posesión en Francia, y es adorado por el culto satánico-masónico del Paladinismo (siglo XIX).

Ovahiche: Demonio patrono de los juglares, otorga el don de la rima y la improvisación y toca y enseña maravillosamente el arte de la guitarra.

Paxhet: Diablesa felina de categoría menor en la religión egipcia.

Pazuzu: Es el rey de los demonios del viento, hijo del dios Hanbi, en la mitología sumeria, asiria y acadia. Para los sumerios, también representaba el viento del suroeste, que traía las tormentas, y también el portador de la peste y las plagas, del delirio y de la fiebre.

Peralda: (Paralda) Demonio cuyo dominio es el aire; promueve huracanes, ciclones, se combina con Nicksa para hacer caer lluvias torrenciales, con Gob para difundir las enfermedades infecciosas y hacer inhabitables ciertos lugares, y con Djim para dirigir el rayo hacia los sitios y cosas donde pueda esparcir la destrucción y la muerte; su pasión es la cólera. Habita las solitarias cúspides de las montañas orientales al Norte y al Poniente.

Perico: Demonio alemán, comprador de almas; aparece en el lecho de los moribundos en forma de enano.

Rabisu: ("El que acecha", vagabundo, Habisú) Demonio asirio-babilónico, que andaba siempre haciendo apariciones imprevisibles, se escondía en los rincones oscuros y siempre trataba de provocar enredos y trastornos a los habitantes de las casas. Era tan horrible que a los que lo veían se les erizaban los vellos del cuerpo.

Radna: Demonio creado por el odio, vanidad, envidia, lujuria, gula, pereza y avaricia de las personas se decía que era el rey de los demonios, ansioso de sangre, se alimentaba de los corazones de las personas y de cualquier criatura que se metiese en su camino, se dice que era capaz de absorber a sus oponentes y además imitar sus apariencias y habilidades.

Rahab: Demonio menor, príncipe de los océanos.

Raküti: Demonio de origen desconocido representado con dos cabezas. Se decía que era el supervisor de la rueda de la fortuna, una especie de ruleta que señala lo aleatorio de la buena o mala suerte. Por ello se le atribuye el poder de controlar el destino.

Rāvana: En la mitología hindú, demonio de diez cabezas y diez pares de brazos. Fue matado por el dios Rāma.

Richpé: (Rechep) Diablo de jerarquía menor, según la mitología hebrea.

Rimón: Demonio embajador de Rusia.

Rorxibuz: (Rodmentor) Poderoso demonio, príncipe de las dominaciones; es el diablo del amor.

Rosal: Demonio de la sensualidad.

Saalah: Demonio que tienta en los bosques, o en las cercanías.

Sabazios: (Sabazis, Sabacio, Sabasius) Demonio frigio, jefe del Sabbat de los brujos; se le representaba con el pene manchado de sangre, cuernos, y su emblema era la serpiente. Su compañera era Bendis, o bien Cotys. Se lo identifica con el griego Dionisos y el romano Baco.

Sakar: Genio infernal que, según el Talmud, yace en el lago de Tiberíada atado con una piedra al cuello, a modo de castigo.

Samael: Es el Primer ángel caído, un demonio y uno de los príncipes del infierno, conocido como la serpiente que engañó a Eva para que probara del fruto prohibido

Conocido como el veneno de Dios, porque es como un ángel de la muerte, el cual cumplía con las ejecuciones que Dios le dictaminaba. Creador y padre de los Vampiros (seres demoníacos que beben sangre para tener inmortalidad en la tierra) y padre y creador de los licántropos (Hombres mitad animal, normalmente Lobos). Fue el cuarto ángel en ser creado por Dios. Ayudaba a Lilith a sobrevivir en la tierra de Nod hasta que se apartó de ella por su maldad (cabe destacar que no fue él el que tenía hijos con ella). Tuvo una relación muy estrecha con Iseth (una Mujer Demonio) hasta que se la comió. Actualmente casado con un ser femenino de procedencia e identidad desconocida.

Samamiel: Demonio de alta jerarquía en Constantinopla, cuya preferencia eran las mujeres rubias.

Samyaza: (Semiasas) Capitán de los 200 arcángeles rebeldes, junto con Azazel, que es su subordinado inmediato.

Saracil: Uno de los tres demonios, llamados Divi, cuya morada está cerca de la Luna, y que reinan sobre la tierra y el mar.

Sargatanás: Reviste el grado de brigadier de las milicias del Averno. Tiene el poder sobre la invisibilidad, enseña cada una de las astucias humanas y las ciencias secretas.

Satán: Veáse Satanás en el apartado anterior. Quiere decir "contrincante, enemigo".

Sathariel: Archidiablo cabalístico, que entorpece la misericordia divina.

Sathiel: (Sariel) Demonio compañero de Aamón, y que forma parte de los Divi o seres superiores. Es uno de los príncipes de la Luna.

Seddim: Demonio de poder destructor.

Sira: (Seera, Sire) Poderoso príncipe, bajo el mando de Amaymón, que aparece como un apuesto hombre montado sobre un caballo alado. Controlaba el tiempo, haciendo que fuera más deprisa o más despacio, en instantes podía transportar objetos o seres de un lugar a otro.

Sidragaso: (Sidragasum, Bitrun Sytry) Señor del ducado infernal de Lagneia, al mando de 70 legiones, conformadas por íncubos. Tiene rostro de leopardo, torso de hombre, patas de macho cabrío, cola de escorpión y alas de cuervo. Está envuelto por exquisitas fragancias, que despiertan el apetito sexual en las mujeres, y tiene el don de la palabra galante, mediante la cual envuelve a sus víctimas. Tiene por misión seducir a las mujeres, haciéndoles creer que son las más hermosas, e incitarlas a mostrase desnudas en un baile demoniaco durante el Sabbath o al libertinaje y la orgía, con el propósito de exacerbar el deseo carnal en los hombres, procurando que se efectúe el acto de la fornicación entre los dos sexos. Wilfried de Regensburg en *Atrium Infernalis in Pandemonium* menciona como en 1357 sedujo a una mujer de nombre Sylvia, esposa de Günther, un modesto comerciante en la ciudad de Augsburgo en el ducado de Baviera, convenciéndola a mostrarse desnuda ante un grupo muy nutrido de clientes, con la promesa de que tras esto, ellos comprarían todo lo que su marido quisiera y al precio que éste fijara. Silvya, movida por la ambición, hizo caso a Sidragaso y se exhibió ante ellos, quienes, dominados por la lujuria, no sólo contemplaron su desnudez, sino copularon con ella. Tras este acto orgiástico, Günther amasó una fortuna, cumpliéndose lo que a Sylvia se le había prometido. Sin embargo, a los nueve meses ella concibió a un niño por completo deforme y de aspecto repugnante, además de que ella murió en el parto. Se piensa que es el principal responsable del crecimiento que ha tenido la pornografía en Europa.

Sonnilón: Demonio del odio.

Soplador: Demonio de la desobediencia.

Sorath: Demonio al mando de lucifer, es aquel que rige las 666 estrellas de la muerte.

Tartac: (Tartak) Demonio de la mitología hebrea, citado en algunos pasajes de la Biblia. En Kutha era el dios del viento, y era adorado por los colonos asirios de Samaria.

Tefnet: (Tefnut) Demonio de menor categoría en la mitología egipcia; diablesa felina con cabeza de leona, hermana y consorte de Shu, y personificación del elemento húmedo; en ella se sintetizaba todo el peligro de la seducción femenina. En realidad, es una divinidad egipcia que después se demonizó.

Tetal: Demonio caldeo, cuyo poder residía en tomar posesión y deteriorar manos y brazos de los seres humanos.

Thaumiel: Archidiablo cabalístico, que pretendió ser tanto como Dios.

Thamuz: Demonio embajador de España.

Tiamat: En Babilonia, princesa de los diablos del Caos y diosa de las aguas saladas. Era representada con garras de ave de rapiña y grandes cuernos. También se la representaba con dos cabezas.

Togarini: Archidiablo cabalístico, inspirador de las guerras.

Tuculca: (Tuculcha, Tuchulca) Monstruo espantoso de la mitología etrusca, de origen infernal, provisto de pico de águila, orejas de asno y serpientes por cabellos, cuerpo humano de color amarillento provisto de alas y patas de pájaro.

Unsere: Archidiablesa de la fertilidad y la brujería.

Ufir: (Uphir) Demonio versado en química, protector de los curanderos; es también el médico del infierno.

Uzza: Ángel que por su lujuria con las mujeres (consecuencia de su endeble espíritu), fue convertido en demonio.

Verdelet: Demonio maestro de ceremonias.

Verrier: Demonio de la desobediencia es, además, versado en herboristería y todo tipo de plantas en general.

Verrine: (Verrin) Demonio de orden menor, considerado como el diablo de la salud y de la impaciencia.

Vucub Caquix: demonio quiché, aparece en el Popol Vuh como un ser vanidoso y ególatra.

Volac: Gran presidente del Infierno, teniendo treinta legiones de demonios bajo su mando.

Jezbet: (Jezebeth, Xezbet, Xerbeth) Demonio de las mentiras y los milagros imaginarios y fraudulentos.

Yama: Rey del infierno chino Di Yu, un laberinto de mazmorras subterráneas donde las almas son tratadas en concordancia con sus pecados terrenales. Se parece al severo y piadoso semidiós hindú Yama, que posee la misma función.

Yekum: Uno de los ángeles malvados que sedujo a los hijos de los hombres y los ángeles que habían descendido del cielo.

Yakshī: Demonio súcubo hindú, que podía adoptar el aspecto de mujer bella e insaciable.

Zabulón: Demonio de la gula, además de íncubo lascivo e impúdico.

Zabulus: Demonio íncubo, al que durante el Medioevo se le atribuían hechos de posesión.

Zagan: Demonio rey y presidente del infierno, protector de aquellos que cometen fraude con monedas falsificadas, se le describe como un hombre con cabeza de toro y alas de grifo.

Zaurón: Demonio de la religión mazdea, dios del robo y el asesinato. Bajo el poder de Ahrimán, tienta a los reyes sugiriéndoles la tiranía.

Zimiar: (Zymyar) Rey del infierno, de la parte septentrional.

CAPÍTULO 11. POSESIONES DEMONIACAS Y EXORCISMOS

Posesión u opresión demoniaca es cuando un demonio toma control de la mente y el cuerpo de un ser humano, es decir, lo usa directamente tomando su alma o con objetivos malignos.

Estos entes no son metáforas, **son entidades de verdad** adheridas, que intervienen o poseen el cuerpo del afectado.

Como he señalado, para que un demonio posea a una persona, ésta debe ser realmente especial o tal vez la atadura derive de vidas pasadas donde se hizo un trato. Afortunadamente el contacto de humanos con verdaderos demonios es **raro, más raras son las posesiones completas.**

Vamos a considerar como posesión demoniaca la efectuada por los demonios principales, es decir, entidades conocidas de antaño y que no fueron humanos.

Los **muertos pueden influir todo el tiempo**, pero los **demonios lo hacen por periodos** ya que generalmente el demonio específico que afecta no actúa continuamente, a veces existen periodos en que desaloja el cuerpo y la persona recupera su estado original. Una posesión puede durar toda una vida por periodos, o sólo unos minutos u horas, algunas veces en estos lapsos la entidad puede obligar al poseído a llevar a cabo los crímenes más horrendos, que después el afectado no se explica qué lo condujo a cometerlos.

La persona posesa puede sufrir desde un **oscurecimiento o eclipsamiento** que puede durar segundos o días, hasta una **completa posesión.**

Cuando se intenta hacer algún tipo de exorcismo, suele ser **peligroso** para todos los involucrados, especialmente el exorcista, por lo que debe ser una persona muy preparada, de altísima talla espiritual y sin pizca de duda o miedo.

Algunas veces sucede que la **posesión es instantánea**, esto es debido a la gran fuerza que tiene el demonio y a su experiencia anterior con estos casos. Este tipo de entes son muy raros, también depende del grado de debilidad de la víctima por enfermedades, vicios, si dio permiso de que entrara, etc.

11.1. Entrada

Al demonio se le pudo haber **llamado conscientemente** o bien, puede entrar en contra de la voluntad del individuo, las situaciones que ponen más **vulnerable** a la víctima son: uso de drogas, estado de embriaguez, terror, miedo, depresión, ira, en general emociones extremas o pérdida de la consciencia por sustancias.

Algunos entes/demonios **ocultan su identidad diciendo que son muchos**, que es una **legión. Varios demonios pueden poseer a una misma persona.** Los demonios no trabajan en grupos, por suerte.

Malachi Martin dice que no se sabe cómo seleccionan a sus víctimas los entes malignos, se dice que sus objetivos **son escogidos desde antes de nacer.**

11.2. Réplica

Los **demonios se pueden replicar** a sí mismos y poseer a varias personas a la vez, incluso cientos, pero la copia es más débil que el demonio original. Las personas también pueden hacer esto, mientras su conciencia esté más expandida.

Hay veces que un coven, una familia e incluso un pueblo están **invadidos por una sola entidad**, pueden presentar síntomas semejantes.

En general, incluso cuando se presentan como **seres falsos de luz**, son intrusos que aprovechan cualquier oportunidad para apoderarse de la voluntad de la víctima.

11.3. Síntomas de posesiones demoniacas

Independientemente del método que se utiliza para saber si se trata de una posesión, hay algunos síntomas que nos permiten **saber si hay posesión, o el momento en el que está entrando** una de estas entidades.

Sin que tengamos el momento justo de posesión de un grado muy avanzado, estas son algunas **señales previas** de posesión en un individuo:

- Atracción súbita por el **consumo de drogas o alcohol**, con lo que se hace más vulnerable y abre las puertas psíquicas.
- **Expresión verbal diferente, fallas en la dicción**. Puede adquirir acento extraño o lengua extraña.
- **Comportamientos y reacciones distintos** a la conducta habitual. Cuando se dice "No soy yo mismo hoy", "no sé lo que me pasó", "Se me metió el diablo", "¿Qué te posee?"
- **Tics y movimientos repetitivos** fuera de control.
- **Síntomas de enfermedad grave sin causa probada.**
- Muchas veces hay **daño psíquico**. A veces la persona pasa por embrujada.
- **Pérdida del sentido de identidad**: hablan como si fueran otra persona o se refieren a ellos mismos como un tercero.
- Por las **noches se paran y están de pie mirando a la ventana o a las personas**, en estado de sonambulismo.
- Se **sientan** en las noches con una **mirada fija por horas**. Algunas veces se mecen.
- Sueños o viajes astrales donde al estar fuera de su cuerpo, se **mira las manos** y las ve **feas** o que se **derriten**.
- **Sensación** de que un espíritu o alguna entidad o persona tienen **control sobre su mente y cuerpo.**
- **Escuchan voces. Por las noches hablan** como si fueran otra persona.
- **Comportamientos antisociales y rabiosos** con familiares o lugares que frecuentan.
- Algunos entes/demonios harán todo lo posible por **causar dolor y sufrimiento** a los humanos, la razón más común de cometer un asesinato es la **pérdida del control,** y los entes son expertos en hacer que se pierda el control. Por ello, un poseso puede cometer los **delitos** más atroces como asesinato y violación.
- Comete **actos muy violentos** que ni él se explica.
- Cuando los entes/demonios son muy fuertes pueden lograr incluso que la persona se **suicide**.

- Comete actos inhumanos justificando que un **demonio le dijo y obligó** a hacerlos.

En el momento justo en el que el demonio ha entrado al cuerpo, se producen los siguientes síntomas:

- Cuando el **ataque empieza**, la persona se puede sentir mareada, con náuseas, sienten punzadas o como piquetes, sienten algo pesado sobre ellos.

- Cambio de **carácter** repentino.

- **Pérdida del control** sobre sí mismo. Empieza a hacer movimientos extraños, ya que el cuerpo es ocupado por la entidad, a veces hace contorsiones impresionantes. La manera habitual en la que se manifiesta una entidad de las tinieblas es como si fuera una **víbora**, a veces **se revuelca**.

- Los **aspectos faciales** pueden cambiar, parece que los ojos cambian de color. Se aflojan los músculos del rostro, los labios comienzan a convulsionar.

- La **voz** es diferente y el individuo adquiere otra fisonomía.

- Una **sombra ha caído en la cara** de la víctima.

- Los **ojos** del poseso adquieren las características de una **serpiente**, con los ojos **entrecerrados** que emiten un odio recalcitrante estremeciendo a los presentes.

- La **nariz** produce un sonido propio del **siseo de la serpiente.**

- Los **dedos se ponen rígidos** y a veces se **engarrotan** como garfio, listos para dar zarpazos.

- Algunas veces los posesos con la **boca, ladran, gruñen, tosen, se carcajean** y proyectan la **lengua** con movimientos muy rápidos semejantes a los que hace un reptil.

- Cambia el ritmo de la **respiración.**

- Una **fuerza extraordinaria**, notablemente superior a la natural del sujeto de acuerdo con su edad, peso y algún entrenamiento si lo ha tenido. A un loco se le puede tener quieto con una camisa de fuerza, a un endemoniado no.

- En algunos casos hay **elevación en el aire.**

- Se comporta de manera **retadora** y **burlona. Insulta** y **blasfema.**

- **Sabe cosas,** conoce datos sobre otras personas sin fuente conocida, de los que no hay manera de los que estuviera enterado. Dentro de las muchas revelaciones, algunas revelaciones que da esta entidad **pueden ser mentiras.**
- Después, al salir la entidad, el poseso **no recuerda qué pasó.**

11.4. Exorcismo demoniaco

Los seres humanos, con ayuda de las fuerzas espirituales pude llevar a cabo exorcismos.

Un **exorcismo** es un conjunto de fórmulas y de ritos que se practican para expulsar un espíritu maligno, especialmente un demonio, del cuerpo de una persona, de un lugar, etc.

Puede ser un sacerdote de la iglesia católica o de raíces judeocristianas, o bien un sacerdote o sacerdotisa o rango equivalente de alguna otra tradición espiritual. Debe ser de una altísima talla espiritual.

Debe ser una persona entrenada, ya que es peligroso. La entidad puede atacar al exorcista físicamente o éste puede convertirse en poseso.

De acuerdo con el ***Misal Romano de la iglesia Católica Apostólica Romana***, de la última modificación en 1990, hay 3 exorcismos:

✓ **Bautismal:** En el momento del bautismo, cuando se realizan los votos.

✓ **Solemne:** Ritual sacramental desarrollado en 1614 y renovado en 1998, se recitan oraciones, para exorcizar a personas.

✓ **Objetos y lugares**: Exorcismo de cosas y espacios.

Algunos indicios en la *Biblia* de que es posible llevar a cabo esto son:

El dragón grande, la antigua serpiente, conocida como el demonio o Satanás, fue expulsado; el seductor del mundo entero fue arrojado a la Tierra y sus ángeles con él.

Apocalipsis 12:9

... Les he dado poder para pisotear serpientes y escorpiones y poder sobre toda fuerza enemiga: no habrá arma que les haga daño a ustedes.

Lucas 10:19

En este caso vamos a mostrar los pasos para llevar a cabo una desposesión demoniaca de la manera en la que lo ha hecho Samak, sacerdotisa Wicca e iniciada en Escuelas de Ocultismo.

11.5. Preparación

• **Ayuno** del exorcista y oración, auxilio de familiares del exorcizado, acercarse objetos y reliquias sagrados o herramientas sagradas como athame, velas, figuras de diosas, cordón y mostrarlos.

• En el caso cristiano: imponer a la vista la hostia (transubstanciación, donde se deposita el misterio cristiano).

• El exorcista debe estar en **perfecto estado de equilibrio**.

• Debe ser un **lugar cerrado y sagrado**, como una habitación, templo o lugar de altar. En un lugar donde se tenga acceso a otras personas porque puede resultar peligroso.

• La persona a la que se hará el exorcismo debe estar **acostada** y dependiendo del grado de posesión, **amarrada** a una silla.

11.6. Proceso de exorcismo

El procedimiento que lleva a cabo Samak es el siguiente:

a. Trazar el **círculo** sagrado.

b. Llamar a los **arcángeles**, el **ritual del pilar medio**, el ritual del **pentagrama de purificación** por el Espíritu o de Elevación de la Tierra.

c. Se hace **círculo** alrededor del afectado en el piso con romero, albahaca, limones y alumbre, se pone al poseso al centro.

d. Se lleva a cabo la **limpieza energética** profunda, incluyendo círculo de fuego (con los elementos señalados) y ramo.

e. Se comienzan los **rezos**. Se entontan los nombres divinos cabalistas mientras se hace la limpia.

f.   Se trabaja mucho con **athame** para cortar cualquier atadura con la entidad. Se apunta amenazante a la persona obligando a la entidad a retirarse.

g.   Con el **ramo de limpia**, se hinca a la persona y se le pone el ramo en la nuca mientras se reza "La Magnífica".

h.   Se lleva a cabo el **procedimiento de exorcismo** observando las etapas, así como todos los rezos mientras se sigue trabajando con el athame.

i.   Se repiten los **nombres divinos** y los nombres de las esferas del árbol de la vida, así como de los arcángeles.

j.   Se **pide** una y otra vez a todos los espíritus y Dioses que ayuden.

k.   Se **exige al demonio que salga** en el nombre de Hécate, de la Gran fuerza Creadora y del Arcángel Miguel.

l.   Si el paciente pierde la conciencia se le **grita su nombre** atrás del oído. Se le llama y se le dice que regrese.

m.   Si se hace presente la entidad en ese momento (cabe señalar que, si se han trazado todas las protecciones, no pasa) se le coloca la **mano en la frente**, normalmente se desmallará y el ente saldrá. Se le ordena que se retire de manera enérgica pidiendo ayuda de todos los espíritus.

n.   Si es muy fuerte la presencia, con el athame se jala y se le obliga a **ir al inframundo** pidiendo ayuda de todos los espíritus guías.

o.   Se le dice al paciente que **ayude con su voluntad**, que está unida a la divina, que lo expulse y no lo deje entrar, que él es más fuerte que esa entidad ya que no es divina, que el demonio está obligado a obedecer.

p.   Se va **preguntando** con respuesta muscular **si ya se fue** (se siente).

q.   Se procede a arrojar el **agua bendita**, a **regresarle el alma** y a **sellar el aura**.

r.   Se le pide al paciente que **absorba luz** en el lugar donde estaba la presencia.

s.   Se sella nuevamente el aura con los **tres escudos**: blanco, azul pastel y dorado.

t. Se le pide al paciente que **repita** los nombres divinos.

u. Se **verifica** que no haya quedado nada, si hay algo se repite el proceso o se quita con el athame.

v. Se pide al paciente y que diga **tres veces**:

"Yo soy yo, profundamente yo y en mi cuerpo mando yo".

Etapas del exorcismo

Las etapas del exorcismo de acuerdo con Malachi Martin son (**Estas seis fases ocurren en 9 de cada 10 exorcismos**):

1. Presencia (*Presence*): Desde el momento en el que un exorcista entra en la habitación se tiene una sensación muy desagradable y de una fea presencia.

2. Pretensión o lo que pretende aparentar el demonio (*Pretense*): El demonio intentará ocultarse y simular que se trata de la personalidad del poseso. Esta etapa puede durar días. Puede revelar cosas vergonzosas, el poseso hablará de cosas relacionadas con el exorcista. El exorcista nunca debe ponerse a discutir con él. Debe saber que está expuesto a escuchar las ofensas más grotescas contra él y sus seres más preciados. La voz puede influir profundamente en el inconsciente del exorcista y de los presentes, por tal motivo no se le debe hacer caso. Es posible que el poseso se vuelva más violento y repulsivo; en ocasiones comienza a brincar, crujir los dientes, a retorcerse como víbora, e incluso puede intentar atacar físicamente al exorcista. Cuando se está llegando al *breakpoint* el exorcista es asaltado violentamente de manera psíquica; sus cinco sentidos perciben los aspectos más horrendos de la entidad, y cada uno de los presentes es invadido por un indescriptible pánico que ataca todo su sistema nervioso.

3. Punto de quiebre (*breakponit*): El exorcista debe desbaratar esta fachada y debe obligarla a revelarse como el ente separado que es.

4. Voz (*voice*): El demonio se manifiesta con una voz aterradora y escalofriante, en nada se asemeja a la voz humana. Al principio la voz es inteligible, pronunciando cada sílaba de forma grotesca. Después se escuchan voces gritando, farfullando, mascullando, riéndose, burlándose, quejándose. Para continuar, la voz debe ser silenciada. En este punto el exorcista debe revestirse de una voluntad férrea y con voz poderosa ordenar al ente que se calle y se identifique, se le debe ordenar bajo el nombre de Jesucristo, de Hécate, de la Fuerza Creadora, los dioses, de Dios o en quien se tenga fe.

5. Choque o enfrentamiento (*Clash*): Una vez que se ha logrado silenciar la voz, el exorcista debe provocar al ente para que revele su nombre y se le debe preguntar cuántos demonios están en ese cuerpo. Aquí la fuerza en posesión nunca querrá mencionar los nombres sagrados, dirá "ella" o "tu señora" en lugar de la Virgen, por ejemplo. Para asegurarse posteriormente si se ha ido por completo la entidad, hay que pedirle que repita oraciones. Cuando el demonio tiene un nombre bíblico o le ha sido dado por alguna tradición (Satanás, Belcebú, Lucifer, Zabulón, Meridiano, Asmodeo) se trata de "piezas gordas" más duras de vencer y es posible que mencionen los nombres sagrados seguidos de terribles blasfemias.

6. Expulsión: El poseso es sometido a terribles castigos y a las más doloras experiencias. El poseso se desfigura, hay una lucha terrible en su cuerpo, se retuerce, sisea como víbora. Es posible que el demonio busque refuerzos, el exorcista deberá tener una fe inquebrantable.

El exorcista sufrirá dolores físicos, emocionales y mentales, enfrentará algo horrendo, pero debe saber que él tiene el control. Es posible que empiece a vomitar, pero siempre deberá tener presente que trabaja en nombre de las fuerzas de la luz.

Algunas señales y puntos importantes en el momento del exorcismo son:

- El poseso actúa con un **odio recalcitrante**, algunas veces se refiere a sí mismo como **yo**, otras como **nosotros**.
- **Nunca hay que hacerle caso** al demonio, miente y tratará de confundir al exorcista y ponerlo en contra de otras personas.
- Está absolutamente **prohibido conversar** con el demonio.
- A veces el demonio genera miedo diciendo **frases** como: "Tú no puedes nada contra mí", "Esta es mi casa y aquí me quedo", "Estás perdiendo tu tiempo", "Vendré a tu lecho como una serpiente".

- Uno puede **contestar** "Tengo a mis guías y guardianes de luz", "Estoy envuelto en un manto protector de luz, o el manto de la Virgen o la Diosa", "¿Qué puedes tú hacerme? Siempre con una voluntad firme y sin miedo. Después de esto, al ser rebatido, calla.

- Pueden servir los siguientes consejos durante todas las etapas del exorcismo: **Interrogar** sobre el nombre y número al exorcizado. Trazar pentagramas, runa thurizas e Isa, en el catolicismo hacer la **señal de la cruz**, rociar agua bendita (aspersión por agua). Entonar oraciones de exorcismo (más adelante mostradas), letanías, en caso de catolicismo —salmos de intercesión, salmos de protección y lectura del evangelio con temas relacionados—.

- **Imposición de manos** durante el transcurso del exorcismo. **Insuflar en la cara del atormentado**.

- Se recomienda portar la **medalla San Benito** e invocación a **San Miguel Arcángel**.

- Hacer que el exorcizado **renueve sus promesas**. Pedirle que repita oraciones o nombres cabalísticos como lo nombres divinos.

- **Con cruz en mano** o el **athame, ordenar salir** a los seres invasores.

- Algunas veces cuando ya se está acabando el exorcismo y se está mandando al demonio a su lugar de origen, significa para él estar confinado, es como morir eternamente. Expresa su estado de desesperación diciendo por ejemplo "muero, muero", "no puedo más", "Basta, así me matan, son unos asesinos".

- A veces la lucha se **prolonga**; todo el tiempo hay que hacer oración y obligarlo a salirse.

- En el proceso de retiro se ayuda **visualizando** y con el **athame** cortando y haciendo espirales para que salga del cuerpo.

- Visualizar siempre una **luz** que ha abierto la fuerza creadora hacia donde se van las entidades.

- Una vez que ya se ha ido (verificando con respuesta muscular y preguntando a la persona), dar **gracias** a todos los que ayudaron y actuaron.

Persona sanada

Nos damos cuenta que **ya se ha** ido porque:

1. Cambia la atmósfera del lugar, se siente paz y habrá silencio.
2. La persona puede repetir frases y nombres sagrados.
3. La persona ya no siente a la entidad.
4. Se pregunta con respuesta muscular si ya se ha ido.

Una vez que ya se fue, hay que realizar lo siguiente:

- Se pregunta con respuesta muscular si se va a necesitar otra sesión.
- Se le ponen escudos de protección al afectado.
- Se pide al paciente que repita tres veces:
  "Yo (nombre) soy yo, profundamente yo y en mi cuerpo mando yo".
- Se despide todo, se abre círculo.

El poseso necesitará apoyo terapéutico al terminar el exorcismo. Se deben cambiar los patrones, se recomienda *Resonance Repatterning*, para que se les cierren las puertas a las entidades a nivel psíquico.

La persona ahora sanada, debe **pedir la bendición continuamente**, es necesario que no le deje a los demonios ni una puerta abierta, por lo que no debe permitir que, entre la oscuridad, en pensamientos negativos y obsesivos a su vida.

CAPÍTULO 13.
ORACIONES PARA EXORCISMO

Cabe señalar que es importante no sólo llamar a las fuerzas, hay que decirles para qué la queremos, por lo tanto, siempre hay que decir "ayúdame, defiéndeme o protégeme".

Las oraciones que tienen ** al final, es porque las pueden usar los wiccanos sin que haga corto circuito con sus creencias.

13.1. Oraciones católicas:

1. Oración a San Miguel de Loyola

Jesús omnipotente y poderoso, líbrame de todo mal.
¡Misericordioso Jesús que tu preciosa sangre nos valga
*   por la Santa Cruz!*
El señor dé su bendición y te defienda. Te manifieste su rostro y
tenga misericordia de ti. Vuelva a ti sus ojos y te dé paz. El Señor
omnipotente te bendiga. Amén.

2. Oración de San Ignacio de Loyola

Toma Señor, recibe toda mi libertad, mi memoria, mi entendimiento y toda mi voluntad, todo mi haber y poder. Tú me la diste, a ti, Señor, la torno, todo es tuyo, dispón de todo a tu voluntad. Dame tu amor y gracia, que esto me basta.

3. Oración de San Ignacio de Loyola 2

Alma de Cristo, santifícame.
Cuerpo de Cristo, sálvame.
Agua del costado de Cristo, purifícame.
Sangre de Cristo, embriágame.
Pasión de Cristo, confórtame.
¡Oh, buen Jesús, óyeme!

Dentro de tus llagas, escóndeme.
No permitas que me aparta de ti.
Del maligno enemigo, defiéndeme:
En la hora de mi muerte, llámame y mándame ir a Ti.

4. La Magnífica

Glorifica mi alma al Señor. Y mi espíritu se llena de gozo al contemplar la bondad de Dios, mi salvador. Porque ha puesto la mirada en la humilde sierva suya, y vean aquí el motivo porque me tendrán por dichosa todas las generaciones. Pues hizo en mi favor cosas grandes y maravillosas él que es todopoderoso y su nombre es infinitamente santo. Cuya misericordia se extiende de generación en generación a todos cuantos le temen. Extendió el brazo de su poder, disipó el orgullo de los soberbios, trastornando sus designios. Desposeyó a los poderosos y elevó a los humildes. A los necesitados llenó de bienes y a los ricos los dejó sin cosa alguna. Exaltó a Israel su siervo acordándose de él por su misericordia y bondad. Así como lo había prometido a nuestros padres, Abraham y a toda su descendencia por los siglos de los siglos. Así sea.

Es una oración dicha por la Virgen María, muy poderosa porque sabiéndola invocar fortalece el espíritu y protege de todos los enemigos sin importar de donde vengan y donde estén.

5. Oración de protección a Jesucristo

¡Adoración! ¡Adoración! ¡Adoración! ¡A ti oh arma poderosa! ¡Adoración! ¡Adoración! ¡Adoración! ¡A tu sangre preciosa! Misericordioso Jesucristo agonizante, derrama tu sangre preciosa sobre las almas. Satisface nuestra sed, y vence al enemigo. Amén. Poderosa sangre de salvación combate al enemigo. (3 veces).

6. Oración al Arcángel Miguel 1

San Miguel Arcángel,
defiéndenos en la batalla.
Sé nuestro amparo
contra las perversidad y asechanzas
del demonio.

Reprímale Dios, pedimos suplicantes,
y tú, príncipe de la milicia celestial
arroja al infierno con el divino poder
a Satanás y a los otros espíritus malignos
que andan dispersos por el mundo
para la perdición de las almas.
Amén.

7. Oración al Arcángel Miguel 2. Saludo

¡Oh! San Miguel, príncipe glorioso de las Milicias Celestiales, la Gran Fuerza está contigo, tú eres bendito entre todos los angélicos coros, y bendita sea siempre la Santísima Trinidad, que tantos dones, gracias, favores y privilegios te quiere enriquecer. San Miguel, Protector de la Iglesia Universal, ruega por nosotros y socórrenos en nuestra miseria. Libéranos del demonio ahora y en el fin de nuestras vidas, después de la cual esperamos la liberación de las penas y de nuestro ego y ser introducidos al reino celestial. Amén.

8. Oración al Arcángel Miguel 3. Combate

San Miguel Arcángel: Defiéndenos en la pelea contra Satanás, sus demonios y entidades malignas; sed nuestro amparo y protección; que el Altísimo os dé el poder y el permiso para que nos asistáis. Que la Gran Fuerza divina haga oír su voz imperiosa para que expulse a Satanás y sus demonios que quieren hacer perder la humanidad. Que tu grito someta a Satanás y sus demonios bajo nuestros pies. Amén.

9. Detente

¡Detente enemigo que el corazón de Jesús está conmigo!

13.2. Oraciones modificadas para wiccanos

10. Oración al Arcángel Miguel 1**

San Miguel Arcángel,
defiéndenos en la batalla.
Sé nuestro amparo

contra las perversidad y asechanzas
del mal y de los espíritus imperfectos.
Te pedimos,
Oh príncipe de la milicia celestial
Que con tu divino poder
Alejes y arrojes
A su lugar de origen
Al daño, los demonios
y a los espíritus malignos
que andan dispersos por el mundo
para la perdición de las almas.
Si esos espíritus son necios
Te pido que los reprimas y los obligues
A retirarse y pagar por sus daños
Que se sometan a tu dominio y el nuestro.
Sé nuestro amparo y protector
En esta batalla
Otórgame el poder para defenderme
Cuídame y sé mi guardián
¡Que así sea!

11. Oración al Arcángel Miguel 2**

San Miguel adelante, defiéndeme
San Miguel atrás, defiéndeme
San Miguel a mi derecha, defiéndeme
San Miguel a mi izquierda, defiéndeme
San Miguel abajo, defiéndeme
San Miguel arriba, defiéndeme

12. Oración al Arcángel Miguel 3**

Arcángel Miguel
Príncipe de las fuerzas celestiales
Por el poder que La Fuerza Creadora te ha conferido
Yo te invoco en este momento para que me protejas
Que alejes el daño, el mal y a los demonios de mi vida
Que así sea

13. Oración al Arcángel Miguel 4**

¡Oh! Arcángel Miguel, príncipe glorioso de las Milicias Celestiales, la Gran Fuerza está contigo, tú eres bendito entre todos los angélicos coros, y bendita sea siempre la Santísima Trinidad, Diosa, Dios y Gran Espíritu, que tantos dones, gracias, favores y privilegios te han dado. Arcángel Miguel, protector del Universo, ruega por nosotros y socórrenos en esta batalla. Libéranos de los demonios y fuerzas del mal ahora y en el fin de nuestra vida, después de la cual esperamos la liberación de las penas y de nuestro ego y ser introducidos al reino celestial. Así sea.

14. Oración al Arcángel Miguel 5**

Oh Glorioso príncipe de la Hueste Celestial, San Miguel Arcángel, defiéndenos en la batalla y en el terrible combate que estamos librando contra los principados y potestades del aire, contra los dominadores de este mundo tenebroso, en contra de todos los espíritus del mal. Ven en mi ayuda, yo que he sido creado inmortal a imagen y semejanza de los dioses. Ven poderoso Arcángel y defiéndeme de la tiranía de los malos espíritus.

Pelea en este día la batalla por la luz, junto con los ángeles, igual que has combatido contra los líderes del mal y sus huestes, quienes no tuvieron poder para resistirte y tampoco hubo ya lugar para ellos en la luz eterna. La maldad ha tomado fuerza, y los espíritus imperfectos y perversos que la propagan han invadido la Tierra con su oscuridad, apoderándose y arrojando a las almas a la perdición, llevando pensamientos y emociones impuras, depravadas y corruptas.

Entonces levántate, oh Príncipe invencible, danos ayuda en contra de los ataques de los espíritus perdidos. Danos la victoria, a nosotros que te veneramos como nuestro protector. Nos regocijamos con tu defensa contra el maligno poder del error; ser divino que nos traes la bienaventuranza. Intercede por nosotros y que las fuerzas del mal se posen a nuestros pies, derrotadas para que no puedan más mantener al hombre en cautiverio y lastimarlo. Ofrece nuestras oraciones para que pronto encontremos misericordia y paz. *Llévate cautivos a los malos espíritus para que no puedan más interferir en nuestra evolución hacia la luz.*

Así sea.

15. Para escoger al Miguel Arcángel como protector**

Oh, gran príncipe del cielo, San Miguel Arcángel, yo (decir nombre), confiado en tu especial bondad, conmovido(a) por la excelencia de tu admirable intercesión y de la riqueza de tus beneficios, me presento ante ti, acompañado(a) por mi ángel guardián y en la presencia de todos mis guías y protectores de bondad y armonía, que tomo como testigos de mi devoción a ti. Te escojo hoy para que seas mi protector y mi abogado particular, y propongo firmemente honrarte con todas mis fuerzas. Asísteme durante toda mi vida, a fin de dign@. Defiéndeme contra las instigaciones de los demonios y del mal. En la hora de mi muerte, dale paz a mi alma e introdúcela en la paz eterna. San Miguel Arcángel, yo deseo formar parte de tu ejército de amor, por favor condúceme para comprender las funciones que debo realizar para estar más cerca de la Fuerza Creadora en bien y libertad y ser miembro digno de tus guerreros de luz.

Gracias, así sea.

16. Frases para hacerlo salir **

En el nombre de todos mis guías y guardianes, del Dios y la Diosa te ordeno que salgas de él.

Ato todo poder que tengas, espíritu inmundo, sobre esta criatura

17. Liberación 1**

Por el Gran Poder de la Fuerza celestial
Yo te expulso criatura inmunda
Aléjate de este cuerpo celestial
Retira de (paciente) tu maldad y daño
Te lo ordeno por el poder que me ha sido concedido
Por la Gran Fuerza, por mi rango de sacerdotisa
Por el poder investido en mí, en otro lugar y tiempo
Como guardiana de las almas

Con la ayuda de la bendita Hécate y Helda
Guardianas del Infierno
Por el poder de Oyá,
Diosa de los muertos
Por la Fuerza de Lilith, la primera Dama
Te ordeno que te retires,
Te expulso y envío a tu lugar de origen
Por el Gran Poder del amor y la luz
¡Que así sea!

18. Liberación 2**

Gran Fuerza omnipotente,
que a los abandonados haces habitar en tu casa,
y concedes la felicidad a los cautivos,
mira mi aflicción,
y ven en mi auxilio,
vence al enemigo inicuo,
de modo que, superada la presencia del adversario,
mi libertad alcance su descanso
y restituido a la tranquila devoción
pueda confesar que eres admirable
y que concediste a tu pueblo la fuerza.
¡Que Así sea!

19. Oración de exorcismo modificada**.

Se hace trazando pentagramas todo el tiempo.

Te exorcizamos Espíritu Inmundo, quienquiera que seas, potencia satánica, legión, reunión o secta diabólica. En el nombre de la Altísima Fuerza Creadora seas arrojado de la luz, de las almas rescatadas de la oscuridad. No te atreverás a sacudir y cribar como al trigo a los elegidos, te lo manda el Gran Espíritu a quien, en tu grande orgullo, pretendes hacerte semejante. Él, que quiere que todos los hombres se salven y lleguen al conocimiento de la verdad. Te lo manda la Fuerza Creadora, te lo manda el hijo divino, te lo manda la Gran Fuente de Luz, te lo manda el ser crístico, el Verbo Eterno. Te lo manda el pentagrama, el tetragrámaton, y la virtud de los misterios de la fe. Te lo manda la poderosa Diosa Madre, por Gaia la cual aplastó por su humildad tu cabeza. Te lo manda la sangre de los mártires y la piadosa intercesión de los Santos y Santas.

Dragón maldito y toda la legión diabólica, te conjuramos por el Gran Poder divino, por la luz verdadera, por los creadores de los seres humanos en la búsqueda de la evolución, por la vida eterna que nos han dado. Cesa de engañar a las criaturas humanas y de derramar el veneno de la condenación eterna. Cesa de poner obstáculos a la libertad. Vete, maestro de todo engaño, enemigo de la salvación de los hombres.

Humíllate bajo la poderosa mano divina. Tiembla y huye a la invocación hecha por nosotros del santo nombre de Hécate que hace temblar a los infiernos, a la Gran Fuerza Divina y primigenia, a la cual alaban las potestades y las dominaciones, y que los querubines y serafines alaban diciendo: Santa, Santa, Santa, es la señora de los ejércitos.

V. Señora escucha nuestra oración.
R. Y llegue a ti nuestro clamor.

Dioses del cielo, de la tierra, de los ángeles y arcángeles, patriarcas, profetas, apóstoles y mártires, Dioses de los elevados, por la vida después de la muerte, y el descanso después del trabajo, dígnese en librarnos de toda malicia de los espíritus infernales, que así sea.

De las asechanzas de los demonios, líbranos. Humilla a nuestros enemigos.

Se rocía con agua bendita el lugar en que se ha rezado.

13.3. Oraciones de exorcismo católicas

20. Rechazar el ataque

En el nombre de Jesucristo nuestro Dios y Señor, con la intercesión de la Virgen María, de San Miguel, San Pedro y San Pablo y todos los santos, nos proponemos rechazar los ataques del demonio

21. Alabanza y misericordia

Se reza el Salmo 67 de pie y después decir:

1. Dios tenga misericordia de nosotros, y nos bendiga; haga resplandecer su rostro sobre nosotros; Selah.

2. Para que sea conocido en la Tierra tu camino, en todas las naciones tu salvación.

3. Te alaben los pueblos, ¡oh Dios!; Todos los pueblos te alaben.

4. Alégrense y gócense las naciones, porque juzgarás los pueblos con equidad, Y pastorearás las naciones en la tierra. Selah.

5. Te alaben los pueblos, oh Dios; Todos los pueblos te alaben.

6. La tierra dará su fruto; Nos bendecirá Dios, el Dios nuestro.

7. Bendíganos Dios, y témanlo todos los términos de la tierra. Huyan de su presencia los que aborrecen a Dios; desvanézcanse como el humo, como la cera se derrite al fuego, así perezcan los pecadores a la vista de Dios. Ved aquí la Cruz del Señor; huid potestades enemigas. León de la tribu de Judá, el vástago de David ha vencido. Tu misericordia, Señor, es con nosotros conforme a la esperanza que en ti tenemos.

22. Frases cristianas para hacerlo salir

- En el nombre de Jesús, espíritu de blasfemia te ordeno que salgas de él.

- La sangre de Cristo rompe toda atadura, toda influencia, que tengas sobre este cuerpo.

- Espíritu de ludopatía, sal de él, te lo ordeno por mi poder sacerdotal.

23. Oración de la cruz

(Signo de cruz) En el Nombre del Padre, del Hijo y del Espíritu Santo.

Santa Cruz del Padre Benito.

La Santa Cruz sea mi Luz.

No sea el dragón mi guía. Apártate, Satanás; no sugieras cosas vanas; venenosa es tu carnada, bebe tú mismo el veneno. Paz. (Signo de cruz) En el Nombre del Padre, del Hijo y del Espíritu Santo.

24. El exorcismo de León XIII

Parte I

En el Nombre del Padre y del Hijo y del Espíritu Santo.

Salmo 67

Levántese Dios y sean dispersados sus enemigos y huyan de su presencia los que le odian. Como se disipa el humo se disipen ellos, como, se derrite la cera ante el fuego, así perecerán los impíos ante Dios.

Salmo 34

Señor, pelea contra los que me atacan; combate a los que luchan contra mí. Sufran una derrota y queden avergonzados los que me persiguen a muerte. Vuelvan la espalda llenos de oprobio los que maquinan mi perdición. Sean como polvo frente al viento cuando el Ángel del Señor los desbarate. Sea su camino oscuro y resbaladizo, cuando el Ángel del Señor los persiga.

Porque sin motivo me tendieron redes de muerte, sin razón me abrieron trampas mortales.

Que les sorprenda un desastre imprevisto, que los enrede la red que para mí escondieron; que caigan en la misma trampa que me abrieron. Mi alma se alegra con el Señor y gozará de su salvación.

Gloria al Padre, y al Hijo, y al Espíritu Santo. Como era en el principio, ahora y siempre, y por los siglos de los siglos. Amén.

Súplica a San Miguel Arcángel

Gloriosísimo príncipe de la milicia celestial, Arcángel San Miguel, defiéndenos en la lucha que mantenemos combatiendo "contra los principados y potestades, contra los caudillos de este mundo tenebroso, contra los espíritus malignos esparcidos por los aires" (Ef. 6, 12). Ven en auxilio de los hombres que Dios creó incorruptibles a su imagen y semejanza (Sap. 2, 23), y a tan "alto precio rescatados" (I Cor. 6, 20) de la tiranía del demonio. Con las huestes de los ángeles buenos pelea hoy los combates del Señor, como antaño luchaste contra Lucifer, corifeo de la soberbia y contra sus ángeles apóstalas. Ellos no pudieron vencer, y perdieron su lugar en el Cielo. "Fue precipitado el gran dragón, la antigua serpiente el denominado diablo y Satanás, el seductor del universo: fue precipitado a la tierra y con él fueron arrojados sus ángeles" (Apoc. 12,.8-9).

He aquí que el antiguo enemigo y homicida se ha erguido con vehemencia. Disfrazado de "ángel de luz" (II Cor. 11, 14) con la escolta de todos los espíritus malignos rodea e invade la tierra entera, y se instala en todo lugar, con el designio de borrar allí el nombre de Dios y de su Cristo, de arrebatar las almas destinadas a la corona de la gloria eterna, de destruirlas y perderlas para siempre. Como el más inmundo torrente, el maligno dragón derramó sobre los hombres de mente depravada y corrompido corazón, el veneno de su maldad: el espíritu de la mentira, de la impiedad y de la blasfemia; el letal soplo de la lujuria, de todos los vicios e iniquidades.

Los más taimados enemigos han llenado de amargura a la Iglesia, esposa del Cordero Inmaculado, le han dado a beber ajenjo, han puesto sus manos impías sobre todo lo que para ella es más querido. Donde fueron establecidas la Sede de San Pedro y la Cátedra de la Verdad como luz para las naciones, ellos han erigido el trono de la abominación de la impiedad, de suerte que, golpeado el Pastor, pueda dispersarse la grey. Oh invencible adalid, ayuda al pueblo de Dios contra la perversidad de los espíritus que le atacan y dale la victoria.

La Iglesia te venera como su guardián y patrono, se gloría que eres su defensor contra los poderes nocivos terrenales e infernales;

Dios te confió las almas de los redimidos para colocarlos en el estado de la suprema felicidad. Ruega al Dios de la paz que aplaste al demonio bajo nuestros pies, para que ya no pueda retener cautivos a los hombres y dañar a tu Iglesia. Ofrece nuestras oraciones al Altísimo, para que cuanto antes desciendan sobre nosotros las misericordias del Señor (Salmo 78, 8), y sujeta al dragón, la antigua serpiente, que es el Diablo y Satanás, y, una vez encadenado, precipítalo en el abismo, para que nunca jamás pueda seducir a las naciones (Apoc. 20).

Después de esto, confiados en tu protección y patrocinio, con la sagrada autoridad de la Santa Madre Iglesia, nos disponemos a rechazar la peste de los fraudes diabólicos, confiados y seguros en el Nombre de Jesucristo, nuestro Dios y Señor.

Señal de la cruz
He aquí la Cruz del Señor, huid poderes enemigos.

R. Ha vencido el León de la tribu de Judá, la raíz de David.
Señor, que tu misericordia venga sobre nosotros.
R. Como lo esperamos de ti.
Señor, escucha nuestra oración.
R. Y llegue a ti nuestro clamor.
(El Señor esté con vosotros. (Sólo si es un sacerdote)
R. Y con tu espíritu).

Oremos

Dios y Padre de Nuestro Señor Jesucristo, invocamos tu santo Nombre y suplicantes imploramos tu clemencia, para que, por la intercesión de la Inmaculada siempre Virgen María Madre de Dios, del Arcángel San Miguel, de San José Esposo de la Santísima Virgen, de los santos Apóstoles Pedro y Pablo y de todos los Santos, te dignes prestarnos tu auxilio contra Satanás y todos los demás espíritus inmundos que vagan por el mundo para dañar al género humano y para la perdición de las almas. Amén.

Parte 2

Exorcizamos todo espíritu maligno, poder satánico, ataque del infernal adversario, legión, concentración y secta diabólica, en el nombre y virtud de Nuestro Señor Jesucristo, para que salgas y huyas de la Iglesia de Dios, de las almas creadas a imagen de Dios y redimidas por la preciosa Sangre del Divino Cordero. En adelante no oses, perfidísima serpiente, engañar al género humano, perseguir a la Iglesia de Dios, zarandear a los elegidos y cribarlos como el trigo. Te lo manda Dios Altísimo, a quien en tu insolente soberbia aún pretendes asemejarte, "el cual quiere que todos los hombres se salven y lleguen al conocimiento de la verdad" (II Tim. 2). Te lo manda Dios Padre, te lo manda Dios Hijo; te lo manda Dios Espíritu Santo. Te lo manda la majestad de Cristo, el Verbo eterno de Dios hecho hombre, quien para salvar a la estirpe perdida por tu envidia, "se humilló a sí mismo hecho obediente hasta la muerte" (Fil. 2); el cual edificó su Iglesia sobre roca firme, y reveló que los "poderes del infierno nunca prevalecerían contra ella, Él mismo había de permanecer con ella todos los días hasta el fin de los tiempos" (Mat. 28, 20). Te lo manda el santo signo de la Cruz y la virtud de todos los Misterios de la fe cristiana. Te lo manda la excelsa Madre de Dios, la Virgen María, quien con su humildad desde el primer instante de su Inmaculada Concepción aplastó tu orgullosa cabeza.

Te lo manda la fe de los santos Apóstoles Pedro y Pablo y de los demás Apóstoles. Te lo manda la sangre de los mártires y la piadosa intercesión de todos los Santos y Santas. Por tanto, maldito dragón y toda legión diabólica, te conjuramos por Dios vivo, por Dios verdadero, por Dios santo, que "de tal modo amó al mundo que entregó a su unigénito Hijo, para que todo el que crea en Él no perezca, sino que viva la vida eterna" (Juan 3); cesa de engañar a las criaturas humanas y deja de suministrarles el veneno de la eterna perdición; deja de dañar a la Iglesia y de poner trabas a su libertad. Huye Satanás, inventor y maestro de toda falacia, enemigo de la salvación de los hombres. Retrocede ante Cristo, en quien nada has hallado semejante a tus obras. Retrocede ante la Iglesia una, santa, católica y apostólica, la que el mismo Cristo adquirió con su

Sangre. Humíllate bajo la poderosa mano de Dios. Tiembla y huye, al ser invocado por nosotros el santo y terrible Nombre de Jesús, ante el que se estremecen los infiernos, a quien están sometidas las Virtudes de los cielos, las Potestades y las Dominaciones; a quien los Querubines y Serafines alaban con incesantes voces diciendo: Santo, Santo, Santo es el Señor, Dios de los Ejércitos.

Señor, escucha mi oración. R. Y llegue a ti mi clamor. (El Señor esté con vosotros. (Sólo si es un sacerdote) R. Y con tu espíritu).

Oremos

Dios del Cielo y de la tierra, Dios de los ángeles, Dios de los arcángeles, Dios de los patriarcas, Dios de los profetas, Dios de los apóstoles, Dios de los mártires, Dios de los confesores, Dios de las vírgenes, Dios que tienes el poder de dar la vida después de la muerte, el descanso después del trabajo, porque no hay otro Dios fuera de ti, ni puede haber otros sino tú mismo, creador de todo lo visible y lo invisible, cuyo reino no tendrá fin: humildemente te suplicamos que tu gloriosa majestad se digne libramos eficazmente y guardamos sanos de todo poder, lazo, mentira y maldad de los espíritus infernales. Por Cristo Nuestro Señor. Amén.

De las asechanzas del demonio.
R. Líbranos, Señor.
Haz que tu Iglesia te sirva con segura libertad.
R. Te rogamos, óyenos.
Dígnate humillar a los enemigos de tu Iglesia.
R. Te rogamos, óyenos.

(Se rocía con agua bendita el lugar y a los presentes).
Señor, no recuerdes nuestros delitos ni los de nuestros padres, ni tomes venganza de nuestros pecados (Tobías 3, 3).

Padre nuestro....

Le recomiendo tener estas oraciones a la mano al momento d realizar el exorcismo, use con las que más cómodo se sienta. El componente de la fe en sí mismo y en las fuerzas divinas es fundamental.

Samak ha realizado centenares de exorcismos con mucho éxito haciendo uso de las herramientas que ha proporcionado. "Felices y seguros trabajos mágicos".

13.4. Los 72 nombres sagrados

Ya hemos señalado algunos nombres en tomos anteriores, aquí sólo enlistaremos los nombres que deben ser entonados durante el exorcismo y, al final del proceso, cuando se considere que se ha expulsado al demonio y se considera que ya no está en su cuerpo, se le debe pedir al paciente que los repita. Si el paciente no los puede repetir y blasfema, entonces esto indica que la entidad no se ha retirado y hay que reforzar los pasos anteriores.

1. ABBA or ABWOON. "Padre"

2. ADON OLAM. "Señor de la Eternidad (o del Universo)"

3. ADONAI. "Señor"

4. ADONAI ECHAD. "El Señor es Uno"

5.. ADONAI, MELEK. "Señor, Rey"

6. ADONAI 'TSEBAYOTH. "Señor de las Huestes o Señor de los Ejércitos"

7. AIN SOPH. "El Ilimitado"

8. AL-ILAH. El título para "Dios" como fue usado por los creyentes Arameo parlantes en el tiempo de Jesús

9. AL-ILAH RAPHA. "Dios de Sanación"

10. AL-ILAH SABTAI. "Dios del Descanso"

11. AL-ILAH SHEMAYA. "Dios Escucha"

12. AMMI SHADDAI. "El Pueblo del Todopoderoso"

13. AMUD HA-ESH. "Pilar de Fuego"

14. ARIK ANPIN. "El de Largo Rostro, el Macroprosopus"

15. ATTIQ YOMIN. "Anciano de Días"

16. AVINU MALKEINU. Alabanza personal expresada como "Oh, Padre, Nuestro Rey"

17. BE-MIDBAR. "En el Desierto"

18. BERESHITH BARA. "En el principio"

19. B'NAI ELOHIM. "Los Hijos de Dios" tal como son referidos en el Libro de Job

20. CHOKMAH. "Sabiduría"

21. EHYEH AHSHER EHYEH. "YO SOY EL QUE SOY" o "Yo seré el que seré"

22. EL. "Dios"

23. EL BRIT. "El Pacto"

24. EL CHAI. "Dios Viviente"

25. EL ELOHE ISRAEL. "Dios, El Dios de Israel"

26. EL ELYON. "El Dios Más Alto"

27. EL GIBBOR. "Dios de la Fuerza" o "Dios Poderoso"

28. EL RACHMAN. "Dios Misericordioso" o "Dios de Compasión"

29. EL ROI. "Dios de la visión"

30. EL SALI. "Dios de Mi Roca"

31. EL SHADDAI. "El Señor Dios Todopoderoso"

32. ELI, ELI. "Mi Dios, Mi Dios"

33. ELOHA SHAMAYYIM. "El Dios de los Cielos"

34. ELOHIM (Hebreo). "Los Dioses" o "la Divinidad"

35. ELOHIM 'TSEBAYOTH. "Dios como las Huestes o los Ejércitos"

36. ESH OLAM. "La Flama Eterna"

37. GEDULAH. "Grandeza" o "Magnitud"

38. HA-EL HA GADOL. "El Gran Dios"

39. HA-EL HA'KADOSH. "El Dios Santo"

40. HA EMET. "La verdad"

41. HA GO'EL. "El Redentor"

42. HA SHEM. "EL [Gran] Nombre"

43. HA TIKVA. "La Esperanza"

44 HAYMANOOTHA. "Lealtad"

45. JESHURUN. "El Justo"

46. KETHER KADMON. "La Corona Primordial"

48. KODOISH, KODOISH, KODOISH ADONAI 'TSEBAYOTH. "Santo, Santo, Santo es el Señor Dios de las Huestes"

49. MARIAH. "Señor Dios"

50. MAYIM HAYIM. "Las Aguas Vivientes"

51. MESHIAH o MSHECHA. "Mesías", "el Ungido" o "el que está Ungido"

52. OSE SHALOM. "Creador de la Paz" o "El Que Hace la Paz"

53. ROKEB BA-ARABOT. "El que anda sobre las esferas superiores o pasajes"

54. RUACH HA KOIDESH. "El Espíritu Santo"

55. SABAOTH HA MALKA. "La Reina del Sabbath"

56. SAR SHALOM "El Príncipe de la Paz"

57. SHEKINAH. "La Presencia Divina"

58. SHEM HAMEFORASH. "El Nombre Divino Inefable"

59. SHEMA ISRAEL. "Escucha, Oh, Israel"

60. SHEMOTH. "Nombres"

61. URIM-THUMMIM. "Las Luces y los Poderes"

62. VAY-YIK-RA. "EL Llamado"

63. YAHWEH. "El Nombre Revelado del Divino"

64. YAHWEH ELOHIM. "Dios Creador" o "Señor Dios"

65. YAHWEH ROHI. El "Señor es mi Pastor"

66. YAHWEH SHALOM. "La Paz de Yahwheh"

67. YIGDAL ELOHIM CHAI. "Exaltado sea el Dios Viviente"

68. YOD HE VAU HE. "EL Tetragrámaton"

69. YOSHUA YAHWEH. "El Ungido del Nombre de Yahweh"

70. YOTZER HA'ADAM. "El Creador de Adán"

71. YOTZER MEOROT. "El Creador de los Luminares"

72. ZEIR ANPIN. "El del Rostro Pequeño, el Microprosopus"

CAPÍTULO 14.
CAMINO DE EQUILIBRIO

Y todo lo que pasa es perfecto, más que causalidad vivimos en sincronicidad y parece que coinciden una serie de cosas en la vida de manera perfecta, cuando y donde deben suceder. Cada cosa que pasa tiene una razón y en el tema de la defensa psíquica, es importante reconocer la causa de los daños. Uno debe aprender a hacerse responsable e identificar el origen en uno mismo, normalmente es consecuencia de un karma, generación de magnetismo perjudicial a través de malos pensamientos o impulsos inconscientes; hay que ir a la fuente y erradicarlo o transmutarlo mediante magia o terapia.

14.1. Y la lucha terminó

Samak comprendió que tantos años de sufrimiento por daños le habían ayudado a entrenarse para poder después compartir y enseñar a otros en esta tarea. Ese entrenamiento le había dado la oportunidad de ganar humildad y desear, cada vez más, compartir y sanar.

Lo que siempre estuvo presente en su vida fue percatarse del hecho de que miles de espíritus nos rodean todo el tiempo, cada uno con su función. Y hay una gran trama, una gran lucha librándose en cada minuto, pero mucho no podemos hacer nosotros, sólo queda trabajar con uno mismo y ver, en el reflejo de nuestras interpretaciones del mundo, aquello en lo que tenemos que trabajar y lo que podemos aportar de acuerdo con nuestra propia esencia.

Miles de espíritus nos rodean, simplemente así es este mundo, este planeta. Hay que atraer, mediante nuestro magnetismo, a entes positivos y alejar a los negativos o utilizarlos a nuestro favor para acabar con nuestra oscuridad. Hay que saber en qué nos estamos metiendo, pero, sobre todo, hay que aprender a escucharnos, a escuchar nuestro interior, ayudados de los buenos espíritus que muchas veces son quienes en realidad nos están aconsejando. Hay que confiar y llegará el momento en el que todo lo que hemos aprendido, porque todo es aprendizaje, se unirá sistémicamente para ayudarnos en el cumplimiento de nuestra misión de vida en un camino libre de influencias nocivas; el primer paso, reconocer cuál es la razón de estar aquí y esforzarnos por cumplir nuestro sueño.

Y la lucha entonces ya no es más lucha, es el entendimiento de las dinámicas del universo; es la sabiduría y el uso de las herramientas para actuar de la manera más benéfica para nosotros y todos los involucrados en la proyección exterior de nuestro misterioso y fascinante mundo interior.

14.2. Las casas encantadas y sus espíritus

Esta comprensión llego después de una serie de peripecias en casas que había habitado Samak.

Samak estuvo viviendo en varias casas, hubo un año, incluso, en el que se mudó en tres ocasiones durante un año. Regresó un tiempo a casa de su madre, rentó un departamento vecino y después se mudó a la casa de Escuadrón 201 donde sucedían una serie de fenómenos poltergeist porque le dijeron después que ahí había un panteón ancestral.

Fue muy curiosa la forma en la que llegó a esa casa. Sobre la avenida donde vivía su mamá, había una casa muy grande, antigua, blanca. Samak pensaba "Esa casa va a ser mía."

Un día se fue a visitar a su amiga Lili quien le dijo: "Esa casa va a ser para ti." Samak le dijo estar completamente de acuerdo. Hizo hechizos y hasta determinó en cuánto se la iban a rentar, y así fue.

Esta casa estaba llena de espíritus, parecía que se libraban luchas constantes entre entes de luz y oscuridad. Muchas fueron las aventuras que pasó Samak ahí, así como las personas que pasaron en su vida y se fueron.

Un día le dijo la dueña de la casa que la compraba o tenía que irse, al preguntar el costo, Samak se fue de espalda, pensaba: "¿Cómo le hago para tener esa cantidad de dinero?" Había estado sumergida en sanar a las personas que se había olvidado de sus metas económicas y de ser empresaria, así que decidió llamar a un buen y exitoso amigo, le pidió consejos y se permitió permearse de las ideas de liderazgo y emprendimiento. Así lo hizo, comenzó a pensar en grande y deseó una casa y por supuesto, contar con los recursos económicos para comprarla.

El Universo la escuchó y al poco tiempo se mudó a una casa en la Unidad Modelo.

Cada vez que uno va a vivir en una casa nueva, es necesario hacer una limpieza energética, cada casa está cargada de energías y muchas veces de espíritus, tanto del lugar como algunos parasitarios y es necesario expulsarlos y equilibrar la energía de la casa.

En las casas hay espíritus del lugar, son los lares, que corresponden al lugar por naturaleza, pero también hay espíritus de seres que habitaron ahí en vida y se convierten en guardianes. Los que son guardianes se deben quedar, pero los que no, necesitan marcharse.

En la casa de la Unidad Modelo había un portal energético por el que entraban y salían entidades de todo tipo, estaba localizado debajo de las escaleras. Ahí Samak tuvo cientos de experiencias paranormales. Tuvo que poner decenas de protecciones, incluyendo pentagramas en el techo, un Hermanubis gigante al subir las escaleras, todo tipo de símbolos y hechizos, los cuales ya hemos señalado en los otros tomos del presente tratado.

Durante ese periodo, estuvo muy activa en la Fraternidad del Círculo Dorado, diariamente efectuaba la Cruz Cabalista y el pilar medio, además de sus meditaciones y ejercicios de las Sefirot. Esto le ayudó bastante para instalar esas memorias en el subconsciente y cuerpo mental para afrontar lo que posteriormente le aconteció.

Una noche estaba dormida y de pronto, dentro del sueño despertaba, abría los ojos, pero no se podía mover, entonces se acercaba una gran sombra. Esta entidad le generaba dolor físico, estremecimiento, entumecimiento de sus huesos y, sobre todo, un abismal terror, Samak sentía cómo este ente iba absorbiendo su poder, desgastándola, aunque ella luchaba con todas sus fuerzas contra esta presencia maligna. Con toda su voluntad, Samak se puso de pie y de cada esfera del pilar medio que tanto había practicado, comenzó a lanzarles esa energía, tomándola de cada región de su cuerpo con sus manos y entonando el nombre divino, comenzando con la parte de arriba de la cabeza: *"Eheie"*, continuó con *"Jehová Elohim"*, después con *"Jehová Aloha Vav Daat"*, *"Shadai El Haï"*, *"Adonai Ha Ahretz"*. Le lanzaba la energía de cada una de sus vasijas a ese espíritu infernal. Sentía cómo lo estaba venciendo, tenía la firme convicción y poder de lograrlo, finalmente la entidad se fue. Samak se sintió sumamente satisfecha por su labor, no sabía que podía hacer eso, simplemente le surgió hacerlo. Estaba en un estado de ensoñación, es decir, cuando estás entre dormida y despierta. Samak finalmente abrió sus ojos físicos y, aunque un poco desgastada, se alegró de su victoria y volvió a dormir.

Con el orgullo invadiendo el corazón de Samak por haber logrado tal hazaña, compendió que cuando se aprende algo, y se ha practicado en repetidas ocasiones se instala en el cuerpo mental. Es por ello que, las prácticas y oraciones tienen que repetirse decenas o cientos de veces si queremos lograr una transformación integrando su efecto e instalación del poder de lo que practicamos, ya sean patrones o energías en nuestro sistema, de esta forma queda instalado en el cuerpo mental más allá de la vigilia, es decir, hemos sugestionado al subconsciente y se ha grabado en todos nuestros cuerpos; convirtiéndose en herramientas que ayudarán tanto en sueños en nivel inconsciente, como consciente, así como en el tránsito al más allá en el momento de la muerte. En estos casos también ayuda el contar con un amuleto que tenga símbolos sagrados u oraciones, por ejemplo, grabar símbolos en un escarabajo de obsidiana o de Jade y colocarlo al momento de morir en el pecho, ayudará en el tránsito satisfactorio al más allá.

Algunas veces lo que se hace es que en este tránsito se recitan oraciones al muerto, ya que el oído es lo último que se pierde al morir, para eso son los libros de los muertos, tanto tibetanos como egipcios. Si el alma no se va, se le pega a alguien o se queda atrapada en la construcción. Por eso las casas o lugares donde han habido tantas muertes, y no se llevó a cabo un buen proceso de paso a la muerte, esas entidades se quedan en el lugar y generan fenómenos paranormales.

El Feng shui debe hacerse en cualquier lugar que habitemos o visitemos frecuentemente, como el lugar de trabajo; ya que, así como hay energías en las personas, también las hay en los lugares. El lugar donde usted habita es una extensión de usted mismo, el orden que tenga en su casa es cómo usted está por dentro.

Hemos ya señalado en el tomo anterior sobre las casas embrujadas, que son raras, sus síntomas y efectos nocivos en la salud y vida: enfermedad y miseria. Lo importante a señalar aquí es que cuando observemos actividad paranormal, definitivamente hagamos algo al respecto de inmediato, tal como lo hizo Samak.

Después de habitar en esa casa de la Unidad Modelo, se casó y se fue a vivir a la Colonia del Valle, a una bello e iluminado departamento, ahí no hubo tanta actividad, fue poca realmente: un duende, un militar y la presencia de "Raúl", el amigo imaginario (no tan imaginario porque era un espíritu) del esposo de Samak, que los ha acompañado durante su estancia en ese lugar.

Para mantenerlo alejado de espíritus, Samak, cada vez que hace una limpia energética a distancia de alguna casa, expande el círculo y limpia la suya, le recomendamos a usted hacer lo mismo.

14.3. Sincronicidad perfecta, el IPN

Unos días después de nacer Morgana, Samak se enteró de la convocatoria para el doctorado en la Universidad Autónoma de México (UNAM), y sólo tenía dos días para preparar su proyecto, lo que es demasiado poco para profundizar, verificar detalles y hacerlo en forma. Decidió apresurarse para presentarlo. Llevaba tiempo replanteando su vida y tratando de reconocer a lo que se dedicaría; lo que estaba bien claro era que quería seguir escribiendo, dar clases de algo y continuar estudiando. El mundo empresarial ya no le llamaba la atención. No le interesaba más ser esclava bien pagada de alguna corporación, ahora quería emprender su propio camino.

El doctorado era buena opción y la beca del CONACYT no sonaba nada mal, al contrario, se convertiría en una alternativa para percibir ingresos y seguir haciendo lo que más le fascinaba y llamaba su interés. El tema de su tesis tendría que ver con la brujería en la época de la Conquista, le interesaba investigar cómo se había mezclado la brujería de Europa con la de México durante este periodo, por lo que había ido con algunos profesores que le apoyarían, le firmarían las cartas y las recomendaciones y presentó su protocolo de investigación. Pasaron unos días y tuvo que esperar a que dieran los resultados. Samak siempre ha sido una persona muy dedicada y siempre segura de obtener buenos resultados por estudiar, ya que todo lo que hace trata de hacerlo lo mejor que pueda. Ella esperaba que se la aceptaran.

El día que entregaban los resultados, se presentó en las instalaciones de la UNAM, para llegar allá fue en un auto rojo algo viejo que tenía en ese entonces, había comprado una camioneta en USA, pero debido a que no había terminado el trámite de legalización de los papeles, se la habían confiscado. El vehículo con el que ahora contaba, aunque constantemente le daba problemas, andaba. Su mamá e hija la acompañaban. Su madre le esperó con la pequeña en el automóvil, Samak se dirigió a las listas para encontrarse con una gran decepción. ¡No estaba enlistada! ¡No la habían aceptado!

Simplemente no podía creerlo, sentía un gran vacío en su estómago, ¡qué afronta, qué vergüenza, qué espantoso! Por momentos pensaba que se había confundido y volvía a leer la lista para encontrarse nuevamente con la terrible desilusión, por más que buscaba la caída de algún milagro o un cambio cuántico en el tiempo, efectivamente no aparecía su nombre en el papel.

Al final de la lista se encontraba escrito: "Aquellos estudiantes que no fueron seleccionados para cursar el programa pasen a recoger sus papeles". Samak con el ego hecho pedazos, una profunda tristeza y vergüenza que la consumía, en su arrogancia, no quiso recoger nada y se dirigió al auto con su mamá e hija, cabizbaja, para marcharse.

Se metió al auto donde estaban su mamá e hija, sin poder decir palabra, intenta arrancar, sin éxito.

Su mamá le pregunta que cómo le había ido, a lo que Samak contestó: "No estoy, fueron muy pocos días para preparar y presentar el proyecto, ya encontraré qué hacer". En realidad, su decepción no le permitía la esperanza en su corazón, pero su mente buscaba la justificación y una solución rápida, aunque desconocida. Samak no tenía ni idea de qué iba a hacer en los meses siguientes, además de dar consultas a los contados pacientes que tenía entonces.

Intentó arrancar de nuevo y el auto no encendió. Probó una y otra vez, sin éxito. Abrió el cofre, a veces pegarles un poquito a los cables de la batería funcionaba, pero, en esta ocasión no sucedió. En su cabeza pensó: "Lo que me faltaba".

Su mamá le recomendó ir por ayuda. Samak ya encaminada sabía que tenía que regresar por algo al lugar, que esto que estaba pasando era obra de algo superior.

Se dirigió nuevamente a la puerta del posgrado de Filosofía y volvió a leer la lista con la esperanza de que se le hubiera ido el ojo y nada. Se dio la media vuelta, angustiada, volvió a ver la lista; de pronto, llegó

una persona a su lado, quien dirigió su mirada a la lista y al encontrarse
en ella, volteó a ver a Samak y le preguntó:

—¿Te quedaste?

—No, no me quedé —contestó Samak afligida.

—Yo estaría destrozado —replicó la persona.

—Pues así estoy, pero en una hora se me pasa.

—Yo sí estoy en la lista, pero tengo un problema... —Samak lo miró,
en realidad con indiferencia, bastante atormentada estaba en su propio
problema que poco le importaba lo que le sucediera a esta persona desconocida en ese momento.

—Resulta que también me aceptaron en un doctorado en Barcelona
y lo voy a tomar, por lo que tendré que rechazar éste —dijo señalando
la lista.

Samak dentro de sí pensaba acerca de lo inoportuno que era su co-
mentario, después del mal sabor de boca que traía trató de mirarlo sin
que su sentir la delatara. Él al encontrarse con su mirada le preguntó:

—¿Trabajas actualmente?

—No —contestó Samak, aunque dentro de sí pensaba "Y a este qué
le importa".

—¿Te gustaría dar clases en el Politécnico? Es que estaban por dar-
me una plaza, pero no voy a poder tomarla por lo mismo. ¿Qué tema
trabajas?

Samak le comentó sobre el tema del lenguaje de su tesis, sobre los
autores Gadamer, Foucault, Heidegger, etc.; a lo que el chico replicó:

—¡Perfecto! La asignatura es sobre el lenguaje, yo estoy trabajando
a Wittgenstein. ¿Te interesa?

A Samak se le alegraron los ojos y le respondió:

—Sí, me interesa.

—Ok, entonces nos vemos pasado mañana en la estación Martín Ca-
brera a las 9:00 AM, la cita en el IPN es a las 10:00. Te voy a presentar
con la presidenta de academia y ahí le comentamos la situación.

—Perfecto, pásame tu cel, yo te paso el mío y estamos en contacto; y
ahí nos vemos pasado mañana.

Se despidieron, Samak le agradeció, pasó a recoger sus papeles y se
dirigió a su auto con un semblante diferente. Su mamá le preguntó que
por qué no traía a nadie que pudiera auxiliarles con el coche. Samak se

metió al carro y dijo: "ahora va a arrancar". Metió la llave con rapidez, la giró y efectivamente, el auto encendió y arrancaron.

¡Todo tomó sentido ahora! Samak sintió un gran regocijo en su alma, ahora comprendía por qué había presentado la información, por qué había tenido que ir ahí, por qué el auto no había encendido y por qué tenía que haber regresado justo en ese momento. **ESO ES SINCRONICIDAD**, pero esto aún no acababa.

Se presentaron el día y a la hora acordada en el Instituto Politécnico Nacional (IPN) y fueron a la Escuela Superior de Ingeniería Mecánica y Eléctrica (ESIME) Zacatenco, se dirigieron a la Academia de Humanidades. Él le presentó a Claudia, la entonces presidenta de academia, nunca se imaginó que establecería con ella una amistad entrañable, incluso crearía una logia con ella.

Samak se presentó y habló sobre su tema. Se cayó de maravilla con Claudia, es decir, fueron muy afines; Claudia le explicó que tenía que presentarse al examen de oposición donde defendería sus conocimientos y en específico un ensayo de su autoría. Le proporcionó la fecha para presentarse al examen y a dar clases. Samak no podía creerlo, hay gente que pasa años esperando una plaza en el Poli o en alguna institución educativa del gobierno. Dentro de la plática, Claudia le comentó sin ninguna razón de contexto: "Yo siempre he querido ser bruja".

Samak se quedó con la boca abierta, le preguntó si conocía lo que eran las Wicca y comenzaron a platicar al respecto, pero aún no le mencionaba que ella era una. El compañero sólo las miraba como pensando "a estas locas se les safó un tornillo."

La amistad con Claudia se mantiene hasta ahora, fueron cómplices en muchas travesías profesionales y espirituales y se apoyaron en el Poli. Claudia comenzó a estudiar Wicca en la Escuela que fundó Samak y juntas crearon la logia ***Hait Maat***; fue su eterna acompañante en sus viajes a Guadalajara a la Fraternidad del Círculo Dorado. Claudia es aficionada a las plantas y sus tinturas, así como a la artesanía Wicca, aún es su proveedora de pentáculos, altares y demás en la tienda del "Sombrero de la bruja".

Así comenzó su travesía por el IPN, fueron años de mucho trabajo, pero también muy maravillosos, de mucho aprendizaje. Para dar clases tiene uno que prepararse mucho, y cuando se prepara una clase por primera vez se tiene que investigar y aprender aún más, camino que Samak disfrutó deliciosamente, descubriendo y confirmando así su vocación de enseñar. Le gustaba mucho ver crecer a sus alumnos en conocimiento e interés. Impartió durante siete años clases de Humanidades de las cinco asignaturas: Humanidades I: Ingeniería, ciencia y sociedad, Humanidades II: La comunicación y la ingeniería, Humanidades III. Desarrollo Humano, Humanidades IV: Desarrollo personal y profesional, Humanidades V: El humanismo frente a la globalización. Le gustaba mucho dar las clases de una manera diferente; por lo que llevaba a sus alumnos a hacer prácticas, ver películas y demás. Suspendió por seis años las clases para dedicarse a la investigación y hacer su doctorado; entró al posdoctorado, después regresó al IPN como docente y lleva ahora algunos semestres de nuevo en la Academia de Humanidades de Ingeniería en Comunicaciones y Electrónica de ESIME Zacatenco.

Durante ese periodo fue que comenzó a dar clases de Wicca y de Astrología. También estudió Resonance Repatterning para dar consultas. Poco a poco comenzó a dar consultas, comenzó cobrando $50 pesos y paso a paso y con medida, mientras iba ganando experiencia, fue aumentando la tarifa. Ahí comenzó a desarrollar sus habilidades en limpieza de daños, defensa psíquica y magia.

En el Instituto Politécnico Nacional estudió un Diplomado en Formación y Actualización Docente y tomó un seminario en Innovación Educativa, después pensó en hacer carrera en tan renombrada institución y entró al programa del Doctorado en Ingeniería de Sistemas. Tuvo la oportunidad de combinar las disciplinas que conocía.

Los libros que les dejaba leer a sus alumnos eran: *El Mundo de Sofía, Homo Ludens, Un diablo guardián, Ensayo sobre la ceguera, Regina, 2 de octubre no se olvida, Drácula, el retrato de Dorian Grey, El hombre en busca de sentido, Ética para Amador*, etc. Fue un periodo que disfrutó mucho, aunque le tocaba incluir lecciones de ortografía y redacción, pues en la mayoría de las ocasiones los alumnos venían muy débiles en esa área.

14.4. El doctorado

Pasados los años, un compañero de Samak en el Poli, resultó ser casi su pariente, era un Doctor que había estudiado con un tío sacerdote de ella, se habían conocido en el seminario. Este amigo le recomendó estudiar un Doctorado, ya varias veces le habían sugerido tomar un puesto administrativo, pero para seguir ascendiendo y hacer carrera en el IPN, tenía que estudiar en el IPN. Había un doctorado en Ingeniería de Sistemas, con un enfoque transdisciplinario, lo cual le llamó mucho la atención a Samak por integrar distintas áreas de conocimiento. Samak decidió ingresar.

Es maravilloso cómo la vida va colocando a las personas y los caminos para el avance.

Estuvo dándole vueltas al tema. Tuvo que pedir licencia sin goce de sueldo para cursarlo y que le dieran la beca del CONACYT. En esta ocasión le dedicó el tiempo suficiente a la presentación del proyecto y fue aceptada en el programa de doctorado.

"Modelo educativo para la formación de valores éticos sistémicos y sustentables en los profesionistas del IPN"."

Comenzó a introducirse en todo el tema del enfoque sistémico y mucho más en la sustentabilidad y por supuesto, educación; fue una manera de integrar la Psicología, con la Ética, con la Ingeniería y la sustentabilidad. Le gustó mucho la manera de resolver problemas desde un punto de vista holístico, sistémico y de pensamiento complejo.

Pasó por una serie interminables de obstáculos, porque efectivamente, parece que en el Poli se trata de una carrera de obstáculos, hasta que logró graduarse como Doctora en Ingeniería de sistemas.

14.5. Matrimonio

Samak no le tomaba mucha importancia al área de pareja, aunque no había sido del todo satisfactoria.

Comenzó a recibir señales de que ya era el momento de estabilizarse en esa área y ya en varios oráculos le habían dicho que ese año encontraría a la pareja ideal. Fue justo cuando estaba escribiendo "El diario de una bruja".

Después de siete años de dedicarse a la vida espiritual y a su hija de lleno, le cayó el veinte de que ya había cumplido el ciclo hepdómada de dedicación absoluta a su pequeña y que ya tenía que empezar a ver por ella misma, así que se mentalizó para abrirse a la posibilidad de compartir su vida con un compañero.

Llegó un terapeuta que había recibido su iniciación en Israel y era vidente. Samak quería sanarse además de resolver un problema de miomas en la matriz, ya había intentado por diferentes métodos de quitárselo, pero en esta ocasión, al contrario de las anteriores, no habían funcionado. El vidente le recetó medicina alternativa y fue a verla para hacerle un diagnóstico de energías. Encontró en su aura y en la de Morgana un color peculiar que nunca había visto. Al leer las energías les dijo que eran de la realeza de otro planeta, y que en ese lugar la niña había sido la madre, es decir, la reina y ella era la princesa, es decir, la hija. Cuando Samak escuchaba cosas como estas no lo quería creer mucho, pero sí tenía vívidos recuerdos de portar una corona, ser muy, muy alta y tener súbditos. En el fondo de su ser sabía que era cierto. Le dijo también que ya venía su compañero de vida.

Con este mensaje, Samak terminó de confirmar que era el momento de atender esa área abandonada.

Así que incluso ese año, el de 2014 dio un taller de "Mi pareja ideal", se hizo constelaciones familiares, psicogenealogía, se aplicó varias terapias de Resonance Repatterning, incluso realizó un hechizo para que llegara su compañero de vida de la mejor manera; si ella estaba bien y sana psicológica y espiritualmente, atraería a alguien similar, de acuerdo con la ley del magnetismo. Terminando su proceso alquímico, se abrió a las posibilidades infinitas y desconocidas del universo.

Un día llegó un amigo de la prepa a consulta y le dijo que había conocido a una persona extraordinaria que le había leído el café. Samak no hizo mucho caso, pensaba: "Para qué si ya sé lo que me va a pasar, además mis amigas me pueden leer el futuro". Eduardo le proporcionó el teléfono y Samak lo botó "por ahí.

Cierta mañana Samak amaneció decepcionada de la vida y la humanidad, incluso leer a Kryon —lo que normalmente hacía para recuperar el ánimo—, no le ayudó. Fue cuando escuchó una voz interior que le dijo: "el café". Rápidamente fue a buscar el papel y marcó al teléfono dejado por su amigo; sin embargo, no tuvo éxito, nadie contestó del otro lado. Pasaron unas horas y Samak recibió una llamada de un teléfono desconocido: "Hola, tengo una llamada perdida de este número". Samak no supo quién era y le dijo: "Número equivocado" y colgó. No se acordó que era la persona del café con quien ella se había comunicado tiempo atrás. De pronto escuchó nuevamente esa voz que ahora le decía: "Es el del café". Presurosa le marcó de nuevo pidiéndole disculpas. Quedaron de verse para que le leyera el café en un restaurante árabe en Coyoacán.

Cuando Samak entró al restaurante, de inmediato una persona llamó su atención, supo con seguridad que era él, "el hombre de su vida", el magnetismo que sintió fue contundente. Se sentó a la mesa muy feliz y a la expectativa, Jorge estaba comiendo jocoque, el cual le ofreció, Samak incluso rompió su dieta crudivegana ese día.

Jorge le leyó el café y le dijo que en un año se convertiría en una persona "normal", Samak no entendía mucho a qué se refería, incluso le dijo que para entonces estaría comprometida o casada. Samak nunca se había imaginado, de la pareja ya se había hecho consciente, pero casarse no se lo esperaba.

Platicaron amenamente y ahí quedó. La verdad es que Samak se decepcionó un poco cuando Jorge comenzó a hablarle de su ex-novia, una historia de terror que lo había dejado marcado.

Samak comenzó a recomendar a Jorge por la gran precisión de sus predicciones. Un día le mandó un mensaje de texto diciéndole: "Me encantó la lectura, te he recomendado con amigas". A lo que él contestó "Me encantó conocerte, ¿cuándo nos vemos, no para tomarnos un café, sino una copa de Vino?" Samak sin pensarlo ni un segundo, más bien siguiendo sus impulsos inmediatamente le dijo que sí y propuso una fecha.

Ahí comenzó un tórrido romance y a la luna llena del mismo mes del siguiente año se estaban casando.

Jorge le había propuesto dejar de trabajar, ya que Samak terminaba de dar consultas a las 10:00 PM casi diario, en realidad estaba ya agotada. Ella lo estaba considerando.

Le comenzaron a pasar muchas cosas negativas, Samak sabía que era porque quería alejarse un poco de todo y descansar y disfrutar de la mundanidad del matrimonio; sin embargo, no debía. Por lo que llevó a cabo un ritual donde pidió permiso para vivir su vida de pareja y prometió no dejar el camino espiritual y de servicio, al continuar dando consultas y clases.

Así fue, entonces todo comenzó a marchar en orden. Incluso en el libro del ***Diario de una Bruja***, se observa su cambio, va de algunos pasajes serios y sombríos al principio a pasajes más alegres y esperanzadores al final que reflejan las etapas por las que Samak estaba pasando.

Unas semanas antes de casarse, Samak se fue a una estancia a la Universidad de Hull en Inglaterra a estudiar el Modelo de Sistema Viable, estancia que disfrutó mucho y sin darse cuenta estaba ya embarazada, de hecho, estaba muy sensible. Este plan de embarazarse lo habían platicado meses antes.

La boda fue al estilo wiccano, sólo invitó a las personas más cercanas, y aun así fueron como 60 invitados, muchos conocidos y amigos, incluso parientes se molestaron por no haber sido invitados. Vamos a tomar en cuenta que Samak y Jorge tienen una activa vida social y conocen a mucha gente de todo tipo entre consultantes, clientes, alumnos, contactos y amigos. La boda fue un éxito y fueron pasando los días en un feliz matrimonio, cargado de magia, amor y mucha sensibilidad de parte de Samak por el embarazo.

Lamentablemente en el tercer mes de embarazo, Samak perdió al bebé por diversas razones. Fue un momento muy doloroso. Incluso escribió un pasaje en sus redes. Ese bebé que ya tenía nombre ahora formaba parte del cielo estrellado, así tenía que suceder.

Estudios médicos posteriores demostraron que la pérdida del bebé fue debido a un conglomerado de miomas que impidieron el correcto avance. Los métodos que había probado fueron insuficientes para erradicar estos miomas, ahí sucedió su encuentro con los aceites esenciales DoTerra, estos dieron fin a esos tumores que le obstruían una vida placentera. Por ello es que Samak confía plenamente en sus efectos, fueron casi un milagro en su vida. Le permitieron tener una vida más saludable, además percibía ingresos. Se convirtió en líder plata de manera muy rápida al compartir los aceites esenciales.

Los miomas fueron la primera causa de la pérdida del hijo, pero había otra causa de la cual se enteró posteriormente: una enfermedad mortal que por años la había atormentado, difícil de diagnosticar que además no sólo tenía ella, también la tenía Morgana. Una nueva montaña que superar y eso no es todo, al salir de esta enfermedad, cuyo tratamiento duró aproximadamente un año, le encontraron otra que cambiaría su forma de vivir.

14.6. Los dones de la bruja y sistematización

La experiencia como investigadora y su enfoque en complejidad, le permitió a Samak sistematizar mejor el contenido y la información que había acumulado en los diversos cursos tomados, impartidos y toda la información que había recibido. Así que fue más fácil para ella crear un sistema para realizar hechizos efectivos y organizar los contenidos para terminar de publicar su libro de ***El diario de una bruja*** y ***Astrología***.

Existía otro tema que siempre había sido de su interés y en el que por años planeaba llevarlo al ambiente científico, sin embargo, con el paso del tiempo se dio cuenta que no era necesario, así que decidió mejor convertirlo en cursos y empezar a escribir un libro sobre los dones, creando la serie de cursos sobre "Los dones de la bruja". Mucho de lo que ha hecho en los últimos años se ha centrado en la figura de la bruja y los dones, cómo identificarlos, tipos de bruja, quiromancia, lunares y temas relacionados.

Samak comenzó a tener un programa de radio en "Proyéctate Radio" llamado "Sanación y Magia con Samak, después dejó la estación y lo hizo en su propio sitio de Facebook y canal de Youtube, el nombre cambió a "Soy Bruja ¡Y que!", tema que ha disfrutado sobremanera y que derivó en un podcast que martes con martes espera su audiencia debido a que da mensajes de Taro en vivo, muchas veces en compañía de su esposo Jorge.

También a principios del 2021 lanzó un newsletter de brujas con información astrológica mensual, artículos y eventos, cuenta con extraordinarias colaboradoras que aportan información.

14.7. La Roja y el espiritismo

Jorge le platicó a Samak sobre la historia fascinante de su bisabuela, una mujer enigmática, fuerte, mágica, sabia, dañada, fascinante y muy controversial, quien le enseñó a leer el café. Jorge comenzó a escribir una novela, Samak le ayudó a corregirla. Las personas que Jorge había conocido gracias a la lectura de café eran fascinantes, famosos actores y artistas mexicanos y extranjeros, políticos, personajes importantes en el mundo y un sinfín de individuos.

Lo que más le seducía era la idea mística de la Roja, gran bruja y libertadora que asesinaba a los hombres violadores, contrarrevolucionaria y la vez opositora del gobierno, defensora de las mujeres y los hacendados. Un ícono del feminismo y de las mujeres fuertes sin temor que han hecho grandes cambios, pero al ser mujer, han sido hazañas incómodas que mejor se ha ocultado.

De Natalia Mata, la Roja, fue de quien Jorge aprendió a leer el café desde los siete años. Samak aprendió de Jorge, encantada de recibir esta sabiduría del linaje directo de la Santa de Cabora, quien a su vez le enseño a Natalia.

El "amigo imaginario" de la Roja fue Raúl Madero, el hermano fallecido de Francisco I. Madero, este último, fue presidente de la República Mexicana del 6 de noviembre de 1911 al 19 de febrero de 1913. Francisco, empresario, escritor, filántropo, espiritista y político mexicano, recibía guía de los espíritus, la guía más importante de quien recibió consejos fue de su propio hermano Raúl. Curiosamente Raúl había pasado de acompañar a Madero a ser el "amigo imaginario" de Natalia, después a Ingrid (hermana de Jorge), a Jorge y después fue a vivir a nuestra casa en la del Valle, apareciéndose eventualmente y principalmente a Morgana; a veces se iba con una amiga llamada Mariana.

Raúl le daba consejos Francisco y Madero, hasta que llegó otro espíritu que no era tan positivo quien le generó desgracias subsecuentes hasta llevarlo a su muerte. Así que ojo con los espíritus de quien recibimos consejos.

La travesía espiritual de Samak le hizo conocer a muchas maravillosas personas, incluyendo al editor de algunos de sus libros, Rafael Sainz, cuya editorial se llama: Editores de Textos Mexicanos.

Múltiples fueron las reuniones que hicieron y grupos culturales que formaron, hasta que un día acordaron hacer un grupo espiritista, acababa de salir la serie de Alan Kardec. Se reunieron en distintas ocasiones. Los mensajes eran sobre el gobierno, consejos sobre hacerse baños, también llegaron a describir a los espíritus del cuadro espiritual de los presentes.

Hubo una época en la que las sesiones espiritistas estaban en boga, consisten en reuniones en la que se intenta comunicar con espíritus, para recibir presuntos mensajes de seres fantasmales o para poderse comunicar con ellos a través de un médium. Se escribió sobre este tema desde 1760 (Barón Lyttelton). Las sesiones se empezaron a hacer muy populares a mediados del siglo XIX, incluso se fundó una religión llamada espiritualismo.

Los tatarabuelos de Jorge hacían sesiones espiritistas con Francisco I. Madero, incluso fue él quien ayudo a que naciera Natalia Mata, la Roja, y se convirtió en su padrino y un bastión muy importante para su vida. Le recomendamos ampliamente la trilogía de Jorge Rosell: **La Roja**, donde se describe la fascinante vida de Natalia Matta, así como la Revolución Mexicana que comenzó siendo una revolución espiritual.

Si en algún momento usted tiene la intención se hacer una sesión espiritista, recomiendo que sea con personas expertas y muchas protecciones, hay que pedir permiso y, sobre todo, mucho respeto. Samak hace sesiones de mediumnidad y canalización en la actualidad con sus pacientes para recibir mensajes de los ancestros o espíritus de luz.

14.8. Hermandad de Hécate

Con un grupo maravilloso que tuvo Samak, formaron la hermandad de Hécate. Hacían sus reuniones para celebrarla cada 13 de octubre. Se reunían una vez al mes el día 13 de preferencia para efectuar el ritual regular mensual que Samak había diseñado.

En una ocasión fueron a un bosque alejado, ahí hicieron el ritual para honrar a la Diosa un trece de octubre, con todos los detalles bien predispuestos: en un bosque apartado, en un cerro, con ofrendas, a las doce de la noche, se prepararon las personas elegidas y realizaron el ritual en un cruce de caminos.

Antes de la fecha del ritual le preguntamos a la Diosa quiénes podían ir, ella especificó quién estaba listo y quién no, e incluso por no hacer e insistir, una persona que no había sido mencionada fue y sucedieron una serie de peripecias, desmayos y demás. Ahí Samak aprendió la lección de realmente hacer caso a los designios de la Diosa.

Como siempre en los Sabbats, llegó el momento de la canalización. Todos estaban a la expectativa para escuchar los mensajes que la Diosa regalaría. Una miembro del coven comenzó la canalización. El ser que canalizó era bastante extraño, emitía unos gritos muy parecidos a lamentos, se balanceaba, su voz era muy profunda y alta a la vez, se escuchaba por todo el lugar. El ambiente estaba inundado con sonidos de perros ladrando, y en general los sonidos de la noche. Antes de que comenzara la canalización, incluso se escuchaban personas reunidas con música, sin embargo, al comenzar la canalización todos se aquietó, los visitantes del lugar que estaban afuera aún, se metieron a sus refugios, lo cual nos benefició para poder disfrutar del ritual y la velada.

En otra ocasión hicimos un ritual en un temazcal a la media noche, nos pintamos símbolos en el cuerpo, nos preparamos y lo realizamos en un lugar maravilloso, el ritual fue bellísimo. Después celebramos y comimos honrando a la bendita diosa Hécate, la diosa de las brujas.

14.9. Publicación del *Diario de una Bruja* y *Tratado de energías y defensa psíquica*

Ya habían pasado unos años desde que Samak había publicado el libro de **Morgana**. Su amigo de la editorial le ofreció publicar sus libros, así que llegó la ocasión de publicar **El Diario de una bruja**, en el que durante un año escribió los pasajes de lo que realmente le estaba sucediendo.

En el libro se puede observar cómo fue de un estado de algo de oscuridad a un estado de claridad y amor. Fue un periodo en el que pasaron muchas cosas fuertes e importantes en la vida de Samak, en ese periodo fue cuando conoció a Jorge y todo cambió.

Tenía el libro en el tintero y hasta que conoció a Rafael Sainz lo publicó, la presentación fue en un famoso y brujil restaurante "La Strega", fue una presentación muy emotiva y gratificante para Samak.

También había estado escribiendo el libro de **Astrología espiritual, tus dones y conexión espiritual** por algún tiempo, el cual fue dictado por sus guías para comprender este aspecto de desarrollo de dones e identificarlos mediante las configuraciones astrológicas.

Samak comenzó a dar consultas en el año 2007, poco a poco fue aprendiendo y aplicando más técnicas, bastantes de ellas le eran dictadas por sus guías. Con el paso del tiempo se convirtió en una experta dando consultas y ayudando a sus pacientes de una forma holística a resolver problemas de toda índole, conflictos con su origen principal en patrones negativos y fuerzas, en específico brujerías y daños energéticos, a la par, Samak seguía impartiendo clases e investigando sobre tales temas. Como resultado de más de 10 años de investigación consideró que ya era momento de dar a conocer el resultado de sus investigaciones sobre el tema de las energías y las brujerías, por lo que estructuró la información para publicar un libro, que estaba resultando ser bastante amplio, llevaba ya más de 600 páginas escritas en su computadora, por lo que decidió dividirlo en tres tomos. Este libro es el tercero de estos. La defensa psíquica era su tema principal y el área donde más experiencia tenía, consideró que ya era momento de compartir su conocimiento y que otras personas conocieran el método que ella había creado con excelentes resultados.

A la par impartió el curso **del ABC de la energía y la brujería**, donde paso a paso trasmitía a sus alumnos cómo poder dar una consulta como ella. En dicho entrenamiento Samak comparte el conocimiento y las herramientas para lograrlo.

Desde la publicación del primer libro, Samak comenzó a tener un mayor alcance en medios. Constantemente la invitaban a programas de radio, en diferentes medios en la red e incluso televisión. Lo que provocó que su exposición en medio fuera cada vez mayor. Comenzar a publicar en tiktok le dio una mayor exposición, logrando millones de impresiones en sus publicaciones.

La necesidad de conocer sobre estos temas es imperante. Samak estaba firmemente convencida de que la gente debería saber cómo salvaguardar su energía, y que este conocimiento debería ser algo a enseñarse desde temprana edad, que debería formar parte del conocimiento de todos los individuos en este planeta.

14.10. Escuela de Magia y Alquimia

Una vez el director de una fraternidad le había dicho que él veía a Samak como fundadora de una Escuela de Misterios. Samak poco a poco comenzó a incrementar su acervo y la cantidad de cursos que impartía, por lo que se fue conformando con más estructura su escuela de Magia y Alquimia, donde comparte una serie de cursos que ya completan una formación de aproximadamente 5 años de estudios.

En su labor de ayudar a las personas a "Guiar en el desarrollo de sus dones a través de la magia", integró su conocimiento sobre la misión de vida y el desarrollo de las facultades para lograr sueños.

Todo esto es parte de una transformación alquímica, donde Samak se transforma interior y exteriormente, evolucionando y ayudando a los demás a evolucionar. Es el encuentro de la piedra filosofal, el elixir de la vida, en conjunto, de la mano transmutando el plomo que es la parte burda de la personalidad, en oro que es la elevación de la conciencia y el despertar a la completa esencia de sí mismo.

Cada día ha crecido más y ha alcanzado grandes ámbitos, con la impartición hasta el momento de más de 30 cursos diferentes sigue en su misión, apoyando con los productos de su tienda mágica.

Siempre que Samak aprende algo quiere trasmitirlo, es como un fuerte impulso por compartirlo. Poco a poco ha ido consolidando Mundo Alquimist y tiene grandes planes para seguir adelante.

CAPÍTULO 15.
GUÍA DE DIAGNÓSTICO

Hemos llegado al momento de poner en práctica todo lo que aprendimos tanto en este tomo, como en los dos anteriores.

Hemos identificado los daños nivel uno por energías y los daños nivel dos por brujerías. En el presente documento mostraré un método eficaz para retirar entidades nocivas de todo tipo.

Recomiendo repasar los remedios que hemos visto anteriormente como letras y palabras sagradas, runas, plantas, amuletos, etc. que ayudan a evitar los ataques por entidades, además de ser excelentes fórmulas para ayudar a retirarlos.

El nivel de inserción de la entidad nos indicará el método a utilizar para retirarlo.

En el curso del ABC de las Energías y las Brujerías vemos paso a paso de manera práctica cómo realizar todo esto. Es un gran apoyo en la aplicación del método escrito en este libro.

15.1. Fase 1. Diagnóstico

Una vez que se tiene el síntoma, la sospecha y se ha confirmado el daño (Paso 1), el siguiente paso es identificar de qué tipo de daño se trata (Paso 2), después. Hay que identificar qué fue lo que lo provocó (Paso 3); posteriormente corresponde hacer algo para quitar el daño (Paso 4).

El paso 1 se resuelve con la simple pregunta de ¿HAY DAÑO? -Sí -No

A estas alturas hemos adquirido el conocimiento suficiente para usar las herramientas de defensa.

Debemos detectar también el grado de profundidad del daño, si es en el cuerpo etérico, o en el astral, si ya afectó el físico, en la tabla podemos volver a identifica qué grado de daño. Del uno al 100 de tal forma que:

⊙ Del 1 al 10 es: Un daño leve, se sienten piquetes, escalofríos.

⊙ Del 10 al 20: Empiezan a pasar cosas extrañas, un poco de mala suerte.

⊙ Del 20 al 30: Empieza a irte mal en todo, tienes la energía muy baja, estás cansado todo el día.

⊙ Del 30 al 40: No tienes dinero, todas las puertas se te cierran, caes en depresión.

⊙ Del 40 al 50: Cambio de carácter, estados extremos de emociones, pensamientos malignos.

⊙ Del 50 al 60: Pesadillas, moretones, ataques nocturnos, fenómenos poltergeist.

⊙ Del 60 al 70: Estados de ausencia, no te reconoces, violencia verbal y física.

⊙ Del 70 al 80: Enfermedades graves, posesiones claras.

⊙ Del 80 al 90: Ruina de la familia, maldad absoluta, delitos, guerras.

⊙ Del 90 al 100: Muerte.

Si uno no está bien, no podrá quitarle el daño a nadie, sólo se le pegarán las cosas negativas que está quitando. Se debe haber trabajado contigo mismo y tener el conocimiento para prepararse y protegerse con el fin de tener éxito en la tarea de comenzar a limpiar a otras personas.

Recomiendo preguntar al péndulo: **¿ESTOY LISTO PARA HACER UNA LIMPIA NIVEL 3? -Sí -No**

La magia de limpieza y protección es parte de la defensa psíquica. El primer paso siempre es limpiarse uno mismo de energías negativas y después protegerse. Protegerse sin limpiarse no tiene ningún sentido, es como proteger también a la entidad o fuerza maligna.

Para recapitular los pasos en la consulta son:

a. Recopilar los **datos**: Nombre, edad, signo zodiacal y síntomas.

b. **Chakras:** Medir los chakras y el aura con las varas de zahorí, las cuales nos ayudarán a identificar si hay entidades pegadas, éstas deben de girar al detectarlas, por lo tanto, cuando medimos los chakras vamos a identificar también si hay entidades pegadas.

En la sección de chakras añadiremos un espacio donde escribiremos si hay entidades y dónde están pegadas, por ejemplo, espalda, abdomen, cabeza, pierna derecha, etc.

Entidades: ____

a. **Amstrongs:** En la parte de medición de **amstrongs**, cuando hay entidades, el péndulo no se mueve, o rebasa los 15,000 amstrongs, lo que es extraño porque la persona está notoriamente enferma o desenergetizada, lo que sucede es que en realidad se está midiendo a la entidad no a la persona, por lo tanto, no es muy verídico el resultado obtenido.

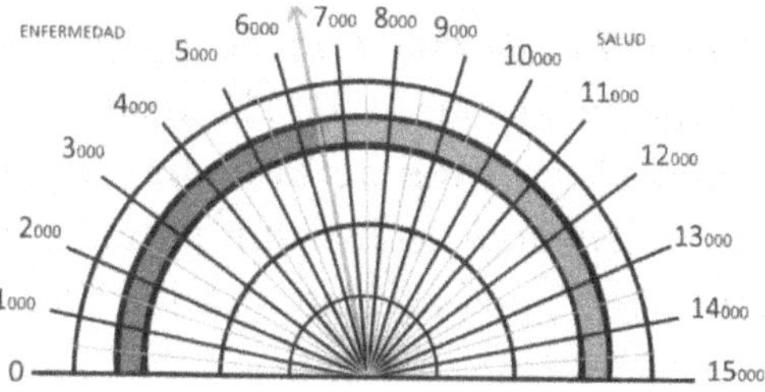

b. **Porcentaje de alma:** Normalmente cuando una persona tiene a una entidad pegada, el porcentaje de su alma está reducido. Recordemos que medimos el **porcentaje de alma** del 1 al 100% dando instrucción en el biómetro de que el 1,000 es igual a 100%.

c. **Nivel de conciencia:** es independiente de las entidades o el daño, se mide del 0 al 1000. Estándar de conciencia adecuada: 200.

d. **Placas metabólicas:** se miden igual, así como los remedios herbales (aceites esenciales), consideremos que algunas de las enfermedades pueden ser ocasionadas por la entidad pegada, ya sea que ésta las provoque o que la enfermedad que tenía el muerto se asimile al vivo en quien está pegado ahora.

e. **Meridianos de acupuntura:** La medición de lo **meridianos de acupuntura** es independiente a la presencia de entidades.

f. **Tipo áurico:** Se procede a identificar el **tipo áurico**, en el caso de realizarlo mediante videncia, es muy posible que se observe una sombra o varias pegadas al aura.

g. **Tipo floral:** Se lleva a cabo la identificación del **tipo floral** de acuerdo con las flores de Bach, muchas veces se encuentran presentes los estados de desesperanza, debilidad y miedo.

h. **Tipo herbal:** El siguiente paso es identificar el **tipo herbal**, para lo cual se le recomendará tomar el aceite esencial (siempre y cuando su calidad así lo permita, por ello recomiendo DoTerra) por lo menos dos semanas para ayudar a equilibrar. En caso de entidades pegadas, normalmente sale el árbol de té, orégano o terrashield como correspondencias.

i. **Placas conductuales:** Se procede a identificar las **placas conductuales**, junto con el remedio herbal.

j. **Cinco elementos de la cosmología china:** La medición de los *5 elementos* de la cultura occidental es el siguiente paso, cuando hay alguna entidad, por lo regular el pentagrama aparecerá invertido.

k. **Causas de disminución el campo vital:** Procedemos a identificar si hay **otras causas** de disminución del campo y vitalidad, tales como: como falta de sentido en la vida, falta de motivación, origen kármico, identificar si hay problema familiar, problema en el trabajo, si hay o hubo alguna enfermedad, si el problema es transgeneracional, si hay ausencia de vida espiritual, así como falta de motivación, identificaremos si hay mala suerte, vicios, etc. Muchas cosas negativas son ocasionadas por entidades.

l. **Camino de equilibrio:** La identificación del **camino de equilibrio** ayudará al individuo a comprender un poco más acerca de su misión. Esta parte la hemos visto en el presente tratado.

15.2. Fase 2. Detección de daño

m. **Identificar si hay daño.** Procedemos con la identificación de daño. Con la pregunta -**Sí** -**No**

n. **Nivel del daño:** Identificar el **nivel del daño**:

- Daño categoría 1. Contenido en el Tomo 1.
- Daño categoría 2. Contenido en el Tomo 2.
- Daño categoría 3. Contenido en el presente Tomo 3.

o. **Casa encantada:** Identificar si la casa está encantada y necesita ser sanada. Verificar en tomo 2.

Brujería - **Sí** - **No**

Si la respuesta es sí, proceder a (vm):

A) Tradición	B) Tipo de brujería	C) OBJETIVO
1. Santería	1. Amarre	1. Amor / romper
2. Protermia	2. Entierro	2. Amor / amarre
3. Wicca	3. Congelación	3. Trabajo / negocio
4. Magia de oración/conjurar	4. Polvos de panteón	4. Dinero
5. Vudú	5. Popular	5. Salud
6. Hoodoo	6. Tomado/comido	6. Felicidad
7. Empática	7. Velación	7. Casa /familia
8. Galmoury	8. Conjuro	8. Causar Muerte
9. Chamanismo	9. Runas o símbolos	9. Mala suerte /cerrar caminos
10. Nahualismo	10. Acelerar karma	o **Origen en el tiempo y vidas**
11. Tonalismo	11. Magia roja	I. Esta vida
12. Espiritismo	12. Esclavos	II. Familiar
13. Espiritualismo	13. Ritual	III. Ancestros
14. Muerte	14. Talismán, amuleto o sigilo	IV. Vidas pasadas
15. Goethia	15. Vidas pasadas	o **Origen persona, es decir, quién la originó**
16. Palo	16. Plantas	V. Familiar
17. Cristianismo		VI. Pareja
18. Satanismo		I. Expareja
19. Gitana		VII. Compañer@ trabajo
20. Macumba		VIII. Parientes
21. Kabalá		IX. Otro
22. Nórdica		
23. Masónica		
24. Otra		

Procedemos a identificar si hay entidades negativas, pero también el tipo de seres de luz que apoyan a la persona.

Espíritus familiares

1. Arcángel
2. Ángel zodiacal
3. Espíritus guías (cuántos)
4. Espíritus guardianes (cuántos)
5. Seres míticos (cuál 1-12)

1. Centauros	7.	Minotauro
2. Cíclopes	8.	Ninfas
3. Dragones	9.	Pegaso
4. Esfinges	10.	Sirenas
5. Fénix	11.	Unicornio
6. Gorgonas	12.	Otro

6. Hadas   *En equilibrio *En desequilibrio

1. Alushes	9. Laurau
2. Brownie	10. Lasas
3. Chaneque	11. Lincheto
4. Duende	12. Masariol
5. Elfo	13. Tylwyth teg
6. Enano	14. Trolls
7. Fauno y sátiro	15. Otros
8. Gárgola	

7. Seres elementales *En equilibrio *En desequilibrio
    1) Aire. Sílfides.
    2) Fuego. Salamandras.
    3) Agua. Ondinas y sirenas.
    4) Tierra: Gnomos.
    5) Espíritu
8. Aliados (cuántos)
9. Divinidades (vm cuál divinidad * Hécate, Lilith, Odín, Thor, otro)
10. Familiares (vm * **gatos, ratones, hurones, liebres, murciélagos, serpientes, sabuesos, pájaros: cuervo, búho**, otro.

Entidades

1. Sombras y entes 2. Larvas 3. Raptores 4. Columnas 5. Moluscos/serpientes 6. Aracnoides reptiloides 7. Objetos y entes extraños	8. Egrégores y tulpas 9. Fenómenos poltergeist 10. Seductores: *Incubus/sucubus *otros 11. Vampiros 12. Gente sombra 13. Hombres de negro	14. Niños con ojos negros 15. Fantasma/Espíritus hambrientos 16. Genios o Djins 17. Aswag 18. Pie Grande 19. Seres de oscuridad 20. Otros

Extraterrestres

** Clasificación por grupos:

- o Grupo 1: extraterrestres parásitos
- o Grupo 2: extraterrestres malos
- o Grupo 3: extraterrestres neutros
- o Grupo 4: extraterrestres benevolentes
- o Grupo 5: extraterrestres celestiales

Preguntar por el tipo de extraterrestres maléficos o benéficos:

Extraterrestres benéficos	Extraterrestres maléficos
1. Lyrianos 2. Veganos 3. Arcturianos 4. Telosianos 5. Alfa centurianos 6. Pleyadianos 7. Sirianos 8. Procyones 9. Ra-anos 10. Cassiopea 11. Otros: Antares, Signus Alpha, Sagitario A y B, Tau Ceti, Andrómeda, daals, korendios, Adam Kadmón, Ramay.	1. Grises 2. Reptilianos/draconianos 3. Anunaki 4. Mantis 5. Polilla 6. Orión 7. Otros: anfibios, Anakim, bernarianos, booteanos, camaleones, griales, ikels o satyros, leviathans, ringhios, seidita, los hannuae kondras.

Muertos

Tipo de muerto
1. Espíritus que recién partieron
2. Cascarones
3. Larvas y entes
4. Espíritus que no saben que han muerto
5. Espíritus que sabe que murieron y siguen viviendo sus apegos
6. Muertos pervertidos o adictos
7. Muertos desquiciados o enloquecidos
8. Espíritus chocarreros
9. Espíritus malignos
10. Conglomerado de seres
11. Walk ins
12. Marionetas
13. Espíritus atrapados en lugares
14. Espíritus elevados

Tipo-relación
1. Familiar
2. Oportunista
3. Obsesores
4. Adheridos
5. Kármicos
6. Esclavos
7. Entidades de oscuridad
8. Mistificadores

Causa de adherencia
- Aura fragmentada
- Atracción por afinidad
- Familiares: parientes o amigos
- Transportarse
- Obsesores kármicos
- Luz
- Oportunistas

- Cerca de persona dañada
- Lugares encantados
- Vulnerabilidad: emoción, gusto o vicio afín, energía es muy baja, llamarlos, objetos y joyas.

15.3. Fase 3. Retirar el daño

Procedemos a identificar los remedios para erradicar los daños.

a) Preparación: Meditar, respirar, túnica, protección con cordón, tener herramientas listas, evitar interrupciones.

b) Limpieza: En primera instancia, una vez que se ha llevado el diagnóstico, procedemos con la limpia energética

Pasos – Ir a Tratado TOMO 1 y 2 –: Trazado del círculo, llamado a los cuatro puntos cardinales, proceder a la limpieza con las distintas herramientas: escoba, ramo o brisa, huevo, concentrarse en athame y círculo de Fuego. En el Tomo 2, tema 15.5. viene paso a paso:

- Trazar el círculo e invocaciones
- ** Para entidades trazar el ritual menor del pentagrama
- ** Para entidades llamar a los arcángeles
- Cortar el daño con athame
- Barrer el aura con escoba
- Desalojo con huevo
- Limpieza con limón
- Ramo de limpia o brisa
- Incienso o atado
- Velas negras
- Círculo de alcohol
- ** Para entidades y desposesión añadir al círculo limones, romero y alumbre.
- En caso de ser un demonio, proceder aquí al **exorcismo**.

Proceder a Armonización y protección con campana, agua consagrada, aceite de consagración, bendiciones de abundancia y protección. Velas blancas
- Despedir a las energías

c) Exorcismo: En caso de que la entidad pegada sea un ser demoniaco.

d) Desposesión de Isis: Si se ha detectado que es necesario, se procede a realizarla conforme se ha señalado en el presente tratado.

15.3. Fase 4. Remedios

Verificar de la siguiente lista los remedios mágicos ya vistos en los anteriores tratados:

EN TRATADO I	EN TRATADO 2	EN TRATADO 3
1. Amuletos 1-21 2. Cristal 3. Animal de poder 4. Plantas y aceites esenciales 5. Daño 1: desidentificación de emoción, obsidiana, Sesión de RR, decreto y aceite esencial. 6. Remedios espirituales 7. Remedios emocionales 8. Remedios con asistencia 9. Remedios mal de ojo 10. Remedios de protección 11. Defensa con letras y palabras 12. Remedios de evasión	13. Sigilo 14. Símbolos y alfabetos mágicos: ogham, runas. 15. Rituales 16. Plantas: incienso, aceite esencial, brisas, baños mágicos, ´pócimas, jabón, saco, polvos mágicos, ungüentos, gel, atado. 17. Hechizos con velas 18. Círculos, 19. Hechizo de desalojo de brujerías 20. Hechizos de protección 21. Conjuros y oraciones 22. Hechizos varios. 23. Tips y misceláneas. 24. Casa mágica: limpieza, cerrar puerta, remedios, fensg shui, cambio de casa. 25. Niños	26. Identificar guía 27. Animal mítico A partir de aquí identificar detalles como - Cantidad - Tipo - Grado de adherencia 28. Entidades 29. Extraterrestres 30. Muertos Tipo de muerto 31. Demonios

ESPECIFICAR

ENTIDADES	8. Fenómenos poltergeist	15. Genios o Djins
1. Sombras y entes	9. Seductores: *Incubus/sucubus *otros	16. Aswag
1. Larvas	10. Vampiros	17. Pie Grande
2. Raptores	11. Gente sombra	18. Seres de oscuridad
3. Columnas	12. Hombres de negro	19. Duendes/Hadas **
4. Moluscos/serpientes	13. Niños con ojos negros	20. Elementales
5. Aracnoides reptiloides	14. Fantasma/Espíritus hambrientos	21. Otros
6. Objetos y entes extraño		
7. Egrégores y tulpas		

EXTRATERRESTRES	Benéficos	Otros benéficos:	Obstructores
Grupo1: parásitos	1. Lyrianos	Antares	1. Grises
Grupo 2: malos	2. Veganos	Signus Alpha	2. Reptilianos/draconianos
Grupo 3: neutros	3. Arcturianos	Sagitario A y B	3. Anunaki
Grupo 4: benevolentes	4. Telosianos	Tau Ceti	4. Mantis
Grupo 5: celestiales	5. Alfa centurianos	Andrómeda	5. Polilla
	6. Pleyadianos	Daals	6. Orión
	7. Sirianos	korendios,	7. Otros: anfibios, Anakim, bernarianos, booteanos, camaleones, griales, ikels o satyros, leviathans, ringhios, seidita, los hannuae kondras.
	8. Procyones	Adam Kadmón	
	9. Ra-anos	Ramay}	
	10. Cassiopea	Otros	

MUERTOS		RELACIÓN	CAUSAS DE ADHE-RENCIA
1. Espíritus que recién partieron	7. Desquiciados o enloquecidos		• Aura fragmentada
2. Cascarones	8. Espíritus chocarreros	1. Familiar	• Atracción por afinidad
3. Larvas y entes	9. Espíritus malignos	2. Oportunista	• Familiares: parientes o amigos
4. Espíritus que no saben que han muerto	10. Conglomerado de seres	3. Obsesores	• Transportarse
5. Espíritus que sabe que murieron y siguen viviendo sus apegos	11. Walk ins	a. Adheridos	• Obsesores kármicos
6. Pervertidos o adictos	12. Marionetas	b. Kármicos	• Luz
	13. Espíritus atrapados en lugares	c. Esclavos	• Oportunistas
	14. Espíritus elevados	d. Entidades de oscuridad	• Cerca de persona dañada
		4. Mistificadores	• Lugares encantados
			• Vulnerabilidad: emoción, gusto o vicio afín, energía es muy baja, llamarlos, objetos y joyas.

Puedes tomarte más sesiones para lograr la completa sanación espiritual del paciente. Estos son los remedios que yo uso, espero le sean de ayuda. Bendiciones.

CONCLUSIÓN

Definitivamente las energías nocivas que nos afectan no deben ser tomadas a la ligera. Es un tema delicado que requiere de nuestra atención.

A lo largo de la historia han evitado que lo abordemos, insertándonos temor e incertidumbre, por lo mismo las entidades pueden aprovecharse más de los incautos ignorantes que drenan su energía para alimentar a estos seres parasitarios y muchas veces, a las mentes malévolas que los manipulan y utilizan.

Le recomiendo efectuarse un diagnóstico semestral para evaluar su situación y tomar acciones al respecto. Recomiendo así mismo que este método sea utilizado para salvaguardar la integridad energética en todo momento.

Espero que haya disfrutado de estas líneas y que le sean de utilidad.

Hay mucho por investigar y muchas respuestas más que encontrar, pero espero de todo corazón haber dado un poco más de luz a su camino.

Gracias por permitirme compartir con usted esto que he encontrado y me causó fascinación, ojalá que haya podido insertar en usted esa chispa de curiosidad y fascinación por lo desconocido, y así seguir haciendo honor al principio:

"Comparto mi luz contigo para que ilumine tu camino".
Bendiciones.

BIBLIOGRAFÍA

Aspra Lucy, *Ángeles y extraterrestres*, Alamah espiritualidad, Santillana Ediciones Generales, México 2009.

Aspra Lucy, *Manual de Ángeles*, Alamah espiritualidad, Santillana Ediciones Generales, México: 2003.

Aspra Lucy, *Seres de luz y entes de oscuridad*, Alamah espiritualidad, Santillana Ediciones Generales, México 2011.

Alonso, J. Felipe, *Diccionario de ciencias ocultas*, Espasa, Madrid: 1999.

Buckland, Raymond, *Wicca for life*, Citadel Press, USA: 2001.

Caboulli, Jodé Luis, *Terapia de la desposesión espiritual*, Técnica y práctica clínica, Índigo, Barcelona: 2006.

Carroll, Lee, *Kryon 1, Los Tiempos Finales*, Obelisco, 2016.

----------------, *Kryon IV, Las parábolas de Kryon*, Obelisco, 2016.

Felizx Killumitnati, **150 razas extraterrestres,** blog.

Ferguson, V.S., **El regreso de Inanna**, Sin límites, 2011.

Garywolf, Anastasia, *Witchcraft, a Handbook of magic spells and potions*, Wellfleet Press, USA: 2006.

Gladheart Friday, *The practial Witch´s Almanac, 2019*, Microcosm publishing, Portland, Oregon: 2018.

Grimassi, Raven, *The witch´s familiar, Spiritual partnerships for succesfull magic*, Lewellyn, USA: 2008.

Kardec, Allan, *El libro de los espíritus*, Éxodo, 2010.

Llaugé , Félix, *Diccionario universal de ángeles, demonios, monstruos y seres sobrenaturales*, Ediciones Obelisco, Barcelona: 2013

Leland, *Gypsy Sorcery & Fortune telling*, Forgotten Books, 2008.

Levi, Eliphas, *El gran arcano del ocultismo revelado*, Berbera Editores, S.A. de C.V., 2009.

Laremy, Robert, *Spiritual Cleansings and Phsychic Defenses*, Original Publications, USA: 2001.

Malachi, Martin, *Hostal to the devil, The Possession and Exorcism of Five Contemporary Americans*, HarperOne, 1999.

Malachi, Martin, *Yo expulsé a Satanás*, Bruguera. Barcelona. 1977

Mickaharic, Draja, *Spiritual cleanising, a handbook of psychic protection*, Weiser Books, USA: 2003.

Murphy-Hiscock, Aribn, ***Power Spellcraft for life***, Provenance Press, USA: 2005

Nájera, Jorge, ***Un árbol de ángeles***, ***La magia de los santos invisibles compañeros del hombre***, Ánima Mundi, México: 2013.

Redfern, Nick, ***Paranormal Parasites***, Lewellyn, USA: 2018

Samak, ***El diario de una bruja***, ETM, México:2007.

---------, Soy Bruja, Alquimist, México: 2020

---------, Tratado de Energías y Defensa Psíquica Tomo 1, Alquimist, México:2020

---------, Tratado de Energías y Defensa Psíquica Tomo 2, Alquimist, México: 2021

Santa Sede, ***El Nuevo Ritual de los exorcismo***, 1998.

Sánchez Pérez, J.M., ***Posesión demoniaca***, B. Costa-Amic, México: 1978.

Stander, Philip y Schmoling, Paul, ***Poltergeist***, Selector, S.A. de C.V., 2015.

Steiner, Rudolf, ***Los Ángeles y el cuerpo astral***, Ediciones Obelisco: 2004

Anónimo, ***Clavículas de Salomón***, Humanitas: 2011.

Referencia a otros autores: David Icke, Antonio Piñero, César Cerbera.

ACERCA
DE LA AUTORA

Samak Artemisa es investigadora neo-pagana, con una amplia carrera académica (Licenciatura en Mercadotecnia-ITESM y Psicología-UNAM; tres maestrías: en Filosofía, Psicología y Astrogenealogía, Doctorado en ingeniería de Sistemas-ESIME IPN (temas: Pensamiento Complejo, Ética, Educación, Psicología y Sustentabilidad) y un Post-doctorado-C3 UNAM, así como múltiples diplomados.

Autora de ocho libros sobre paganismo, defensa psíquica y ocultismo, y cuatro libros con contenido científico, uno de su completa autoría y en tres ha colaborado. Ha practicado Wicca y Ocultismo por más de veinte años.

Samak es fundadora de Centro de Estudios Alquimist, Escuela de Magia y Alquimia donde imparte cursos en la actualidad.

Samak fue entrenada en Wicca celta faery, Old Witchcraft, Stregheria y otras corrientes wiccanas.

Es miembro de la OTO y Fraternidad del Círculo Dorado, además ha estudiado por años en BOTA.

Algunos de sus maestros han sido Jorge Nájera, Dolores Ashcroft Nowiscki, Raven Grimassi, Sharon Ramel, Tessa y Kenston Luna; en el área de Astrología son Enzo de Paola, Walter Anliker y José Manuel Redondo, entre muchos otros.

Su curiosidad y dones la han llevado a involucrarse a nivel interdisciplinario en temas alternativos de Magia, brujería, sanación, ocultismo, Astrología, Psicología transgeneracional, mitología, símbolo, aromaterapia, despertar de la conciencia y misión de vida, entre decenas de tópicos más.

Inició en 2021 el proyecto de integración y despertar de "Mujer Magia", tribu de brujas en colaboración con Alemania.

Actualmente vive en la Ciudad de México, da clases de Humanidades en el IPN, enseña en su Academia de Magia, da consultas a distancia, ofrece productos mágicos en colaboración con artesanos wiccanos en su tienda virtual, tiene un círculo de mujeres, organiza retiros espirituales, es líder Plata en DoTerra y sigue estudiando, escribiendo, impartiendo conferencias y publicando artículos alrededor del mundo en sus áreas de experiencia.

En el año del 2018 fue considerada una de las más influyentes del paganismo en México por "The Wild Hunt"; es ampliamente activa y reconocida en redes como TikTok, Instagram y YouTube, generando contenidos sobre dones y el despertar de la Magia.

Samak tiene su programa de radio por WEB "SOY BRUJA ¡Y QUÉ!" (Antes: "SANACIÓN Y MAGIA CON SAMAK") desde el 2017, donde lee el Tarot en vivo con su esposo.

Vive feliz en un estilo de vida natural y mágica con su hermosa hija, su esposo, su gato "Güero" y el hámster de su hija, el "Sr. Wazowski".

Otros libros de Samak

TRATADO DE ENERGÍAS Y DEFENSA PSÍQUICA TOMO I, LAS ENERGÍAS Y LOS ATAQUES PSÍQUICOS.

El tema de las energías y los ataques psíquicos es un asunto que se cree de gente supersticiosa; sin embargo, es una sabiduría ancestral que cada día va encontrando fundamento real, además de ser una tarea que todo ser humano debe conocer para salvaguardar la integridad energética y espiritual propia y de los suyos. En este primer volumen del Tratado de Defensa Psíquica, la Sacerdotisa Samak nos revela los frutos de sus investigaciones realizadas por años acerca del resguardo y protección de nuestra energía vital. ISBN 97881647891589

TRATADO DE ENERGÍAS Y DEFENSA PSÍQUICA TOMO II, LAS BRUJERÍAS

Es un libro que recopila más de 10 años de investigación de diferentes culturas, en diferentes épocas, además de narrar las maravillosas e interesantes experiencias de la autora durante su larga incursión al mundo espiritual. Si el mundo de las creencias ocultas despierta su interés, podrá consultar los tipos de brujerías que existen y como contrarrestarla, entendiendo el poder de los hechizos y las energías ocultas. ISBN: 978-607-29-2737-7

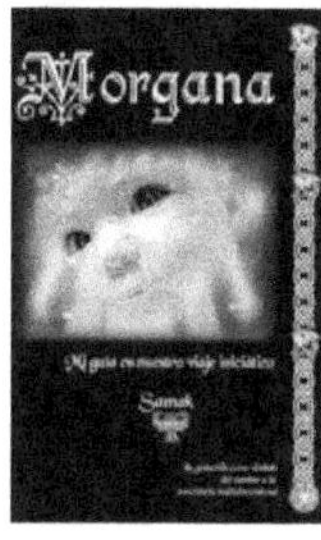

MORGANA, MI GUÍA EN NUESTRO VIAJE INICIÁTICO

La gestación y el viaje iniciático desde el punto de vista de una bruja. Preguntas acerca de nuestro nacimiento, de dónde vienen nuestras almas, quiénes son los nuevos seres que están naciendo, acerca de los entes o sombras que comparten el mundo con nosotros, seres interdimensionales o extraterrestres, maestros y elementales, temas sobre la canalización (mediumnidad), el paganismo, la magia y la alquimia, entre muchas otras; son planteadas y respondidas desde el punto de vista de Samak. Morgana, además de ser el nombre de una beba mágica o cósmica, es una historia con la que todos nos identificamos porque nos habla del nacimiento del ser humano relacionado de forma análoga con el desarrollo de la conciencia multidimensional. La autora logró consolidar tantos años de estudio y camino espiritual y filosófico en el proceso de gestación de Morgana, una niña «especial», que desde el vientre materno impulsó a su madre a escribir este libro, mostrándonos que desde el vientre vamos cumpliendo con nuestra misión. ISBN 9786070019760

ASTROLOGÍA, TUS DONES Y TU CONEXIÓN ESPIRITUAL

En este libro Samak aporta el conocimiento astrológico desde el punto de vista espiritual. En su labor de ayudar en el despertar de los dones especiales o mágicos, brinda una perspectiva diferente para identificar y potenciar los dones a través de la relación con los astros y la forma en que cada individuo se puede conectar con las fuerzas divinas, así como la manera de divinizarse, satanizarse o hundirse en las tinieblas de acuerdo a ciertas configuraciones astrológicas. ¡¡¡¡Adéntrate en una nueva perspectiva de la Astrología!!!! ISBN 9786077817420

SOY BRUJA,
SIÉNTETE ORGULLOSA DE TU MAGIA

A lo largo de la historia, tanto el nombre como las aportaciones de las brujas han sido difamadas y muy malentendidas. En este libro encontrarás la verdad del origen y las aportaciones de las brujas al mundo conocido. Sumérgete en una explicación profunda y congruente de la realidad por parte de la sacerdotisa e investigadora Samak, quien te introducirá a este mágico mundo dando un paseo por la historia, las facultades, los saberes, los tipos de brujas, el arte y las brujas más famosas en occidente. Una vez que hayas leído este libro, seguramente te identificarás con esta sabiduría y cambiará por completo tu concepto de las brujas, sintiéndote orgullosa de mostrar tu magia y pertenecer a este linaje ancestral. ISBN 9786072925823

LOGOS, LENGUAJE Y SÍMBOLO, LA COMUNI-CACIÓN DE LA RAZÓN UNIVERSAL HACIA EL ENTENDIMIENTO INDIVIDUAL.

Al tratar de comprender a dónde nos lleva una mayor comprensión e interpretación del mundo, buscamos comprender el vínculo que une a la multiplicidad de razones individuales consigo mismas, unas con otras y con la Razón Universal o Logos cuyos conceptos son de difícil aproximación. La hermenéutica de Heidegger y Gadamer nos dan pauta en esta tarea, cargando así al Logos de sentido en la comprensión e interpretación. Posteriormente nos acercamos a la lingüisticidad, el lenguaje y ludus para llegar con el Círculo Eranos a la hermenéutica simbólica, comprendemos así que en cada interacción en nuestra subjetividad con el mundo simbolizamos. El Logos, ahora también como logos simbólico, cargado de sentido nos lleva a comprender la importancia de lo religioso, lo divino, lo mítico y lo erótico; manifestados en los mitos que nos llevan a un proceso de individuación donde aprendemos a vivir en armonía con lo que nos sucede, con lo cíclico y lo ascensional. El equilibrio de dicho proceso se alcanza mediante la reconciliación de la razón y la emoción, el logos y el mito, interior y exterior, luz y sombra; con el fin de lograr el conocimiento de sí mismo, para amarse y así amar a otros. ISBN 9783659061455

GUÍA MÁGICA DE LUNARES

¿Tienes un lunar misterioso y quieres saber qué es lo que significa?, si es así, no puedes dejar de leer esta mágica una obra llena de misticismo y reveladores secretos, donde descubrirás los poderes mágicos con los que has nacido y que se encuentran escritos en el bellísimo lienzo de tu cuerpo. Los lunares son marcas con un significado mágico que te hablan de tu carácter, del pasado, de tus dones, y de lo que puede depararte el futuro.

En la antigüedad los lunares eran las marcas distintivas de los linajes reales, durante la "Santa Inquisición" se buscaba la marca del diablo interpretándose injustamente en los lunares de las doncellas; miles de mitos y leyendas hablan de los elegidos que portan un lunar con un significado especial. Descubre qué significan esos mágicos lunares que portas, su forma, su lugar, su tamaño. Por Samak ISBN 978-607-29-3024

DIARIO DE UNA BRUJA

El Diario de una Bruja contiene interesantes pasajes de la vida de una sacerdotisa consagrada a la cultura Wicca y conecta a las lectoras y lectores con la práctica de este arte que data del principio de los tiempos. En estas páginas Samak comparte contigo su sentir y sus conocimientos sobre este camino místico lleno de sabiduría. Acompáñala en la aventura.

ISBN 9786077817376

Editado en abril de 2022 en México,
con la fuente Georgia. Se difunde impreso
y a través de plataformas digitales

www.ingramcontent.com/pod-product-compliance
Lightning Source LLC
LaVergne TN
LVHW010500200726
843506LV00013B/2471